日英語の文法化と構文化

ひつじ研究叢書〈言語編〉

第104巻	文法化と構文化	秋元実治・前田満 編
第105巻	新方言の動態30年の研究	佐藤髙司 著
第106巻	品詞論再考	山橋幸子 著
第107巻	認識的モダリティと推論	木下りか 著
第108巻	言語の創発と身体性	児玉一宏・小山哲春 編
第109巻	複雑述語研究の現在	岸本秀樹・由本陽子 編
第110巻	言語行為と調整理論	久保進 著
第111巻	現代日本語ムード・テンス・アスペクト論	工藤真由美 著
第112巻	名詞句の世界	西山佑司 編
第113巻	「国語学」の形成と水脈	釘貫亨 著
第115巻	日本語の名詞指向性の研究	新屋映子 著
第116巻	英語副詞配列論	鈴木博雄 著
第117巻	バントゥ諸語の一般言語学的研究	湯川恭敏 著
第118巻	名詞句とともに用いられる「こと」の談話機能	金英周 著
第119巻	平安期日本語の主体表現と客体表現	高山道代 著
第120巻	長崎方言からみた語音調の構造	松浦年男 著
第121巻	テキストマイニングによる言語研究	岸江信介・田畑智司 編
第122巻	話し言葉と書き言葉の接点	石黒圭・橋本行洋 編
第123巻	パースペクティブ・シフトと混合話法	山森良枝 著
第124巻	日本語の共感覚的比喩	武藤彩加 著
第125巻	日本語における漢語の変容の研究	鳴海伸一 著
第126巻	ドイツ語の様相助動詞	髙橋輝和 著
第127巻	コーパスと日本語史研究	近藤泰弘・田中牧郎・小木曽智信 編
第128巻	手続き的意味論	武内道子 著
第131巻	日本語の活用現象	三原健一 著
第132巻	日英語の文法化と構文化	秋元実治・青木博史・前田満 編

ひつじ研究叢書
〈言語編〉
第132巻

日英語の
文法化と構文化

秋元実治・青木博史・
前田満 編

ひつじ書房

はしがき

　本書は、日本語と英語を対象とし、構文化および文法化の本質にアプローチすることを目的としたものである。通時的観点をふまえた構文の研究は、共時的な構文の研究にくらべて散発的で、その理論的展開や記述的広がりも萌芽的な段階にとどまっている。この傾向は、海外の言語学理論の流れを汲む英語学・言語学のフィールドで特に著しく、構文化をテーマに掲げるまとまった文献はほとんど刊行されていない。国内では、編者の手になる『文法化と構文化』(2013年、ひつじ書房刊) が、唯一のものと言ってよいだろう。一方、日本語学には、通時的観点から見た構文研究の豊かな伝統があり、多くの貴重な研究の蓄積がすでにあるが、日本語における観察・記述の段階にとどまっており、理論的な位置づけは行われていない。このような構文の通時的研究における英語学と日本語学の現状をふまえ、両者の成果の出会いの場として有機的に結び付けられることを目指し、本書は編まれることとなった。

　本書の顕著な特徴は、2つある。まず1つ目は、共時的・通時的双方の視点から構文を眺めることにより、共時的研究だけでは見えてこない構文の本質に迫るという点である。本書の刊行によって通時的構文研究の重要性が国内の研究者に示され、今後の構文研究の新たな潮流が生み出される可能性が大いに認められよう。2つ目は、日本語学と英語学のコラボレーションを行うという点である。本書の執筆には、日本語学と英語学の研究者がそれぞれ5名ずつ参加している。これまで、フィールドの異なる英語学と日本語学の研究は接点を持ちにくく、両者が互いの知見を交換する機会はほとんどなかった。しかし、今回、このような形で「交流の場」を設けたことは、双方にとってきわめて啓発的、かつ大きな刺激となった。また、日本語学における通時的構文研究の伝統を広く発信する、またとな

い機会となったともいえる。今回の出版を契機に、両者のコラボレーションをさらに推進していくことが大いに期待されよう。

　本書の内容の一部は、日本語学会2015年春季大会（2015年5月24日、関西学院大学）において、ワークショップ「日本語の構文と構文変化」（青木博史、三宅知宏、川瀬卓、吉田永弘、秋元実治）の形で発表した。発表席上または発表後において、数多くの有益なコメントを賜ったことに対し、厚く感謝申し上げる。

　最後に、本書の出版を快諾され、出版の過程で多くの貴重なご意見をいただいた、ひつじ書房社長松本功氏と編集の森脇尊志氏に、この場をお借りして心より御礼申し上げる。

　なお、本研究は、平成27年度科学研究費補助金（研究成果公開促進費、課題番号15HP5067）の助成を受けたものである。

　　　2015年10月

　　　　　　　　　　　　　　　　　　　　　　　　　　　　編者

目　次

はしがき　　　　　　　　　　　　　　　　　　　　　V

第1章　文法化から構文化へ　　　　　　　秋元実治　　1

1. はじめに　　　　　　　　　　　　　　　　　　　　1
2. 文法化（Grammaticalization）　　　　　　　　　　1
   - 2.1　Meillet（1965 [1912]）　　　　　　　　　　1
   - 2.2　Lehmann（1995 [1982]）　　　　　　　　　3
   - 2.3　Hopper（1991）及び Hopper and Traugott（2003）　7
3. 構文化（Constructionalization）　　　　　　　　　11
   - 3.1　Traugott and Trousdale（2013）　　　　　　11
   - 3.2　文法化と文法的構文化　　　　　　　　　　14
   - 3.3　語彙化と語彙的構文化　　　　　　　　　　17
4. イディオム化（Idiomatization）　　　　　　　　　19
5. 漸進性（Gradualness）とグレーディエンス（Gradience）　22
6. コンテクスト（Context）　　　　　　　　　　　　30
7. 事例研究　One's way 構文　　　　　　　　　　　33
8. まとめ　　　　　　　　　　　　　　　　　　　　36

第2章　Time-*away* 構文の適格性条件　　　高見健一　　41

1. はじめに　　　　　　　　　　　　　　　　　　　41
2. Jackendoff（1997）の分析とその問題点　　　　　47
3. Time-*away* 構文の意味的・機能的分析　　　　　55
   - 3.1　Time-*away* 構文が表す意味　　　　　　　55
   - 3.2　もう1つの Time-*away* 構文　　　　　　　62
   - 3.3　Time-*away* 構文で用いられる動詞　　　　64
4. Away 構文とはどこが違うか？　　　　　　　　　64
5. まとめ　　　　　　　　　　　　　　　　　　　　68

第3章 Supposing 節の構文化現象　　早瀬尚子　75

1. はじめに　75
2. 懸垂分詞構文から supposing 節構文へ　78
3. supposing 節構文の意味機能とその発展　81
   - 3.1 〈質問（QUESTION）〉としての supposing 節構文　82
   - 3.2 〈感情表出（EXPRESSIVES）〉としての supposing 節構文　88
   - 3.3 〈提案（SUGGESTION）〉としての supposing 節構文　92
   - 3.4 〈乖離（DISSOCIATION）〉としての supposing 節構文　94
   - 3.5 まとめ　97
4. 考察　98
   - 4.1 supposing 節構文の特異性　98
   - 4.2 類型論的な観点から　100
   - 4.3 （間）主観性と supposing 節構文　101
5. まとめ　103

第4章 構文化としての脱従属化

If only 祈願文の事例を通じて　　前田満　107

1. はじめに　107
2. 構文としての if only 祈願文　109
   - 2.1 独立節としての使用　109
   - 2.2 仮定法過去の使用　112
   - 2.3 Only の生起　113
   - 2.4 発語内の力　114
   - 2.5 構文としての if only 祈願文　115
3. 構文化としての脱従属化　116
   - 3.1 脱従属化のパラドックス　116
   - 3.2 構文化のメカニズム　117
   - 3.3 ゲシュタルト化　118
   - 3.4 NEG 脱落とゲシュタルト化　119
4. If only 祈願文の構文化　121
   - 4.1 If only 祈願文の出現と一般化　122
   - 4.2 脱従属化の関与を示す証拠　124
   - 4.3 If only 祈願文の構文化　127
   - 4.4 'if + only^{OP}' の文法化　133
5. まとめ　138

第5章 現代アメリカ英語の二重コピュラ構文
再分析、構文拡張、談話構造の観点から　　　柴﨑礼士郎　147
- 1. はじめに　147
- 2. 研究の背景　151
- 3. アメリカ英語における二重コピュラ構文の実態　154
- 4. 事例研究 *the fact is is*（that）　156
  - 4.1 現代アメリカ英語における構文分布状況　156
  - 4.2 構文と修飾要素　158
  - 4.3 語用論標識と談話構造　160
  - 4.4 構文再分析とその制約　167
- 5. まとめ　171

第6章 「〜ない程度に」と「〜ない範囲で」に関わる構文研究
　　　秋元美晴　181
- 1. はじめに　181
- 2. 先行研究　181
- 3. 構文と構文的イディオム　182
- 4. 語用論的考察　186
- 5. データ　187
- 6. 「〜ない程度」と「〜ない範囲」の文法的バリエーション　187
  - 6.1 「〜ない程度」　187
  - 6.2 「〜ない範囲」　189
- 7. 「〜ない程度に」と「〜ない範囲で」のコロケーション　191
  - 7.1 「〜ない程度に」　191
  - 7.2 「〜ない範囲で」　192
- 8. 「〜ない程度に」と「〜ない範囲で」の談話的語用論の立場からの考察　194
  - 8.1 「〜ない程度に」　194
  - 8.2 「〜ない範囲で」　196
- 9. おわりに　198

第7章 複合動詞における文法化の一考察
「〜切る」「〜過ぎる」「〜出す」を例に　　　志賀里美　203
- 1. はじめに　203
- 2. 文法化と連続性について　204
  - 2.1 文法化　204

		2.2　漂白化・保持化・重層化　204
		2.3　複合動詞における文法化　206
		2.4　本稿における複合動詞の文法化　208
	3. 複合動詞における文法化　意味的側面　209
		3.1　「〜切る」　210
			3.1.1　「切る」と「V＋切る」の意味　210
			3.1.2　「V＋切る」に見られる漂白化・保持化・重層化　212
		3.2　「〜過ぎる」　216
			3.2.1　「過ぎる」と「V＋過ぎる」　216
			3.2.2　「V＋過ぎる」に見られる漂白化・保持化・重層化　218
		3.3　「〜出す」　219
			3.3.1　「出す」と「V＋出す」　220
			3.3.2　「V＋出す」に見られる漂白化・保持化・重層化　221
	4. 複合動詞における文法化　統語的側面　223
		4.1　「V＋切る」　224
		4.2　「V＋過ぎる」　226
		4.3　「V＋出す」　227
		4.4　まとめ　229
	5. 文法化と使用頻度の関係性　229
		5.1　「V＋切る」　229
		5.2　「V＋過ぎる」　230
		5.3　「V＋出す」　231
		5.4　まとめ　231
	6. おわりに　232

第8章　日本語の「補助動詞」と「文法化」・「構文」

三宅知宏　237

1. はじめに　237
2. 「補助動詞」について　238
3. 「補助動詞」と「文法化」　239
	3.1　補助動詞の音韻的、形態・統語的特徴　239
	3.2　補助動詞の意味の抽象化　242
4. 「補助動詞」と「構文」　246
	4.1　「構文的意味」の形態的有標性に関する仮説　246
	4.2　「受益構文」をめぐって　「構文スキーマ」と文脈情報　250
	4.3　「結果構文」をめぐって　補助動詞の形態・統語的性質と構文　259
5. おわりに　266

第9章 終止形・連体形の合流について　　青木博史　271
- 1. はじめに　271
- 2. 先行研究　272
- 3. 準体句の文末用法の衰退　277
  - 3.1 喚体文（擬喚述法）　277
  - 3.2 「連体なり」文　279
- 4. 名詞句の脱範疇化　282
  - 4.1 接続部の場合　282
  - 4.2 述部の場合　284
- 5. 述体文としての係り結び文　286
- 6. 終止形終止の衰退　290
- 7. おわりに　293

第10章 「とも」から「ても」へ　　吉田永弘　299
- 1. はじめに　299
- 2. 中古の「ても」　299
- 3. 副詞「たとひ」の構文　304
- 4. 不定語との照応　306
- 5. 反実仮想文中での使用　307
- 6. 「ても」の一語化　308
  - 6.1 一語化以前　308
  - 6.2 条件表現体系の変化　「とも」「ども」の衰退　310
  - 6.3 「ても」の変化　313
- 7. おわりに　317

事項索引　321

人名索引　333

第1章
文法化から構文化へ

秋元実治

1. はじめに

　本稿は文法化についての初期の考え方から最近の構文化への発展の過程をいわばクロノロジカルに俯瞰することを意図したものである。これまで特に文法化の研究は多く、全ての研究に触れる余裕はない。そこで基本的には文法化及び構文化理論を代表していると思われる研究を取り上げ、それらを中心に論じる。すなわち、Meillet（1965 [1912]）、Lehmann（1995 [1982]）、Hopper（1991）、Hopper and Traugott（2003）そして Traugott and Trousdale（2010, 2013）である。また文法化及び構文化に関わるトピックス―イディオム化、漸進性と段階性、コンテクスト―についても論じる。最後に事例研究として、one's way 構文を取り上げ、文法化、構文化双方の立場から考察する。

2. 文法化（Grammaticalization）

2.1　Meillet（1965 [1912]）

　フランスの言語学者 Antoine Meillet の論文の中で、特に文法化との関連で引用されるのが、"L'évolution des formes grammaticales"（文法形式の発達）（1965 [1912]）であろう。Hopper and Traugott（2003: 22–25）もこの論文に基づいて、Meillet の文法化の考え方を解説している。本稿においても、この論文を中心にまず、文法化について述べる。

　Meillet のこの論文で、文法化に関して最もよく引用されるのは次の2つのパッセージであろう。

(1) ... le passage d'un mot autonome au rôle d'élément grammatical.（131）（自立語から文法的要素の役割への移行）

(2) ... l'attribution du caractère grammatical à un mot jadis autonome...（131）（かって自立していた語に文法的特徴を割り当てること）

また、文法化については、次のように述べている。

(3) Tandis que l'analogie peut renouveller le detail des formes, mais laisse le plus souvent intact le plan d'ensemble du système existant, la ((grammaticalisation)) de certains mots crée des formes neaves, introduit des categories qui n'avaient pas d'expression linguistique, transfirme l'ensemble du système.（133）
（類推は、形式の細部を刷新することができるものの、大抵の場合、既存体系の全体構想を元のまま残すのに対して、新しい形式から造られるいくつかの語による「文法化」は言語表現を持たなかった範疇を導入し、体系全体を変える）

Meilletは次の2つのプロセスにより新しい文法形式が生まれるとしている。1つは類推（analogie）で、もう1つは文法化である。類推は既成モデルに倣って新しい形式を作り出すことで、この場合、言葉と慣習体系が一致している場合である。特に一致せず、類推が慣習とは関係なく新しい形式を生み出すこともあり、これは類推的形式（formes analogiques）と言われる。

もう1つのプロセスは自律語から文法的要素への役割の移行であり、以下の例に見られるような'suis'がある（131）。

(4) a. je *suis* chez moi.（私は家にいる）
    b. je *suis* malade.（私は病気だ）
    c. je *suis* parti.（私は出発した）

'suis'がだんだん文法的要素になっていくことが見て取れよう。

かって独立していた語が徐々に変化して文法的要素になるプロセスには発音や語の具体的意味の衰退や表現効果の弱体化がある。フランス語の'ne'は'pas'、'point'、'mie'などにより、意味が強められるが、'pas'［= step］は付属形式で使われる時は本来の意味を失っている。やがて、'pas'のみが否定を表現するようになり、その内今度はこの語が表現力を失い、付属形式による新たな強化が必要になる。次例参照。

(5) a.　*Pas* du tout.（いや全く）
　　 b.　Absolument *pas*.（全然違う）

この例からも分かるように、言語の発達は螺旋状的（en spirale）である。言語には強い表現を得るために、付属語（mots accessories）が加わり、それらの語が弱体化し、文法の単なる道具のレベルになると、表現力を得るために新しい語や異なる単語が加えられる。弱体化（l'affaiblissment）は始まると、際限なく繰り返される。

2.2　Lehmann（1995 [1982]）

Lehmannの考えはMeilletのいう自律性（autonomy）の消失に基づいており、次のように述べている（122）。

> The concept of freedom concerns the relation between the language user and the signs he uses. If we abstract the user, we get a structural analog to this concept, viz. the **autonomy** of the sign: the more freedom with which a sign is used, the more autonomous it is. Therefore the autonomy of a sign is converse to its grammaticality, and grammaticalization detracts from its autonomy.（ゴシックは原著）
> （自由度は言語使用者と使われる記号間の関係に関係する。使用者を除くと、この考え方の構造的に類似のものを持つことになる。すなわち、記号の自立性である。記号が自由に使われれば使われるほどそれだけ一層自立

的になる。従って、記号の自立性は文法性と逆になることになり、文法化とは記号の自立性を削ぐことである）

　Lehmann（1995: 123）では以下のような文法化に関するパラメーターをあげている。

表1　文法化のパラメーター

	paradigmatic	syntagmatic
weight	integrity	structural scope
cohesion	paradigmaticity	bondedness
variability	paradigmatic variability	syntagmatic variability

(Lehmann 1995: 123)

　paradigmatic（範列的）と syntagmatic（統合的）の二分法は多分に Saussure（1916: 170–175）を想起させる。ただし、Saussure は paradigmatic という用語を使っておらず、代わりに 'associatif'（連想的）を使っている。自立語の程度を決めるには、weight（重量）、cohesion（結束）そして variability（多様性）である。これらの関係は重量と多様性が減少し、結束が強まることが文法化ということになる。

　weight（重量）とは意味・音韻・形態上のサイズのことで、integrity（統合）とは attrition（消耗）、bleaching（漂白化）、erosion（浸食）などの用語とほぼ同義で、Lehmann は音韻的消耗の例として、ラテン語 ille がフランス語の le に縮小した例をあげている。

　paradigmaticity（範列性）とは範列的結束、あるいは形式的・意味的により一般的範列に組み入れられることで、Hopper and Traugott（2003: 30–38）では例として、ラテン語のテンスの例をあげている：amo'I love'、amabo'I will love'、amavi'I had loved'。

　paradigmatic variability（範列的多様性）とは言語使用者が記号を使う際の自由度に関わるものである。ある要素が選択される自由度のことで、obligatorification（義務化）とも呼ばれる（139）。Hopper and Traugott（2003: 30–38）ではスワヒリ語では他動詞

節の場合、目的語のマーカーが動詞に義務的に表されなければならないとしている。

　統合軸における structural scope（構造上のスコープ）は構造上の狭まりで、記号の構造上のスコープが減少すると文法化が増加する。すなわち、condensation（凝結）である。例えば、インドヨーロッパ語族の並列から縦列の発達は2つの文を1つの複文に凝結させたものである。

　syntagmatic bondedness（統合的拘束性）とは統合的関係にあるAの記号とBの記号との親密度であり、拘束性が増加することを coalescence（合体）と呼び、形態論的境界が消滅することを言い、接辞化などや1つの語彙単位になる univerbation（一語化）などである。

　最後に syntagmatic variability（統合的多様性）とは記号が文脈内でどの程度容易に動けるかの度合いであり、この多様性が低ければ、その分だけ文法化は高まる。すなわち、統合的移動の消失で、fixation（固定度）が定まれば、それだけ文法化したことになる。

　表1のパラメーターはいわば文法化の「静的」状態を捉えたもので、上記の説明とも併せてダイナミックなパラメーターに捉え直すと次表のようになる（Breban et al. 2012: 8）。

表2　ダイナミックパラメーター

	paradigmatic	syntagmatic
weight	attrition	condensation
cohesion	paradigmaticization	fusion
variability	obligatorification	fixation

　これらのパラメーターに対して、以下のような批判がある（cf. Hopper and Traugott 2003: 30–38、Breban et al. 2012: 1–35）。

1. スコープは減少するのではなく、拡大する。例として、談話標識や助動詞の 'deontic' から 'epistemic' への発達など。
2. 文法化する形式の中には義務化を伴わないものがある。法（mood）は発話内で必要であるが、法助動詞は必要ない。

Diewald and Smirnova (2012: 99–100) は 'language internal obligatoriness' と 'communicative obligatoriness' に分け、前者は100％義務的であるのに対して、後者は話者の伝達意図により必要とされる義務化である。

3. 意味変化にそれほど重要な役割を与えていない。文法化における意味変化は単に意味内容の消失ではなく、内容が消失した分前になかった語用論的・手続き的機能を持つことによりバランスが保たれる。Traugott (1989) によれば、元々の言語化された意味に語用論的価値があたえられ、豊かになる時、文法化が始まるとしており、これを「語用論的強化」(pragmatic strengthening) と呼ぶ。さらに、Heine (2002) によると、文法化内における意味変化には次の3段階がある。

A	→	A/B	→	B
元々の意味		元々の意味＋新しい意味		文法化された意味

これらの変化は進行している文法化の度合いを知る手がかりになる。

4. Lehmann は共時的 (synchronic) と通時的 (diachronic) 双方のプロセスとして文法化を捉えているが、これらは排他的ではなく、補完的なものである。文法化している過程にある変化は共時的変異 (バリエーション) であると考えられる。また Hopper (1991) によれば、Lehmann のパラメーターは進んだ段階での文法化を示すものであり、そのため初期の段階での文法化を表していない。後述する Hopper の文法化 (に限られていないが) の5つの原理は Lehmann を補うものである。文法化過程を共時的に見ると、その共時的バリエーションはカテゴリーが決まらない、未決定メンバーの問題に関わることになる。いわゆるグレーディエンス (gradience) である共時的グレーディエンスは通時的漸進性 (diachronic gradualness) の結果である。この問題に関しては後述。

5. 文法化に関しての狭い構造意味論的アプローチと広い談話・語用論的アプローチがある。Lehmannのパラメーター、特に義務化及び範列化は前者のアプローチであるが、変化を説明するための談話文脈の役割は重要である。Lehmann (2008) もこの点に気付いており、次のように述べている (207)。

(i) ... information structure is part of grammatical structure. Consequently, it may come about by grammaticalization, may show different degrees of grammaticalization and may dissolve by grammaticalization. (情報構造は文法構造の一部である。従って、その構造は文法化によりもたらせるか、文法化の異なる度合を示すか、あるいは文法化により溶解するかもしれない)

(ii) ... the grammaticalization of any other element or construction may be conditioned by the information structure assigned to it. (どんな要素や構文の文法化もそこに付与された情報構造により条件づけられるかもしれない)

Hopper and Traugott (2003: 32) はLehmannのアプローチは形態統語論に焦点をあてており、意味にはほとんど注意を払っていないと述べている。特に、意味・語用論的要因は文法化の一方向性への変化に至るものであり、この時点でははっきり表されていないが、主観化も重要な要因としている。

なお、Norde (2012) はLehmannのパラメーターを、いわゆる脱文法化 (degrammaticalization) の例 (多くはスエーデン語) に応用している。

2.3 Hopper (1991) 及びHopper and Traugott (2003)

Hopper (1991: 20-21) はLehmann (1985) の5つのパラメーター (paradigmatization、obligatorification、condensation、coalescence、fixation) を "…characteristic of grammaticalization which has already attained a fairly advanced stage and is unambiguously recognizable as such."(文法化のかなり進んだ段階に達しており、まぎれもなく文法化のそのような段階を特徴づけている［パラメーターである］)、と述べており、次のように言う(21)。

> ... characteristic of gammaticalization not only later, more easily identifiable stages, but also at the incipient stages where *variable* phenomena occur, and where the question more cogently arises as to whether we might speak of grammaticalization."(イタリックは原著)

(文法化の後の識別できる段階だけでなく、初期の段階でそこでは様々な現象が起こり、果たして文法化と言えるかどうかという段階での文法化について特徴づける［原理を提案したい］)

1. Layering（重層化）：新しい層が現れた時、古い層はなくなるのではなく、相互に共存する。未来表現の will、shall、be going to は共存の例である。
2. Divergence（分岐化）：ある語彙項目が文法化を受けて、助動詞や接辞になったりした時、元々の項目は独立語として残っており、通常の語彙項目のように同じ変化を受けることを言う。ラテン語動詞 'habere' は現代フランス語の未来時制接辞になった：('ego cantare'（I have to sing）から 'je chanterai'（I shall sing）が生じた。この語は同時に現代フランス語の 'avoir' になったが、その avoir も文法化を起こして、その一般動詞の用法に加えて、時制・相を構成するに至る。なお、分岐化は重層化の一つとも考えられる。
3. Specialization（特殊化）：文法化の最後の段階で起こり、義務的になる。ある段階で多少意味の異なる語彙項目同士が存在することがあるが、文法化を起こした時、これらの項目の選択が狭まり、その内少数の項目が選ばれて、残るようになる。フランス語の否定辞 'pas' はかってそれ以外にも否定する動詞の意味に応じていくつか存在した：point、mie、gote、amende、oreste、beloce、eschalope など。その

内 pas を含めたいくつかが残ったが、最終的には pas のみが現代では否定辞として一般的に使われている。
4. Persistence（保持化）：語彙的機能から文法的機能へ文法化する際、その語彙の元々の意味が残っており、それが文法的分布に制約を与える。will、shall、be going to における未来用法の相違は元来の語彙的意味に起因する。shall は元々の意味は「義務」、will は「希望、意志」、そして be going to は「移動、近未来」である。
5. De-categorization（脱範疇化）：名詞や動詞のそれぞれが持っている形態的・統語的特性を失って、前置詞や接続詞などの特性を新たに持つことである。以下の下線部の例では、前者は名詞で、後者は前置詞（句）である。

(i) Our *thanks* were accepted by the mayor — *thanks* to his generosity.（われわれの感謝は市長に受け入れられた—彼の寛大さに感謝）

(ii) His *face* was pale — in (the) *face* of these new demands.（彼は真っ青になった—これらの新しい要求に直面して）

また、'while' は古英語では名詞であったが、接続詞の働きを持つようなった。その結果、while は以下の特性を持つようになった（Hopper and Traugott 2003: 107）。

1. 冠詞や修飾語句を取らない。
2. 形容詞や指示詞により修飾されない。
3. 主語や動詞の項にならない。
4. 節の頭に現れる。
5. 照応代名詞によって受けられない。

脱範疇化には必ずしも明確でない例もある。大部分の場合、語彙項目が文法的なものに変わるのであるから、その過程で名詞の数や格、動詞の主語との一致や支配は消失する。しかし、複合前置詞 'on top of' 内の top は脱範疇化を起こしているかどうか決定しがた

い。また動詞派生前置詞の場合、'considering' は主語との一致や支配を受けない（実際、主語は不要）が、目的語を取る点では他動詞的で、この点前置詞と区別できなくなる。また、意味的にも脱範疇化を起こしているか否かははっきりしない。

以上以外に renewal（再新化）、bleaching（漂白化）があるが後述。

Hopper and Traugott（2003）では、特に語用論的推論（pragmatic inferencing）と一方向性（unidirectionality）が強調されており、前者において漂白化が、後者において、脱範疇化、特殊化、多岐化及び再新化がそれぞれ議論されている。まず、保持化はこの時点では特に詳しく論じられていないが、後述する構文化において詳しく述べられている。

Hopper and Traugott（2003: 94–98）は、意味の漂白化（bleaching、Meillet の言う 'affaiblissement'）について述べている。特に次の3点が強調されている。

1. 意味は元々語彙的意味から派生する。
2. 文法化の初期の段階では意味の消失ではなく、意味の転換である。従って、文法化においては突然の意味の消失は起こりそうにない。
3. 漂白化というものは相対的に捉えるべきものであり、文法化の後の段階で生じるものである。

例えば、will の意味「自発性（willingness）及び意志性（intention）」は少なくとも古英語に存在しており、予測（prediction）の意味はこの意志性から発達した。未来の意味は意志にない無生物主語を取ることにより中英語頃に確立した。そして予測の意味は現代英語に残っている。

Hopper and Traugott（2003: 122–124）では、再新化（renewal）は "existing meanings may take on new forms"（現在ある意味が新しい形式を担いようになること）で、通常新しい形式は迂言形が多い。典型的な英語の例としては、強調詞がある：awfully、 frightfully、fearfully、terribly、incredibly、really、pretty、truly など。また very は most、surprisingly、extremely、extraordinarily などと並存する。これらは感情表現であるので、感情要素の多分に入った否定強調詞の発達は 'psycholinguistic proclivity'（心理言語学的傾向）であると言う（123）。例えば、not、n't、no way の並存などである。英語における迂言表現の発達はより表現力の強さ、正確さを求めてなされたと考えられる。そのためには、①迂言表現の意味は構成成分から出てこないこと、②迂言構文は分析のレベルが一体であること、③新しい迂言形は他のしかるべき形態論範疇と範列的な競合関係にあることなどである（124）。

興味深い例としては、英語の仮定法の発達があげられる。通常の説明では、屈折語尾 -e、-en の消失により法助動詞による迂言形は発達し、これらの共存、競合を経て、法助動詞による仮定法迂言構文が発達した。ただし、アメリカ英語のいわゆる 'mandative subjunctive'（命令的仮定法、例：I insisted that Tom tidy up the room at once（Quirk et al. 1985: 1030）は 'recursive cycles of grammaticalization'（文法化の反復サイクル）と言えるかもしれない。

なお、紙面の都合上、文法化についてはこれ以上論じる余裕がない。Narrog and Heine（2011）などを参照されたい。

3. 構文化（Constructionalization）

3.1 Traugott and Trousdale（2013）

Traugott and Trousdale によると、言語は構文（construction）から成り立っている。彼らのいう構文とは言語固有の形式と意味のシンボリックなペアリングである。形式と意味はそれぞれ下位成分を有しており、それらは変化の影響を受ける。さらにそれぞれは別々に変化するということである。構文（複数）は集まって、いわゆる構文（単数）と言われる言語固有の構造化された目録（inventory）を構成する。そしてこの目録は分類的継承ネットワークにより表されることになる。以下の説明は Traugott and Trousdale（2013）に依る。

構文は大別して次の2つのタイプの変化を受ける。

1. 一般的、体系的変化：例えば、大母音推移や屈折の消失及び前置詞が発達し、その結果、英語においてより分析的体系に至ることなどである。
2. 個々の構文や構文のクラス特有の変化で、これには次の2つの下位のタイプがある。
   (i) 構文的変化：意味、統語、形態・音韻など構文の下位の成分に影響を与える変化である。例えば、will ('intend') > future, will > 'll など。これらの変化は次に述べる構文化の前後に起こる。
   (ii) 構文化：上の構文的変化の一つで、記号の［新しい］形式と意味の組み合わせを創出するものである。この変化は形式と意味のステップごとの連続で、再分析により創り出される。その際、schematicity（スキーマ性）、productivity（生産性）、compositionality（合成性）が程度の差はあれ伴う。形式だけの変化、あるいは意味だけの変化は構文化を構成しない。記号の新しい形式と意味の組み合わせは体系に対して新しいタイプのものとなる。変化というものはミクロ的ステップの繰り返しであるので、そこには通時的漸進性（gradualness）と共時的グレーディエンス（gradience）が含まれることになる。

   変化はまずミクロ的刷新性から始まる。すなわち、構文体（construct）、あるいはトークンのレベルである。刷新が他の話者に広がり、慣習化（conventionalized）された時、変化と考えられる。大体において、変化の過程においてのミクロ的ステップには次の点が含まれる。
   a. 刷新（innovation）：聞き手が話者とはマッチしない方法で、構文体を解釈し、分析する。
   b. この構文体を再分析し、構文体と構文ネットワークの

新しい一部との間に希薄なリンクを創り出した聞き手が、今度は話し手になり、その新しい意味を持った構文体を再び使用する。

そして慣習化は次の時に起こる：

c. 他の聞き手が似たようなプロセスを経て、その新しい意味を持つ構文体を使う。繰り返し使われることにより、あるグループの話者は元々の形式と新しく分析された意味の間の慣習的関係に暗黙の同意をあたえるようになる。これは元々の構文の形態統語論と新しい構文体間のミスマッチに至る。

構文化は次の時に起こる。

d. 形態統語的・意味的再分析が社会的ネットワークの中で話し手・聞き手を通して共有された時、新しい慣習的・シンボリック的単位が創出されることになり、新しいミクロ構文がネットワークに加わることになる。これが構文化である。構文的変化への構文レベルとして、schema, subschema そして microconstruction があり、schema が最も抽象度が高い。

Traugott and Trousdale（2013: 17）では次のような階層体を示している。

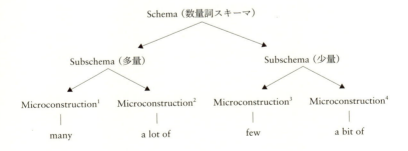

schema（スキーマ）は構文の抽象的な、意味の一般化で、subschema（下位スキーマ）と microconstruction（ミクロ構文）によ

り言語的に具現化される。さらに microconstruction は具体的な構文体（construct）として、個々の話し手や個々の使用例として、現れることになる。

構文化の変化にはそれ以前に現れる前構文化とそれ以後に現れる後構文化があり、それらに伴う要因がある。前者に伴う要因としては①語用論の拡大、②語用論の意味化、③形式と意味のミスマッチ、④多少の分布上の変化であり、後者には①コロケーションの拡大、②形態・音韻的減少、である。

構文化に関わる要因として次の3つのものがある。
1. Productivity（生産性）：今あるパターンを新しいコロケーションに拡大する。
2. Schematicity（スキーマ性）：形式的・意味的抽象性で、その抽象性には増減があり、下位スキーマの創出・廃止などに関わる。
3. Compositionality（合成性）：形式と意味間のリンクがどの程度透明性があるか。

構文的説明は、言語変化の一般的モデルを発展させ、文法化、してある程度語彙化においてもよく見られる意味と形式の分離の是正を試みるものである。その際、忘れてはならないことは、漸進性（gradualness）、拡大（expansion）、そして、ミクロ構文の一般的スキーマへの影響などである。

3.2　文法化と文法的構文化

文法化の考え方に関して、大別して、次の2つに分かれるという（Traugott and Trousdale 2013: 96–112）。

1. 文法化減少説（grammaticalization reduction（GR））：依存度が増し、元々の表現の種々の面が減少する—Lehmann など
2. 文法化拡大説（grammaticalization expansion（GE））：意味・語用、統語及びコロケーション的範囲が拡大する—Himmelmann など

GRにはトピックや焦点の問題、談話標識は含まれていない。1つにはこの種の発達は統語的スコープの拡大及び増大を意味し、Lehmannの枠組みでは「異常」に見えるからであろう。さらに範列的多様性（義務化）は程度の問題で、構造的、伝達的な現象である（前述参照）。

　GEの特徴として、Himmelmann（2004）によれば、次の3つの拡大をあげている。なお、そこには適当な例がないため、Traugott and Trousdale（2013: 107）からのものを例としてあげる。

1. ホストクラスの拡大（host-class expansion）：文法化する項目がその共起関係の範囲を広げることで、'be going to' を例にあげれば、未来時制を表すようになるにつれて、動詞も like や know のような状態動詞も取るようになった。
2. 統語的拡大（syntactic expansion）：再び 'be going to' の例をあげれば、未来時制の発達と共に、'There is going to be an election' のような繰り上げ構文を発達させた。
3. 意味的・語用論的拡大（semantic-pragmatic expansion）：文法化する項目が新しい意味を発展させることで、時間的接続詞である 'as long as' が条件法の意味にも使われるようになった：'As long as you leave by noon you will get there in time'（午後までにでれば、そこには間に合いますよ）。

　上の2つの考え方は実は次の点で補完的である。すなわち、GRは形態統語論的形式に関わり、その結果、凝縮、融合、依存度の増大などが表面に現れる一方、GEにおいては文法化がコンテクストにどのように現れるかということに関わっている。文法的構文化（grammatical constructionalization）はこの2つをいわば、分業の形で包含する。そしてGRは合成性の減少、GEには生産性やスキーマ性の増大に併せて、手続き的機能の発達に関わることになる。すなわち：

1. 生産性の増大：ホストクラスの拡大、タイプの拡大による変化は後構文化であるとする。
2. スキーマ性の増大：ミクロ構文がさらにスキーマ化し、抽象化、スキーマそれ自身も拡大する。
3. 合成性の減少：構成分の形式：意味間の一致の透明度が減少する。その結果、古い形態・統語の形と新しい意味間に不一致が生じる。この点、構文化は新しい構文がスキーマと同列になることにより、その不一致は解消されることになる。なお、合成性の減少には傾斜（gradient）がある。

　前述したように、文法的構文化には前構文化と後構文化があり、不一致（mismatch）、摩耗（attrition）、固定化（fixation）は前構文化に関わり、内部の形式上の合成性の減少、また音韻的融合、摩耗、さらには義務化などは後文法的構文化ということになる（Traugott and Trousdale 2013: 123–124）。

　文法的構文化として認められるのは新しい意味、構造、分布、特に拡大がデータ内で確認できた時であり、さらには「手続き的意味」が部分的にでも見られる構文が発達した時である。「手続き的意味」とは言語的関係を示すもので、指示、トピックなどを合図する情報構造や従来扱われてきた相や補文なども含まれる。

　文法化は大別して、次の2つのタイプがある。すなわち、第一次文法化（primary grammaticalization）と第二次文法化（secondary grammaticalization）である（Brinton and Traugott 2005: 77）。前者は語彙項目が文法的ステータスに変化することであり、後者は文法的なステータスがさらに文法的ステータスに移行することであるが、私見では、この第二次文法化の特徴が構文化との関係で軽視されているようである。ある項目が文法化を経て、増々文法的になっていく特性は文法化において重要であり、漸進性も（文法的）構文化以上に顕著である。文法化の他の特性と相まって、両者の相違を考える必要があろう。

3.3 語彙化と語彙的構文化

語彙化は基本的には減少が進むに至ることと考えられている。すなわち、複合的なものが単一的なものに還元されることである。前述したように、手続き的な方向は文法化であり、内容的な方向は語彙化であるが、実際はその区別は必ずしもはっきりしない。例えば、派生接辞を取っても、接頭辞 be- は手続き的であり、-ness、-dom のような接尾辞はより語彙的である。従って、語彙的構文化では、文法的と語彙的に間には段階（gradation）があると考える。その際考慮すべき点は、出力（output）がスキーマ的か特定的か、複合的か単一的か、内容的か手続き的かである。このアプローチではミクロ構文はもちろん、スキーマ、スキーマ的パターン及びイディオムの創出にも注意を払う。先の文法的構文化に関わる要因を語彙的構文化に当てはめると以下のように考えられる。

1. 生産性：スキーマの内部的組織により生産性にはかなりの差がある。
2. スキーマ性：
   (i) 成長：新しい語形成の［下位］スキーマが生まれること
   (ii) 減少：現存する語形成の［下位］スキーマが非生産的になること
3. 合成性：共時的に合成性に段階があるということは、新しいミクロ構文やスキーマの発達における漸進性（gradualness）の結果であるが、語彙的構文化が生じた時はそれは合成性が減少したと考えられる。

イディオムに関しては、合成性の度合いに応じて、連続性に沿ったものとして、'spill the beans'（秘密を漏らす）を次のように示している（182）。

```
[V + O]    ―    合成的には自由な表現
   ↓
spill the beans    ―    意味的には透明でない
```

さらに'snowclone'*1と呼ぶパターンの例をもあげている（184–5）。あるパターンの一部をオープンにすることにより、種々のバリエーションが生まれる。例：

One man's X is another man's Y（cf. One man's meat is another man's poison）

なお、'go ahead and X' は文法的構文化であり、snowclone的 'not the ADJest N1 in the N2'（not the sharpest tool in the box）は語彙的構文化と区別している。

まとめると、語彙的構文化は次のような特徴を持つ。

1. 漸進的である。
2. 新しい複合的［下位］スキーマの語彙的構文化は成長、拡大する。
3. 複合的語彙スキーマは持続する。
4. 語彙的構文化において減少は徐々であるが、文法的構文化に比べて、消失（loss）は頻繁である。

さらに、語彙的構文化と文法的構文化の相違としては

(i) 語彙的   ―   内容的
    文法的   ―   手続き的
(ii) 語彙的なものには統語的拡大は含まれない
(iii) 語彙的なものには漂白化はほとんど起こらない。ただし、内容的意味が一般化することはある。
(iv) 語形成スキーマの拡大はしばしば短命である。それに対して文法的なものは長命である。

5. 語彙的構文化には語形成や 'snowclone' パターンといったスキーマの成長や（下位）スキーマの拡大・減少がある。

Bergs and Diewald（2008）及び Bergs（2012）は Traugott らの主張をほぼ踏襲している。Bergs（2012）は英語の法助動詞について、構文化からの観点から論じてる。そこでは次の2点が強調されている。

　まず、法助動詞は同時に発達しているわけではなく、moton（＝must）と magan（＝may）らに始まり、willan（＝will）は最後である（1400年頃）。すなわち、動詞の下位クラスとしての助動詞の創出のプロセスはゆっくり、漸進的である。さらに新しい法助動詞の発達は、その過程において、動詞的特性を失っていく（例えば目的語を取らなくなるなど）。つまり、これらの変化は新しい構文との結びつきではなく、結合の可能性を失った結果であると言える。従って、構文的変化はネットワークの結びつきの消失だけでなく、他を犠牲にして別の結びつきを強化することでもある。

4. イディオム化（Idiomatization）

　イディオム及びその類似表現の'snowclone'については前節で触れた。Traugott and Trousdale（2013）の構文化においては語彙的文法化の例としてあげられている。'snowclone'に関しては、「固定した特定の表現が―異種を導入することにより、それほど固定したものではなくなったが、一方ミクロ構文の元々の意味は一般化している」と述べている（183）。

　いわゆる従来型のイディオムに関しては、彼らは合成性（compositionality）と分析性（analyzability）を区別する。

1. by and large（全般的に）
2. fly off the handle（急に怒り出す）
3. spill the beans（秘密を漏らす）

　1.が最も分析しづらく、次いで2.、3.と度合が下がっていくとしている。そして分析性は合成性の下位タイプであるとしている。すなわち、合成性が下がれば、それだけ分析性も下がることであり、

意味において、1. が最も解読しづらいことになる。一般的には統語構造とその意味の（不）解読性とは平行しており、一般の統語構造から逸脱していればしているほど、その意味の解読は難しくなる。上の例で、'by and large' がその度合いが高いのは、その構造が「前置詞＋等位接続詞＋形容詞」というものであり、これは接続詞 and の正常な結びつきではない。その点、'spill the beans' は「他動詞＋目的語」という最も規則的な構造をしており、'fly off the handle' はその中間ということになろう。*2

　イディオム化（idiomatization、idiomaticization）は語彙化の一部と考えられており、Brinton and Traugott（2005: 144–145）は次のように述べている。

> Lexicalization is a gradual change involving formal reduction and loss of semantic compositionality（idiomaticization）（語彙化は形式的減少と意味的合成性の消失（イディオム化）を伴った漸進的変化である）

　一方、イディオム化は具体的・文字通りの意味の消失、すなわち、漂白化であり、その点文法化とも考えられるとも述べられている（100）。

　これらの議論にもかかわらず、イディオム化の具体的な解明はほとんどなされていない。Chafe（2002: 404）はイディオム化（idiomaticization）を "the historical process of idiom formation"（イディオム形成の史的プロセス）と定義し、文法化とイディオム化の相違を次表にまとめている。

表3　文法化とイディオム化

文法化	イディオム化
1. 方向づけ（orientation）の意味の創出	概念の新しいカテゴリーの創出
2. 概念に無意識的	概念に意識的
3. 遍在する	テキスト頻度が低い
4. 複雑さの減少（reduction）	類推（analogy）による

文法化は完了などの相や未来などの方向づけの意味を表すのに対して、イディオム化は概念を新しく創出する。例えば、'I'm going to eat' などでは「食べる出来事」のような意味的要素を創り出す。また、時制や相は意識しないが、概念は意識する。方向づけ要素は至る所に存在するが、イディオムはテキスト上それほど頻繁には現れない。最後に文法化は複雑性を単一性に減少することに向かうが、イディオム化は類推により始動する。

　上の Chafe のイディオム化についての説明は史的データがないため、多分に概念的である。一般的には、以下のようなプロセス（イディオム化）でイディオムが生じる。*3

spill the beans

豆をばらまく → ｛ 豆をばらまく / 豆/隠し事などをばらまく ｝ → 秘密をうっかり漏らす

文字通りの意味　　→　　比喩的意味　　→　　イディオム的意味

　イディオムに移る際、'spill the beans' の the の指示性が失われとが重要になる。実際、'V + O' イディオムは定冠詞が付くことが多く、その場合、イディオム化する際、指示性を失う。例：kick *the* bucket（死ぬ）、pull *the* strings（陰で糸を引く）、break *the* ice（打ち解ける）。*4 また、もう1つの手がかりは、冠詞、特に定冠詞、の消失である。かつて定冠詞を持っていた句がイディオム化と共に定冠詞を失っていく。例：on［the］top of（～に加えて）、lose［the］sight of（～を見失う）など。なお、Weinreich (1963: 146) は次のように述べている。

> Many languages seem to have specialized grammatical patterns for idiom. In English, for example, prepositional plus a count noun without an article (*at hand, by heart*) often signals idiomaticity.（多くに言語はイディオムに対して文法的パターンを特化しているようだ。英語の場合、冠詞のない「前置詞＋可算名詞」（手元に、そらんじて）はしばしばイディオム性を合図する）

まとめとして、'lose sight of' を例にイディオム化についての私案を示す。

表4　イディオム化のプロセス

	統語的	意味的	文法化／語彙化
1. V + NP + P 構造のいわばスキーム化状態	lose/take/catch the view/sight of/about/on	文字通り	
2. V及びPの選択にある程度制限がかかる状態	lose/catch the sight of/on	文字通り	
3. V及びPが固定化し、NPの冠詞が消失しかかる状態	lose (the) sight of	比喩的	再分析
4. V + NP + P の構造が固定化し、意味が構成要素から解読できない状態	lose sight of	イディオム的意味	漂白化 脱範疇化 固定化

　上表を簡単に説明すれば、［lose (the) sight］［of + NP］→［lose sight of］［NP］という再分析が起こる。またsightの文字通りの意味は消えており、漂白していると言える。またsightは名詞性を失っており（冠詞がない）、脱範疇化していると言える。さらにこの形は固定しており、*sight is lost of のような受身形は許されない。

　なお、Bybee (2010: 139–147, 173) は複合前置詞 'in spite of' の史的説明の中で、分析性の消失、脱範疇化、合成性の消失、語用論的推論の強化を文法化させる要因としてあげている。

5. 漸進性（Gradualness）とグレーディエンス（Gradience）

　Traugott and Trousdale (2013: 74) は漸進性に関して次のように述べている。

> ... refers to a phenomenon of change, specifically discrete structural micro-changes and tiny-step transmission across the linguistic system.
>
> （変化の現象をいい、特に非連続な構造的・ミクロ的変化で、言語体系を横断する形で少しずつ伝播していく）

共時的には、この漸進性は小規模なバリエーション、あるいは段階性として現れる。*5

Traugott and Trousdale（2013: 27–28）は文法化とグレーディエンス（gradience）について、次のように述べている。

1. Aarts などが定義するグレーディエンスは非連続的な統語的、あるいは形態統語論的分布的特徴によって定義されている。その際機能や意味にはほとんど注意が払われていない。それに対して、文法化は文法機能の程度といった点から定義される。すなわち、語彙的、内容的構文と文法機能の間は連続であるという仮定に立っている。名詞、動詞、形容詞は内容語語彙の一方の極にあり、文法的なものは抽象的、手続き的な極にある。
2. 文法化は一連の変化であり、そこでは意味・語用、形態統語、形態音韻などの変化があり、文法化する項目に影響を与える。これらの変化は長い間にわたって進むが、その間元々の形や意味が失われたり、お互いが同音異義語になったりする（will が動詞であると同時に助動詞であるなど）。文法化項目のあらゆる段階は共存しているわけではなく、また段階的関係にお互いがあるわけではない。従って、共時的バリエーションとの結びつきは間接的であることになる。
3. 文法化においては、古い意味と新しい意味は多義であることは重要であり、また文法化する表現は中心及び周辺の用法、両方持っていることが考えられる。Aarts においては、グレーディエンスは多義性の面からも用法の共存パターンの面からも議論されていない。
4. 段階性にみられる「より良い適合性」（プロトタイプ理論の

より良い代表例（goodness of exemplar）参照）は文法化研究において、パターン、構文の変化へ関心がシフトしたことにより、同様に考察されるようになった。
5. 段階性が体系的・類型学的構造を特徴づけるものと考えられるという範囲では、文法化との結びつきは強いと言える。文法化の一般的なタイプは言語内における体系的変化によって制約されたり、拡大されたりするからである。

言語におけるグレーディエンスという考えは用語こそ異なっているが、多くに語学者によって言われてきた。その幾つかをあげれば、'non-discreteness'（非連続性）あるいは'squish'（Ross 1973a, b）、'fuzzy grammar'（ファジー文法）（Lakoff 1973）、'serial relationship'（連続的関係）（Quirk 1968 ［1965］）、'cline'（連続変異）（Halliday 1964）、'gradience'（段階性）（Bolinger 1961a. b., 1971）などである。本稿では特にBolingerとQuirkを論じる。

Bolinger（1961a, b; 1971）は最も早い段階で　グレーディエンスを提唱した言語学者である。例えば、イディオムに関して次のように述べている（1971: 22）。

> The extreme case is of course the idiom, and we can refer to the gradient of idiomatic stereotyping as "idiomization" and the process as "to idiomize" — analog, in the idiom grammar, of "grammaticization" in the transform grammar.（極端な場合というのは、もちろんイディオムであり、イディオム的紋切型の段階性を「イディオム化」ということができるし、その過程を「イディオム化する」と言える。すなわち、イディオム文法のそれは、変形文法の「文法化」に対応する）

またBolinger（1971）は'take off'、'run up'などの句動詞を取り上げ、次のように述べている。

> Phrasal verbs present a semantic gradient from highly concrete

meanings of direction and position to highly abstract meanings akin to aspects.（句動詞は方向や位置などの最も具体的な意味から相に似た非常に抽象的な意味に至るまでの意味上の段階を示している）

さらに、次ような例をあげている（1971: 97-98）。

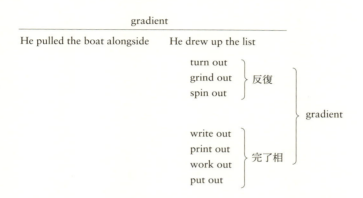

Quirk（1968 [1965]）では 'serial relationship'（連続的関係）という統語的カテゴリー内におけるグレーディエンスを認める理論を提案している。Quirk はこの連続的関係の重要性を 'S + BE + said to be C' の構造により例証しようとした。具体的には次の8つのパラメーターを基に動詞の種類を特徴づけた。

1. They V so
2. They V that he is Adj
3. It is Ved that he is Adj
4. They V him to be Adj
5. He is Ved to be Adj
6. They V him Adj
7. He is Ved Adj
8. They V him N（N と him は同一指示）

その結果、左側に示された 13 の下位区分の動詞がその代表的なものとして選ばれることになる。

表5　動詞パターンのパラメーター

	1	2	3	4	5	6	7	8
pretend	+	+	+	?	−	−	−	−
feel	?	+	+	+	+	?	−	−
say	+	+	+	−	+	−	−	−
know	−	+	+	+	+	−	−	−
find	−	+	+	?	+	+	?	+
think	+	+	+	+	+	+	+	+
declare	−	+	+	+	+	+	+	+
regard	−	−	?	?	?	+	?	?
like	−	−	+	+	−	?	−	−
persuade	−	−	−	+	+	−	−	−
make	−	−	−	−	+	+	+	+
call	−	−	−	−	−	+	+	+
elect	−	−	−	−	−	−	−	−

次の点が特に強調されている。

　一般の規則によれば、受動態は能動態から派生する。すなわち、パラメーター5は4から派生する。しかし上の表から分かるように、like はその対応する受動態をもたない *He is liked to be careful. さらに、say、make 及び find は受動態を持つが、それに対応する能動態を要求しない：*They say/make/?find him to be careful. また、say は feel や know と同じ分布を示している：They feel/say/know that he is careful. It is felt/said/known that he is careful. He is felt/said/known to be careful.

　この連続的関係による配列は次のことを示唆する。すなわち、水平的（横軸の）派生だけではなく、垂直的（縦軸の）派生の存在も重視すべきで、特に、受動態などにおいては、垂直的派生の持つ意味は大きい。Quirk（176）によると、He is Ved to be Adj のような構造タイプの例の方が They V him to be Adj の構造タイプよりコーパス上はるかに多く、パラメーター5に '+' と記録した動詞はパラメーター4で '+' と記録したものの2倍ぐらいあることに注意を促している。

　特に興味深い動詞は 'regard' である。この動詞は現在のところ、不安定な位置にある。このことは '?' が多いことからも分かる。こ

の動詞は不変化詞連結動詞（regard N as）の下位区分に属する位置を占めていると思われるが、*6'think'のような動詞に引っぱられているように思われる。そして次のように述べている（177）。

> ... it（＝ serial relationship）provides 'an insight into the dynamic synchrony of language' which, as has recently been insisted, 'must replace the traditional pattern of arbitrarily restricted *static* descriptions'.（イタリックは原著）（連続的関係は最近主張されてきている言語のダイナミックな共時態に洞察を与えることになるが、それは恣意的に限られた静的記述という伝統的パターンに取って代わるにちがいない）

Quirk et al.（1985）においても、このグレーディエンスの考え方が広く援用されている。そこでは次のように述べられている（90）。

> Grammar is to some extent an indeterminate system. Categories and structures, for example, often do not have neat boundaries. Grammarians are tempted to overlook such uncertainties, or to pretend that they do not exist. Our guiding principle in this grammar, however, will be to acknowledge them, and where appropriate to explore them through the study of GRADIENCE.（大文字は原著）（文法はある程度未決定な体系である。例えば、カテゴリーや構造ははっきりした境界線をしばしば持たない。文法学者は往々にして、そのような不確定さを無視したり、あるいは存在しないかのごとくのふりをする気持ちに駆られるが、我々の文法の指導原理はこの種の不確定要素を認め、適切だと思えば、「グレイディエンス」の研究を通してそのような要素を検討することである）

例として、

     等位的   従位的
      and — for — if

　'and'と'if'はそれぞれ等位接続詞、従位接続詞としてのカテゴリーは明確である一方、'for'はその中間のカテゴリーとして位置することになる。*7

　Aarts（2007）はグレーディエンスを統語的、分布的観点から論じている。グレーディエンスに関する歴的背景から始まり、文法的、構文的な'gradience'を広範囲の例を引いて論じている。Aartsはグレーディエンスを大別して、'subsective gradience'―名詞とか動詞といった品詞内でのグレーディエンスと'intersective gradience'―品詞間のグレーディエンスの2つに分け、後者は少ないと述べている。前者の例として、次のような形容詞のグレーディエンスをあげている（106–7）。

表6　形容詞パターンのパラメーター

	P1	P2	P3	P4	P5
happy	+	+	+	+	+
thin	+	+	+	+	−
alive	−	+	+	?	−
utter	+	−	−	−	−

P1 = 名詞前修飾が可能かどうか
P2 = 述部的位置にこられるかどうか
P3 = very などにより修飾されるかどうか
P4 = 比較級、最上級などの程度性が可能かどうか
P5 = un- 接頭辞が付くかどうか

その結果、右に行くに従って形容詞性は低い。

⟶

  happy > thin > alive > utter

'intersective gradience'の例として、次の例をあげている（132）：

a.　It was so *fun*.（形容詞）

b.　It was such *fun*.（名詞）

他に、'key' などがあげられている。
　　Cf.　key office, key factor（形容詞？あるいは名詞？）
構文的 'gradience' として、Aarts は次のような例をあげている。紙面の都合上例は省略。

Subsective constructional gradience
1.　Pseudoclefts（疑似分裂文）
2.　他動詞構文
3.　所有構文
4.　受動態構文

Intersective constructional gradience
1.　属格構文
2.　等位・従位構文
3.　動詞補文：自動詞、他動詞、複合他動詞構文
4.　補語と付加詞
5.　統語的混合及び融合

統語的混合・融合はさらに次のような傾斜が見られる（192）。

'mixed' structure（混成構造）
――――――――――――――――――――――→
fusion（融合）　blends（混成）　mergers（併合）　anacolutha（破格）

　Aarts も触れているが、特に fusion 及び blend は文法変化の過程に見られる興味深い現象である。*8
　なお、fuzzy grammar の論文を集めたものとして、Aarts et al. (2004) があり、便利である。

第1章　文法化から構文化へ　　29

6. コンテクスト（Context）

　文法化との関連でコンテクストを論じているものに、Heine（2002）とDiewald（2012）がある。

　Heineは次の4つ（実際は3つ）にコンテクストを分けている。

1. 始まりの段階：特に制約はなく、ある項目が現れる普通のコンテクスト
2. 橋渡し的コンテクスト（bridging context）：新しい意味を誘発するような特定のコンテクスト
3. スイッチコンテクスト（switch context）：元々の意味とは相いれない新しいコンテクスト
4. 慣習化（conventionalization）：文法化した意味はそれを支持するコンテクストは必要なく、新しいコンテクストに現れる

一方Diewaldは次のようなタイプのコンテクストを示している。

1. 非典型的コンテクスト（untypical context）：文法化される新しい意味が会話的含意として生じさせるコンテクスト
2. 臨界的コンテクスト（critical context）：構造的・意味的曖昧性、不透明さにより、いくつかの解釈を誘発する、特に新しい文法的意味を誘発する
3. 独立的コンテクスト（isolating context）：新しい意味が生じ、元々の意味と区別される。そして古い意味とは独立して、いわば記号的一体化をなす。完成段階である。

　Traugott（2012b: 230）はこの2つのモデルを比較して、次表を示している。文法化は第三段階で生じることに注意したい。

表7　Heine（2002）とDiewald（2012）の比較

Heine	Diewald
第一段階；通常のコンテクスト	ゼロ段階：通常のコンテクスト
	第一段階：非典型的コンテクスト
第二段階：橋渡し的コンテクスト（語用論的、意味論的）	第二段階：臨界的コンテクスト（多数の不透明さ：語用論的、意味的、構造的）
第三段階：スイッチコンテクスト（文法化の始まり）	第三段階：独立的コンテクスト（文法化の始まり：再構成化、差別化）
第四段階：慣習化	

　Traugott and Trousdale（2013: 198–207）はコンテクストを次のように定義している。

> By 'context' we mean linguistic co-text broadly construed as linguistic environment, including syntax, morphology, phonology, semantics, pragmatic inference, mode（written/spoken）, and sometimes wider discourse and socio-linguistic contexts（ここでいうコンテクストとは言語環境として広く解釈されるテクスト構造であり、そこには統語論、形態論、音韻論、意味論、語用論的推論、モード（書き言葉・話し言葉）そしてさらに広い談話や社会言語学的コンテクストが含まれる）。

　そして前構文化と後構文化に分けて次のように論じている。前構文化は構文化を可能にし、後構文化は新しい構文の拡大、減少を可能にする。

1. 前構文化のコンテクスト要因
(i) 新しい構文が生まれる可能性は、始まりのコンテクストで少しづつ、形態統語的微調整の形で確認できる―漸進性である。

(ii) 始まりのコンテクストには語用論、誘発推論コンテクストにより引き出される解釈などが含まれる。
(iii) 始まりのコンテクストは Heine のスイッチコンテクストや Diewald の独立的コンテクストとは区別される。
(iv) 始まりのコンテクストの一連の微調整の結果、体系内に共時的グレーディエンスを生じさせる。

　ここでは曖昧性（ambiguity）が問題になる。始まりのコンテクストには必ずしも曖昧性は存在せず、語用論的に豊かになること、及び非典型的な形態統語的分布が構文発達のカギになる（199）。さらには、語用論的コンテクストがいわば前景化し、その結果、十分活発化して言語変化を可能にする。

2. 後構文化的コンテクスト変化
(i) 漸進的拡大と類似化
De Smet（2012）は緩和詞（downtoner）'all but'の発達を論じており、彼の言うところの「一方の環境から他方の環境に広がることはその環境間にある類似関係ネットワークに沿うものである」という考えを紹介している。
(ii) 保持化
元々 Hopper（1991）が文法化の原理の1つとして述べたもの（2.3参照）で、元々の意味・分布が後の発達に影響を与えるというものである。be going to の拡大に持続化が見られる。
(iii) 強制（coercion）
Traugott and Trousdale の枠組みによれば、これはスキーマや模範型（exemplar templates）のコンテクスト的効果である（205）。現代英語における強制の例として、'Joan was winning when she fell'で'win'は完了達成動詞であるが、進行形のコンテクスト内ではその特性は生かされていない（勝利していない）。

Traugott and Trousdale（2013: 117–120, 217–224）では be going to の発達をコンテクストの立場から分析している。この構文は15世紀ごろ現れるが、その段階では、「運動」や「意志」「未来」などの語用論的曖昧性があった（非典型的コンテクスト）。17世紀ごろには時間的意味が固定化する。この段階がいわゆる臨界的コンテクストで、形態・統語的特殊化―構文のセット（preprogressive（BE-ing）、purpose（自動詞）、passive（選択的））の一体化が進んだ。そして18世紀ごろには助動詞化し、未来時制を表すようになった。ここでは非典型的コンテクスト、臨界的コンテクストに加えて、間接的コンテクスト（indirect context）があり、それは大別して、'core modal' セット（will など）と迂言的セット（ought to など）があり、それらが be going to に間接的に影響を与えるコンテクストである。ただし、興味深い点は、be going to は形式的には迂言的であるが、意味的には core modal 的であるということである。

7. 事例研究　One's way 構文

Israel（1996）のは OED のデータを基に one's way 構文を分析しているが、Traugott and Trousdale（2013）はさらなるデータとして、*Middle English Dictionary* や *The Corpus of Late Modern English Texts* を使い、構文化の観点から、この構文を分析している。

Traugott and Trousdale（2013: 76–91）はまず、現代英語におけるこの構文について次のようなスキーマを設定する。

[SUBJi [V POSSi way] [DIR] ↔ ['SEMi traverse the path pp while/by doing V']]

SUBJ = subject
POSS = possessive
DIR = directional
SEM = semantics

この構造の発達のプロセスは、

a. 自動詞が主として使われた。
b. 'one's way' の one's は必ずしも必要ではなかった。
c. 'way' は複数形にもなった。
d. MED によると、中英語において、'directional' を持たない方が多かった。

　上記の点から中英語期では構文的意味（形式と意味のペアリング）を持った one's way 構文のスキーマは存在しなかった。16世紀の始めごろまでは 'go/come + POSS + way' という構文が 'go along a path' の意味で自動詞的構文の下位スキーマとして現れた。そして17世紀の終わりごろには「他動詞 + one's way」が現れ、次のような構文化が生じた。

[SUBJi [V$_{TR\ causative}$ POSSi way] (DIR)] ↔ ['SEMi cause to traverse a path']]

　この時点で、way は目的語と感じられなくなり、他動詞構文の一部となり、'directional' も好まれるようになった。またこの時点で新しい way 構文の2つの下位スキーマが考えられる：妨害の動詞（dig、push）とそうでない動詞（make、take）である。さらに上のスキーマは法的含意と逆境のコンテクストの意味が伴うようになった。19世紀には運動動詞でない 'manner' を表す動詞（beg、worm、elbow）が現れ、これらは妨害や困難をも含意する。これらの動詞には運動の意味を強制する 'coercion' が働くようになった。そのため、'directional' が好まれるようになり、ほとんど意味をもたないが、ほとんど義務的なものとしてこれらの動詞にも適するようになった。さらに進んで、'shoot one's way'（発砲しながら前進する）については、繰り返しなどの相的意味をも示すようになる。この意味を伴うということは多分に「手続き的」、すなわち、文法的構文化の発達であり、元々これらの構文のメンバーは内容のある、

語彙的成分であったものが、文法的、手続き的方向に拡大された結果である。従って、これらは次の点で文法的構文化であるといえる。

1. スキーマ性が増大した。
2. ホストクラスが拡大した。
3. カテゴリーが強化された。
4. 合成性から非合成性になった。
5. 新しい下位のスキーマを発達させた：経路（path）の創出、繰り返しなどの相的発達、すなわち、手続き的になった。
6. 手続き的意味（procedural meaning）に向かっている。

さらには、'elbow one's way'（（ひじで）押し分けて進む）に見られる、妨害、困難などの意味が構文内に含意させる点も、既に述べた後構文化コンテクスト上の変化に見られる「強制」（coercion）との関連で文法的構文化と言える。

一方、これらの発達は以下の点で文法化の例であるともいえる。

1. 意味の漂白化：way の意味はほとんど消えている ― 漂白化
2. 数の消失：way は複数にならない ― 脱範疇化
3. 文法的意味への変化：'V + one's way' でより全体で文字通りの意味より抽象的になっている ― 抽象化
4. one's 及び way は必要な成分である ― 義務化

このように one's way 構文の分析には意見が分かれる。

Mondorf（2011）は one's way の意味の漂白化や具体的な意味から抽象的意味への移行などから文法化であると主張している。さらに -self 形による再帰代名詞の衰退に one's way 構文が寄与しているとしている。この2つの構文間には、前者（-self 形）は抽象的用法に、後者は具体的な用法といった、いわば意味的分業があるとしている。Gisborne and Patten（2011）も文法化の例としている。私見では、one's way 構文は文法化の立場から十分説明できる

と思われるが、このタイプの現象は構文を成しており、従来の文法化理論においては、この構文の認識が希薄であった点は否めない。同時に種々の動詞が 'one's way' の前に現れるということは語彙（化）の問題でもある。従って、この構文は文法的及び語彙的要素を含んだその連続線上にある、いわば融合的構文（hybrid construction, cf. Traugott and Trousdale 2013: 239）であると言えよう。

8. まとめ

　文法化の発達史的過程を2節で、Meillet（1965 [1912]）、Lehmann（1995 [1982]）、Hopper（1991）そして Hopper and Traugott（2003）を例に取り上げて、俯瞰した。構文化に関しては、Traugott and Trousdale（2013）を考察した。そして関連トピックスとして、イディオム化、漸進性と段階性、及び文法化、構文化に関わるコンテクスト、そして最後に事例研究として、one's way 構文を取り上げた。

　これまで文法化の研究及びそれに基づく事例研究は数多くあるが、構文化による研究はまだそれほど多いとは言えない。これからの成果が期待される。構文化は文法化に取って代わるのではなく、それらは補完的である。また、課題も多い。例えば、文法化との関係で論じられてきた主観化（subjectification）は構文化では全く議論されていない。*9 さらには、Hopperのあげた5つの文法化の原理のうち、構文化でも同様に扱われている主なものは、保持化や脱範疇化であるが、それ以外の原理はどのように構文化では扱われるのか。さらには、第一次文法化と第二次文法化の区別はどのような形で構文化と関係するのか、などであろう。

　1980年代から文法化研究が本格的に始まり、これまで多くの成果を生み出してきたが、同様な寄与が構文化研究にも望まれる。

＊1　Traugott and Trousdale（2013: 183）によれば、'snowclone' とはエスキモー語には雪に関する言い方が沢山あることを想起させる議論で、プラス 'clone'（クローン、コピー）を合わせた用語。Pullum（http://itre.cis.upenn.edu/~myl/languagelog/archives/000350.html）はいくつかのタイプの snowclone をあげている。

＊2　Taylor（2012: 69–70）は次のようなイディオムタイプをあげている：a. 意味的イディオム（例：spill the beans）、b. 統語的イディオム（例：by and large）、c. 語彙的イディオム（例：fun）、そして d. 句イディオム（例：of course）。

＊3　Lakoff（1987: 447–53）には認知的観点から興味ある説明がなされている。

＊4　複合動詞（composite predicate）の特徴は「軽動詞＋ a ＋動詞派生名詞」のパターンで、そこでは通常不定冠詞が伴う。この点、イディオムと複合動詞は興味深い対比を成す。

＊5　漸進性及びグレーディエンスを主張しているのは Traugott and Trousdale だけではない。Bybee（2010: 120）次のように述べている：
　'Thus the gradient facts of usage, synchronic variation and gradual diachronic change could be taken as principal evidence that grammars themselves incorporate the gradience and variability in the data.'（このように、用法の段階的事実、共時的多様性及び漸進的通時的変化は文法それ自体がデータ上グレーディエンスや多様性を組み込むべき証拠と考えていいだろう）

＊6　約30年後の FlOB Corpus（1990, 1,000,000 words）で、'regard' を見ると、55％が 'be regarded as' で、36％が 'regard + object + as' となっており、'regard + object + Adj' は見当たらなかった。

＊7　前書 *A Grammar of Contemporary English*（1972）には 'gradience' について一切触れられていない。

＊8　現代英語における 'blend' に関しては、Bolinger（1961b）や Taylor（2012: 263–279）など参照。

＊9　Traugott（p.c.）は主観化に関しては、特に新しい発展が見られなかったので、議論しなかったと言う。ただし、文法的構文化との関連で主観化について少しは議論すべきだったとも言っている。また、その後の p.c.（2014/12/7）において、構文化の特徴は形式ー意のペアで絶えず進んでいくものである。主観化は意味変化である点、音韻的変化や語順的変化と同様、構文化の一部を構成しているが（構文的変化）、構文化においては中心的ではない、とも述べている。

参考文献

Aarts, Bas（2007）*Syntactic Gradience*. Oxford: Oxford University Press.
Aarts, Bas, David Denison, Evelien Keizer and Gergana Popova（eds.),（2004）

Fuzzy Grammar. Oxford: Oxford University Press.

Bergs, Alexander (2012) "Construction Grammar." In Alexander Bergs and Laurel J. Brinton (eds.), *English Historical Linguistics*, Vol. 2, 1631–1646. Berlin/Boston: De Gruyter Mouton.

Bergs, Alexander and Gabriele Diewald (2008) *Constructions and Language Change*. Berlin/New York: Mouton de Gruyter.

Bolinger, Dwight (1961a) *Generality, Gradience, and the All-or-None*. The Hague: Mouton & Co.

Bolinger, Dwight (1961b) "Syntactic Blends and Other Matters," *Language* 37, 366–381.

Bolinger, Dwight (1971) *The Phrasal Verb in English*. Cambridge, Massachusetts: Harvard University Press.

Breban, Tine, Jeroen Vanderbiesen, Kristin Davidse, Lieselotte Brems and Tanja Mortelmans (2012) "Introduction: New Reflections on the Sources, Outcomes, Defining Features and Motivations of Grammaticalization." In Kristin Davidse, Tine Breban, Lieselotte Brems and Tanja Mortelmans (eds.), *Grammaticalization and Language Change: New Reflections*, 1–36. Amsterdam/Philadelphia: John Benjamins.

Brinton, Laurel J. and Elizabeth C. Traugott (2005) *Lexicalization and Language Change*. Cambridge: Cambridge University Press.

Bybee, Joan (2010) *Language, Usage and Cognition*. Cambridge: Cambridge University Press.

Chafe, Wallace (2002) "Putting Grammaticalization in its Place." In Ilse Wischer and Gabriele Diewald (eds.), *New Reflections on Grammaticalization*, 395–412. Amsterdam/Philadelphia: John Benjamins.

Davidse, Kristin, Tine Breban, Lieselotte Brems and Tanja Mortelmans (eds.), *Grammaticalization and Language Change: New Reflections*. Amsterdam/Philadelphia: John Benjamins.

Danchev, Andrei and Merja Kytö. 1994. "The Construction Be Going to + Infinitive in Early Modern English." In Dieter Kastovsky (ed.), *Studies in Early Modern English*, 59–77. Berlin/New York: Mouton de Gruyter,

De Smet (2012) "The Course of Actualization," *Language* 88, 601–633.

Diewald, Gabriele and Elena Smirnova (2012) "" Paradigmatic Integration": The Fourth stage in an Expanded Grammaticalization Scenario." In Kristin Davidse, Tine Breban, Lieselotte Brems and Tanja Mortelmans (eds.), *Grammaticalization and Langauge Change: New Reflections*, 111–134. Amsterdam/Philadelphia: John Benjamins.

Gisborne, Nikolas and Amanda Patten (2011) "Construction Grammar and Grammaticalization." In Narrog Heiko and Bernd Heine (eds.), *The Oxford Handbook of Grammaticalization*, 92–104. Oxford: Oxford University Press.

Halliday, M. A. K. (1964) *Linguistic Sciences and Language Teaching*. London: Longman.

Heine, Bernd (2002) "On the Role of Context in Grammaticalization. In Ilse Wischer and Gabriele Diewald (eds.), *New Reflections on Grammaticalization*, 83–101. Amsterdam/Philadelphia: John Benjamins.

Himmelmann, Nikolaus P. (2004) "Lexicalization and Grammaticalization: Opposite or Orthogonal." In Walter, Bisang, Nikolaus P. Himmelmann and Björn Wiemer (eds.), *What Makes Grammaticalization?*, 21–42. Berlin/New York: Mouton de Gruyter,

Hopper, Paul J. (1991) "On Some Principles of Grammaticization". In Elizabeth Closs Traugott and Bernd Heine (eds.), *Approaches to Grammaticalization*, Vol. I, 17–35. Amsterdam/Philadelphia: John Benjamins.

Hopper, Paul J. and Elizabeth C. Traugott (2003) *Grammaticalization*. Second Edition. Cambridge: Cambridge University Press.

Israel, Michael (1996) "The *Way* Constructions Grow". In Adele E. Goldberg (ed.), *Conceptual Structure, Discourse and Language*, 217–230. California: CSLI Publications.

Lakoff, George (1973) "Fuzzy Grammar and the Performance/Competence terminology game," *CLS* 9, 271–291.

Lakoff, George (1987) *Women, Fire, and Dangerous Things*. Chicago: The University of Chicago Press.

Lehmann, Christian (1985) "Grammaticalization: Synchronic Variation and Diachronic Change," *Lingua e Stile* 20 (3), 303–318)

Lehmann, Christian (1995 [1982]) *Thoughts on Grammaticalization*. München/New Castle: Lincom Europa.

Lehmann, Christian (2008) "Information Structure and Grammaticalization." In Elena Seoane and María José López-Couso (eds.), *Theoretical and Empirical Issues in Grammaticalization*, 207–229. Amsterdam/Philadelphia: John Benjamins.

Meillet, Antoine (1965 [1912]) "L'évolution des formes grammaticales." *Linguistique historique et linguistique générale*. 130–148. Paris: Champion.

Mondorf, Britta (2011) "Variation and Change in English Resultative Constructions," *Language Variation and Change* 22, 397–421.

Narrog, Heiko and Bernd Heine (2011) *The Oxford Handbook of Grammaticalization*. Oxford: Oxford University Press.

Norde, Muriel (2012) "Lehmann's Parameters Revisited." In Kristin Davidse, Tine Breban, Lieselotte Brems and Tanja Mortelmans (eds.), *Grammaticalization and Language Change: New Reflections*, 73–109. Amsterdam/Philadelphia: John Benjamins.

Quirk, Randolph (1968 [1965]) "Descriptive Statement and Serial Relationship." In *Essays on the English Language Medieval and Modern*, 167–183. London: Longman.

Quirk, Randolph, Sidney Greenbaum, Geoffrey Leech and Jan Svartvik (1972)

A Grammar of Contemporary English. London: Longman.
Quirk, Randolph, Sidney Greenbaum, Geoffrey Leech and Jan Svartvik (1985) *A Comprehensive Grammar of the English Language.* London: Longman.
Ross, John R. (1973a) "A Fake NP Squish" In Bailey C. J. N. and R. W. Shuy (eds.), *New Ways of Analyzing Variation in English*, 96–140. Washington: Georgetown University.
Ross, John R. (1973b) "Nouniness" In Osamu Fujimura (ed.), *Three Dimensions of Linguistic Theory.* Tokyo: TEC, 137–258.
Saussure, Ferdinand de (1916) *Cours de Linguistique Générale.* Paris: Payot.
Taylor, John (2012) *The Mental Corpus.* Oxford: Oxford University Press.
Traugott, Elizabeth C. (1989) "On the Rise of Epistemic Meanings in English: An Account of Subjectification in Semantic Change," *Language* 65, 31–55.
Traugott, Elizabeth C. (2012a) "The Status of Onset Contexts in Analysis of Micro-changes." In Merja Kytö (ed.), *English Corpus Linguistics: Crossing Paths*, 221–255. Amsterdam/New York: Rodopi.
Traugott, Elizabeth C. (2012b) "On the Persistence of Ambiguous Linguistic Contexts over Time: Implications for Corpus Research on Micro-changes." In Joybrato Mukherjee and Magnus Huber (eds.), *Corpus Linguistics and Variation in English*, 231–246. Amsterdam/New York: Rodopi.
Traugott, Elizabeth C. and Graeme Trousdale (2010) *Gradience, Gradualness and Grammaticalization.* Amsterdam/Philadelphia: John Benjamins.
Traugott, Elizabeth C. and Graeme Trousdale (2013) *Constructionalization and Constructional Changes.* Oxford: Oxford University Press.
Weinreich, Uriel (1963) "On the Semantic Structure of Language." In Joseph H. Greenberg (ed.), *Universals of Language*, 114–171. Cambridge Massachusetts; The MIT Press.

第2章
Time-*away*構文の適格性条件*

高見健一

1. はじめに

　生成文法では一般に、動詞の項構造に基づいて、他動詞は「動作主」（や「経験者」）の主語と、「主題」（または「被動作主」）の目的語をとるのに対し、自動詞は目的語をとらず、「動作主」（または「主題」）の主語のみをとると考えられている。しかし英語には、自動詞でも以下に示すように、その直後に（目的語と思えるような）名詞句をとる「構文」や「イディオム」があり、このような表現をめぐって近年、構文文法や語彙意味論を中心に多くの議論がなされている。

(1) a. No one wants to *die* a horrible death.（同族目的語構文）
　　　（誰もぞっとするような死に方はしたくない）
　　b. The priest *walked* his way across the country to protest nuclear arms.（one's way 構文）
　　　（僧侶は、核兵器に異議を唱えるため国じゅうを歩いて回った）
　　c. Mary *sneezed* the tissue off the table.（使役移動構文）
　　　（メアリーはくしゃみをして、テーブルからティッシュを飛ばした）
　　d. John *yelled* himself hoarse.（結果構文）
　　　（ジョンは叫び過ぎて声がしゃがれた）
　　e. He *talked* his ear off at the meeting.
　　　（彼は会議でのべつまくなしにしゃべった）
　　　（talk one's ear off ＝のべつまくなしにしゃべる）

　(1a–e) の構文やイディオムは、おおむね3つの問題を提起する。

その1つは、動詞直後の名詞句の文法上、意味上の役割である。（1a–e）の動詞 die、walk、sneeze、yell、talk は、通例、目的語をとらない自動詞として用いられるが、ここでは、その直後に名詞句 a horrible death、his way、the tissue、himself、his ear を伴っている。したがって、これらの文は、動詞の項構造から大きく逸脱しており、従来の自動詞・他動詞という区別では説明が難しい。そのため、（1a–e）の動詞直後の名詞句はどのようにして「格」が付与（または「認可」）されるのか、また、これらの名詞句は「目的語」と見なされ得るのかなどが、生成文法で幅広く議論されてきた（e.g. Burzio 1986、Macfarland 1995）。また、仮にこれらの名詞句が目的語であるとしても、その意味役割は、通例の目的語が担う「主題」（または「被動作主」）ではないため、これらの文の形式とその意味のマッピングがどのような形でなされるのかが、構文文法や語彙意味論で議論されてきた（e.g. Goldberg 1995, 2006、Levin and Rappaport Hovav 1995, 2005）。

　2つ目の問題は、（1a–e）のような構文やイディオムの「非合成性」（non-compositionality）に関するものである。従来の言語研究では、文や句の意味は、それを構成する各要素の意味の総和であると考えられてきたが、（1a–e）は、各要素の表す意味を足し合わせても、（1a–e）が表す意味にはならず、むしろその総和以上のものを伝達する（Taylor 2002 等を参照）。例えば、（1a）の die a horrible death は、「ぞっとするような死に方で死ぬ」という意味であり、a horrible death が、「ぞっとするような死」という単純な名詞句ではなく、そのような死に方という「様態」を表す意味まで伝達している。また（1b）では、僧侶が核兵器に異議を唱えるため、国じゅうを歩いて回っているが、国じゅうを移動するには、電車やバスを使うのが普通である。つまりこの文は、僧侶が普通ではない様態で移動した、という意味合いを持つ（高見・久野 2002：第2章、Kuno and Takami 2004: Chapter 3 参照）。そのため、次のような one's way 構文は、人が店へ歩いて行ったり、廊下を歩いて移動するのが、普通の移動の仕方であるため不適格となる。

(2) *Mike *walked* his way {to the store / down the hallway}.
   （マイクは店へ／廊下を歩いて行った）

ただ、このような「普通ではない様態で移動する」という意味合いは、(1b) の walked his way の各単語の意味を足し合わせても出てこない。(1c, d) でも同様のことが言え（Goldberg 1995 等参照）、イディオムと呼ばれる（1e）の talk one's ear off や同類の表現では、この点は一層顕著である。したがって、(1a–e) のような構文やイディオムは、それを構成する各要素の総和以上の意味がどのようにして生じるのか、あるいは、形式と意味の「ミスマッチ」がどのように説明されるのかなどの活発な議論を促した。

3つ目の問題は、様々な構文が適格となるための条件に関するものである。(1a–d) のような構文は、語形や語順などの統語的条件が満たされれば、それで常に適格となるわけではなく、そのような条件が満たされてもなお不適格となる場合も多い。例えば次の例を見てみよう。

(3) a. *She *arrived* a glamorous arrival.（同族目的語構文）
      (Levin and Rappaport Hovav 1995: 148)（彼女は華やかに到着した）
   b. *The kid *jumped* his way into the sandbox.（one's way 構文）
      （その子は砂場へジャンプして入った）
   c. *Sam *pleaded* her into the room.（使役移動構文）
      （サムは彼女に懇願して彼女を部屋に入れた）
   d. *The old man *fell* himself dead.（結果構文）
      （その老人は転んで死んでしまった）

(3a) は、arrival が arrive の同族目的語であり、その前に形容詞 glamorous を伴っているが、この文は（1a）と異なり不適格である。同様に（3b）の one's way 構文は、形式上は（1b）の one's way 構文と同じであるが、（1b）と異なり不適格である。また（3c）の使

役移動構文も、(1c) とは異なり不適格であり、(3d) の結果構文も、形式上は (1d) の結果構文と同様に、「自動詞＋再帰代名詞＋結果述語」の語順をとっているが、(1d) と異なり不適格である。したがって、これまでの多くの研究で、(1a–d) のような適格文と (3a–d) のような不適格文を区別する要因が何であり、これらの構文がどのような条件のもとで適切に用いられるかが議論されてきた*1。

本稿では、(1a–e) の構文やイディオムと同様に、自動詞が副詞（不変化詞）away と共に、目的語と思える「時間表現」の名詞句をとる構文、すなわち、Jackendoff (1997) が time-away 構文と呼ぶ次のような文を考察する。

(4) a. The girls chatted *the afternoon* away.
    b. I drank *the night* away at the bar.
    c. She lay on the grass, dreaming away *the hot summer afternoon*.

(4a) は、「少女達は午後の間ずっとおしゃべりをした」、(4b) は、「私は酒場で夜通し飲んだ」、(4c) は、「彼女は、暑い夏の日の午後、ずっと夢を見ながら芝生に横たわっていた」という意味である。この構文は、名詞句の時間表現が短ければ、(4a, b) のように、「自動詞＋時間表現＋away」の形式をとり、時間表現が長くなると、(4c) のように、「自動詞＋away＋時間表現」の形式をとる。そして away は、「離れて」という意味ではなく、「(休まずに) ずっと、絶え間なく」(continuously、all the time) という意味であり、この構文は、「主語指示物が、時間表現の名詞句が表す時間のあいだ、自動詞が表す行為を (休まずに) ずっとする」という意味を一般に表すとされている。この点をまとめると次のようになる。

(5) Time-*away* 構文
    形式：自動詞＋時間表現＋away（または自動詞＋away＋時間表現）

意味：その時間のあいだ（休まずに）ずっと〜する

さて、time-*away* 構文も、(1a–e) と同様の3つの問題を提起する。まず、自動詞のあとの時間表現は、「目的語」と見なされるのだろうか。仮に見なされるとしても、この名詞句の意味役割は、自動詞が表す行為が継続する「時間」であり、主題や被動作主ではあり得ない。したがってこの構文は、動詞の項構造から逸脱しており、形式と意味のマッピングを探る上で興味深いものである。

さらに、time-*away* 構文が (5) の意味のみを伝達するなら、その意味は時間表現と away の意味の総和から生じることになる。しかし、次の文が不適格であることからも分かるように、time-*away* 構文はそれ以上の意味を伝達すると考えられる（この点は以下で詳述する）。

(6) a. *Water dripped the whole afternoon away.
    b. *The wind howled the night away.

もし time-*away* 構文が (5) の意味のみを表すのなら、(6a, b) は、水が午後ずっとしたたり落ちたり、風が夜通しヒューヒューと吹き荒れたという意味で適格なはずである。しかし、(6a, b) は不適格なため、time-*away* 構文は、それを構成する要素の意味の総和以上のものを伝達すると考えなければならない。そしてそれが何であるかを考え、(6a, b) のような不適格文を (4a–c) のような適格文と比較して、この構文の適格性条件を探ることは大きな意義があると思われる。本稿ではこの点に焦点を当てて考察し、Jackendoff (1997) が提示した分析が妥当でないことを示して、代案を提示したい。

本論に入る前に、自動詞と away が時間表現の名詞句を伴わず、「（休まずに）ずっと〜する」という意味を表す文（ここでは単に「away 構文」と呼ぶ）を見ておこう。

(7) a.　The girls chatted away all afternoon. (cf. 4a)

b.　He was sawing away in the backyard.

　(7a) は、「少女達は午後ずっとおしゃべりをした」という意味で、この文の時間表現 all afternoon は、名詞句ではなく副詞句であることに注意されたい。(7b) は、「彼は裏庭でのこぎりで（何かを）ずっと切っていた」という意味で、saw は「のこぎりで切る」という意味の自動詞である。
　Away 構文は、time-*away* 構文と同様に（この点は次節で示す）他動詞をとることができない。(7b) で切るものを指定して、(8a) のように saw を他動詞用法にすると不適格になる。(8a) は (8b) のように表現されなければならない。(9a, b) の対比も同様である。

(8)　a.　* He was sawing *the fallen tree* away.
　　 b.　He was sawing away *at the fallen tree*.
　　　　（彼は倒れた木をずっとのこぎりで切っていた）
(9)　a.　* She has been writing *the letter* away since this morning.
　　 b.　She has been writing away *at the letter* since this morning.（彼女は今朝からずっと手紙を書いている）

　(6a, b) の time-*away* 構文が不適格なのに対し、次の away 構文は適格であることに注意されたい。

(10) a.　Water dripped away all afternoon.
　　　　（水が午後ずっとしたたり落ちた）
　　 b.　The wind howled away all night.
　　　　（風が一晩中ヒューヒューと吹き荒れた）

　したがって、time-*away* 構文と away 構文は、その適格性条件が異なっていることが明らかであるが、両者の違いは一体何なのだろうか。この点に関しても本稿では考察したい。

2. Jackendoff (1997) の分析とその問題点

Jackendoff (1997) はまず、時間表現の名詞句以外に、純粋な目的語をとる次の (11a, b) や、目的語を必要とする他動詞がそれを伴わず、時間表現の名詞句のみをとる (12a, b) が不適格であることを示し、time-*away* 構文には自動詞のみ用いられると述べている。

(11) a. *Fred drank *scotch* the night away. (cf. Fred drank the night away.)（フレッドはスコッチウイスキーを夜通し飲んだ）
b. *Ann read *the newspaper* the morning away.*2 (cf. Ann read the morning away.)（アンは新聞を午前中ずっと読んだ）
(12) a. *Fred *devoured* the night away.（純粋な他動詞）
(cf. *Fred devoured.)（フレッドは夜通しがつがつ食べた）
b. *Ann *perused* the morning away.（純粋な他動詞）
(cf. *Ann perused.)（アンは午前中ずっと精読した）

(11a, b)、(12a, b) の不適格性から、time-*away* 構文には自動詞のみ用いられることが分かり、この統語的特徴は、前節で観察した away 構文と同様であることが分かる。しかし、time-*away* 構文は、自動詞のみ用いられるものの、その後ろに時間表現の名詞句を必ず伴うため、この名詞句の文法上の機能は何かということが問題になる。

Jackendoff は、自動詞の後ろの時間表現が、次のように受身文の主語になったり、代名詞で置き換えられる事実を示して、この名詞句が目的語として機能していると述べている。

(13) a. In the course of the summer, *many happy evenings were drunk away* by the students before they finally realized there was serious work to be done.（学生達は夏の間、やらなければならない大変な課題があることにやっと気づくまで、楽

しく何晩も飲んで過ごした）

 b. Bill slept Monday afternoon away, while Harry drank *it* away.（ビルは月曜の午後ずっと寝て、ハリーはずっと飲んだ）

 そして Jackendoff は、自動詞は目的語をとらないため、この目的語は time-*away* 構文という「構文」によって認可されるものであり、動詞の目的語ではなく、<u>動詞句全体の目的語</u>であると主張している（p.555）*3。

 ただ、目的語の典型的な意味役割は、動詞が表す動作を受ける「主題」（または「被動作主」）であるのに対し、time-*away* 構文の時間表現は、例えば（4a）（以下に（14a）として再録）が（14b）のようにパラフレーズされ、（4b）（= I *drank* the night away at the bar.）は「夜を飲む」のではなく、「夜通し（酒を）飲む」のであるから、純粋な目的語ではないことに注意されたい。

（14）a. The girls chatted *the afternoon* away.（= 4a）
  b. The girls chatted *for the*（*whole*）*afternoon*.

 したがって、time-*away* 構文の形式と意味の間にはミスマッチが生じており、時間表現の名詞句は、文法上は目的語であるものの、意味上は時間を表す副詞句の機能を担っている*4。

 次に、Jackendoff（1997）の意味的な制約を見てみよう。Jackendoff はまず、次の無生物主語の time-*away* 構文が不適格であることを示し、この構文の主語指示物は意図的行為を行うものでなければならないと主張している。

（15）a. *The light *flashed* two hours away.（照明は 2 時間ちかちか点滅した）
  b. *The wind *blew* the night away.（風が夜通し吹いた）

 Jackendoff はさらに次の対比を示し、time-*away* 構文は、主語指示物が（i）意図的行為をして（（15a, b）参照）、（ii）示された時

間を無駄に過ごしている（他のことをすべきだった）という含意を持つと主張し、(iii) 主語指示物が行う行為は楽しいものであると述べている。

(16) a. Bill *slept/doodled* the afternoon away.（ビルは午後ずっと寝た／いたずら書きをした）
　　b.?#Ivan *worked/toiled/labored* three hours away.*5（アイヴァンは3時間ずっと働いた／こつこつ仕事をした）

(16a) で、午後ずっと眠ったり、いたずら書きをするのは、無駄に時間を過ごしていると考えられ、このような行為は、通例楽しいものだと考えられる（同様のことが（4a, b）のおしゃべりをしたり、酒を飲んだりする行為についても言える）*6。一方（16b）で、仕事をしたり、働くのは生産的行為であり、社会習慣上、（仕事中毒のような特殊な場合を除いて）一般に楽しいものとは見なされない。よって、(16a)（および（4a, b））は適格、(16b) は不適格になると Jackendoff は述べている。

　Jackendoff はさらに、次の不適格文を示し、(iv) time-*away* 構文に用いられる動詞は、drink や read のような活動を表す動作動詞でなければならず、状態動詞は、（意図的な状態を表す動詞であっても）用いられないと主張する。

(17) *Celia *sat* two hours away.

(17) は、シーリアが2時間ずっと座っていたという（彼女の意図的な）状態を述べる文であるが不適格である。

　以上の点から Jackendoff は、time-*away* 構文を次のように定式化し、「時を無駄に過ごす」（waste time）という意味が、動詞や各要素の意味の総和からは生じない、構文の持つ意味であると述べている。

(18) a.　[$_{VP}$ V NP away]（統語構造）

  b. 'waste [_Time NP] V-ing'（構文的意味）

したがって、例えば（19a）の意味は（19b）のように表せることになる。

(19) a. Fred [_VP [_V drank] [_NP the night] away].
  b. Fred 'wasted the (whole) night drinking'.
   （フレッドは酒を飲んで、その夜（全部を）無駄に過ごした。）

 以上が Jackendoff（1997）の time-*away* 構文に関する分析の概要である。(A) 時間表現が目的語であり、それは構文によって認可されるという統語的考察や、(B) この構文が「時間を無駄に過ごす」という構文的意味を持ち、状態動詞は用いられないという意味的考察は興味深いものであるが、(B) の主張には問題があると考えられる。なぜなら第1に、(16b) と異なり、work や toil、labor のような動詞でも、次に示すような適格文（インターネットからの実例で、母語話者にも適格との確認を得たもの）が数多くあるからである。

(20) a. The Real Estate Group would like to thank all of Santa's helpers that *worked the night away* getting ready for Santa!（不動産グループは、サンタの準備をして夜通し働いて手伝ってくれた人達みんなに感謝したい）
  b. Our team *worked the night away* and now it's time to set this site free.（私達のチームは夜通し働いたので、このサイトを無料にする時がきました）
(21) a. Students, faculty, staff and administrators *toiled the day away* studying, lecturing and just plain working hard.（学生、教授陣、職員、管理者が勉強し、講義をし、本当に一生懸命仕事をしてその日一日中ずっと働いた）
  b. The yard looks horrible but I actually enjoyed my weekend instead of *toiling the entire weekend away*.（庭はひ

どい状態だが、私は実のところ、週末ずっと精を出して仕事をせず、週末を楽しんだ）

 c. He *toiled the night away* at the rehearsals, crafting the perfect script and learning his lines.（彼は完璧な台本を作り、自分の台詞を覚えて、リハーサルに一晩中精を出した）

(22) a. A child on the street in Uganda is typically poor and uneducated, *laboring the days away* just to survive.（ウガンダの町の子供は、生きるために毎日仕事をし、大抵貧しく、教育を受けていない）

 b. More than 30 generous volunteers *labored the day away* building a new home for a local family.（30人以上の寛大なボランティアが地元の家族のために新しい家を建てようとその日ずっと働いた）

これらの例では、time-*away* 構文の主語指示物が夜通し仕事をしたり、当日、あるいは週末や毎日、ずっと働くことが述べられ、決してその時間を無駄に過ごしているという意味合いはない。それにもかかわらず、これらの例はまったく適格である。

さらに次の文を見てみよう。

(23) a. Ann *wrote the night away* trying to finish her dissertation before the deadline.（アンは、提出期限前に博士論文を仕上げようと夜通し書き続けた）

 b. John *read the night away* finishing her MIT dissertation.（ジョンは彼女のMITの博士論文を読み終えようと夜通し読んだ）

 c. He *jogged the early morning away*, circling the lake with his iPod playing.（彼はiPodをかけて、湖の周りを早朝ジョギングをしながら回った）

 d. The old couple *walked the early morning away*, smelling the fresh spring air and enjoying the tulips along the street.（その老夫婦は、新鮮な春の薫りを感じ、通りのチュー

リップを楽しみながら、早朝散歩した）

(23a, b)で、博士論文を期日までに仕上げようと夜通し書き続けたり、他の人の博士論文を夜通し読んだりするのは、極めて生産的な営みであり、決して他のことをすべきだったとか、無駄な時間を過ごしたという意味合いはない。同様のことが、(23c, d)の湖の周りを爽快にジョギングしたり、春の息吹とチューリップを楽しみながら早朝に散歩するという行為についても言える。それにもかかわらず、これらの文はまったく適格であるため、time-away構文が時間を無駄に過ごすという構文的意味を持っているというJackendoffの主張は、妥当でないと結論づけられる。

Jackendoffは、上で概観したように、time-away構文の主語指示物が行う行為は楽しいものであると述べているが、これは、人がある時間に他のことをすべきなのに、その時間をそうしないで無駄に過ごしたとすれば、それは通例、楽しいことをしたであろうと考えられることと密接に関係しており、この点から派生する意味だと思われる。しかし、(20a, b)、(21a–c)、(22a, b)で人が夜通し仕事をしたり、毎日働いたりする行為は、社会習慣上、楽しい行為とは見なされない（(23a, b)に関しても同様のことが言える）。したがって、time-away構文の主語指示物が行う行為は楽しいものであるというJackendoffの規定も妥当でないことになる。

この点は次のような文が適格であることから一層明らかである。

(24) a. We *walked the hours away*, sweating in the humidity and exploring the streets.（私達は蒸し暑さに汗をかき、通りを探し回って何時間も歩き続けた）

b. The refugees *walked the night away* in their quest for food and freedom.（難民は食べ物と自由を求めて夜通し歩いた）

c. The people who had been in the shipwreck *swam the night away*, trying to get to the seashore.（難破船に乗っていた人達は、岸にたどり着こうと夜通し泳いだ）

汗をかきながら何時間も歩き続けたり、難民が食べ物と自由を求めて夜通し歩いたり、難破船に乗っていた人達が岸にたどり着こうと夜通し泳ぐのは、決して楽しい行為ではない。それにもかかわらず、これらの文は適格である。

同じことが次の文についても言える。

(25) a. John came down with a high fever and went to bed early, *moaning the night away* under a pile of blankets.（ジョンは高熱で寝込み、早く床についたものの、何枚もの毛布を被って夜通しうめき声をあげた）

b. Having had the sad news, she *wept/cried the night away*.（彼女はその悲しい知らせを受けて、夜通ししくしく泣いた／泣いた）

人が高熱で夜通しうめき声を出したり、悲しい知らせに接して一晩中泣いたりするのが、楽しい行為でないことは明らかである。それにもかかわらず、(25a, b) はまったく適格である。

Jackendoff は上で概観したように、time-*away* 構文の主語指示物が行う行為は意図的行為であると述べているが、多くの例を検討してみると、主語指示物が非意図的行為を行う場合でも、次のように適格となる場合がある（(4c) や (25a, b) も参照）。

(26) a. John *snored/snoozed/dozed* the afternoon away on the living room floor.（ジョンは居間の床の上で午後ずっといびきをかいていた／うたた寝した／居眠りをした）

b. We all have midnight hours. The midnight hour when we toss and turn, *worrying* the night away.（実例）（私達は真夜中の時間をみんな持っている。夜の間ずっと悩んで寝返りを打つ真夜中の時間を）

c. The victims were caught in a freak snow storm on the mountainside and survived by taking cover in a small cave, *trembling* the night away until help arrived.（実例）

(犠牲者は山腹で異常な吹雪に遭い、救助が来るまで夜の間ずっと震えながら小さな洞窟に避難して過ごした)

  d. After eating a big lunch much too fast, he *belched/hiccupped* the early afternoon away. (たくさんの昼食をあまりにも早く食べて、彼は午後の初めずっとげっぷ／しゃっくりをしていた)

(26a–d) の動詞が表す動作「いびきをかく／悩む／震える／げっぷをする」等は、明らかに主語指示物の意図的行為ではない。

さらに、Jackendoff は sit のような状態動詞は time-*away* 構文に用いられないと主張しているが（(17) 参照）、このような状態動詞でも適格な例が数多くある。以下は、インターネットからの実例であり、他の例と同様に母語話者が適格と判断したものである。

(27) a. The three walked to a lower floor garden and there they *sat the night away*, waiting for the first light of dawn.
(その3人は階下の庭に歩いて行き、そこで夜明けの最初の光を待ちながら夜通し座っていた)

  b. He realized he wanted to do something instead of just *sitting the day away*. (彼は一日中ただ座ってなんかいないで、自分が何かしたいことに気づいた)

  c. Sarah and I found a park bench ... and *sat the day away* in the sun, just watching people. (サラと私は公園のベンチを見つけ、人々をただ見ながら太陽のもとでその日そこに座っていた)

  d. Sort of like lions *lying the day away* under a shade tree out on the savanna. (いわばサバンナで日陰を作る木の下で一日中横になっているライオンのように)

  e. We *lay the afternoon away* in the sun on the beach. (私達はビーチで陽光を浴びて午後ずっと横になっていた)

  f. *Standing the day away* at work is an intimidating proposition, particularly for your feet and legs. (仕事で一日中

立っているというのは、ぞっとするような提案です、特に足や脚にとって）

(27a–f) では、夜通し／日中ずっと座っていたり、日中横たわっていたり立っていたりという、主語指示物の状態が述べられているが、いずれも適格である。つまり、sit や lie、stand のような状態動詞でも、Jackendoff の主張とは異なり、time-*away* 構文に用いられることが分かる。

以上から、Jackendoff の time-*away* 構文の意味的特徴に関する主張は、限られた例に基づく一般化であり、妥当なものではないと結論づけられる。一体、この構文はどのような構文的意味を持ち、どのような場合に適格となるのだろうか。次節でこの問題を考察したい。

3. Time-*away* 構文の意味的・機能的分析

3.1　Time-*away* 構文が表す意味

まず次の2組の文を比べてみよう。

(28) a.　*In the afternoon*, the girls chatted away over their work while we readied the house for the dinner party.（午後、私達は夕食会のために家の準備をしていたのに、女の子達は自分達の仕事のことでおしゃべりをしていた）

　　 b.　The girls chatted *the afternoon* away over their work while we readied the house for the dinner party.（私達は夕食会のために家の準備をしていたのに、女の子達は自分達の仕事のことで午後ずっとおしゃべりをしていた）

(29) a.　*Last night*, I studied away for today's exam while they slept.（昨夜彼らは寝ていたが、私は今日の試験勉強をした）

　　 b.　I studied *the night* away for today's exam while they slept.（彼らは寝ていたが、私は今日の試験のために徹夜で勉強した）

(28a)、(29a) は away 構文で、時間表現は in the afternoon、last night のように前置詞を伴ったり、副詞表現で示されているが、(28b)、(29b) は time-*away* 構文で、時間表現は名詞句になり、目的語として動詞の直後にある（(29a) の last night は副詞のため、(29b) では名詞句の the night になっている）。両者の意味の違いは何だろうか。それは、前者では、少女達が仕事のことを午後話したり、話し手が勉強を昨夜したものの、そのような行為は、必ずしも午後（正午または昼食時から午後6時、日没ごろ）の時間全体、あるいは夜（日没から日の出までの暗い時間帯）の時間全体に及んでいる必要はないのに対し、後者では、そのような行為が<u>その時間全体に及んでいる</u>という点である。そのため、(28b) は、少女達は午後の時間全部（all afternoon）をおしゃべりに費やして話し続けたという意味であり、同様に (29b) は、話し手が一晩中（all night、all through the night）、つまり徹夜で試験勉強をしたという意味である。このように time-*away* 構文は、前置詞句や副詞で表される時間表現が名詞句となり、目的語位置に置かれることによって、動詞が表す行為（や状態）が<u>その時間全体に及ぶ</u>という意味を持つ。

　このような意味は、場所表現にも見られる。次の2組の文を比べてみよう。

(30) a.　He swam *in the river*.［場所：前置詞句］
　　 b.　He swam *the river*.［場所：目的語］
(31) a.　John sprayed *paint* on *the wall*.［場所：前置詞句］
　　　　　〈移動物〉〈場所〉
　　　　（ジョンは壁にペンキを吹き付けた）
　　 b.　John sprayed *the wall* with *paint*.［場所：目的語］
　　　　　〈場所〉　　〈移動物〉
　　　　（ジョンは壁一面にペンキを吹き付けた）

(30a) は、「彼は川<u>で</u>泳いだ」という意味であるが、場所を表す the river が swam の目的語となった (30b) は、「彼は川<u>を</u>泳いで

渡った」（あるいは、「川を上流から下流へ（下流から上流へ）かなりの距離を泳いだ」）という意味である。さらに（31a, b）の「場所格交替構文」では、〈場所〉の the wall が前置詞句で示された（31a）は、壁の一部にのみペンキが吹き付けられていても構わないが、the wall が目的語となった（31b）は、<u>壁全体に</u>ペンキが吹き付けられたと解釈される（Anderson 1971）。つまり、時間や場所を表す表現は、前置詞句で表されるのが一般的であるが、目的語となり、動詞と隣接することによって、その動詞の表す行為の影響を全面的・直接的に受けることになる。そのため、このような「時間全体」、「場所全体」という意味が生じる*7。

　さて、目的語が動詞の表す行為の全面的影響を受けるという点から、(28b)、(29b) の time-*away* 構文では、午後ずっとおしゃべりをしたり、徹夜で試験勉強をしたという意味が生じるが、同時に、時間表現が全体的影響を受けるという点から、通例は雑談や勉強にそんなに多くの時間を人は費やさないのに対し、そんなにも多くの時間を使ったという意味が生じる。つまり、time-*away* 構文は、動詞の表す行為や状態が（通例とは異なり）時間表現が表す時間全体にまで渡って継続したことを強調する表現であると言える。

　ここで、Jackendoff（1997）が提示した不適格文（16b）（以下に再録）と、それに対する反例（20a, b）、(21a–c)、(22a, b)（(20b) と (22a) を以下に再録）を比べてみよう。

(16) b. ?#Ivan *worked/toiled/labored* three hours away.
(20) b.　Our team *worked the night away* and now it's time to set this site free.
(22) a.　A child on the street in Uganda is typically poor and uneducated, *laboring the days away* just to survive.

3時間続けて働くことは普通にあることで、何ら意外なことではない。(16b) の不適格性は、動詞 work、toil、labor に起因するのではなく、three hours という特定的、限定的時間表現に起因している。一方 (20b)、(22a) では、夜通し仕事をしたり、子供が毎日

働いたりすることが通常とは違っており、そんなにも多くの時間働いた／働くことが述べられているので適格である。

　ここで、人がある行為を通常とは違って長時間行ったという場合、その人は、そのような時間の経過を気にとめず、むしろその行為に没頭したり、思いのままに（なるがままに）その行為を行い、結果として長時間になるということに注意したい。そのため、time-*away* 構文の時間表現で、two hours、three hours のような特定的、限定的表現は、当該の行為を行う時間として長いか短いかの一般的判断にかかわらず不適格で、これまで見たような the night や the afternoon、the days（さらに one's youth、one's life）などのように、時間の長さが特定的、限定的でなく、比較的長い時間に及ぶものでなければならない。したがって、次のような文はすべて不適格である。

(32) a. *We walked *four hours* away, sweating in the humidity and exploring the streets.（cf. 24a）
　　 b. *She danced *three hours* away.
　　 c. *She worked away *three hours and a half* planting tomatoes and staking them up.（彼女は3時間半トマトを植え、その支えをして仕事をした）
　　 d. *Having had the sad news, she wept/cried *15 minutes* away.（cf. 25b）

(32a–d) では、time-*away* 構文が、話し手や彼女の時間を気にとめない思いのままの行動を意味するのに対し、4時間とか15分のような限定的時間表現が時間を過剰に気にしていることを示唆するため、矛盾を引き起こして不適格となる。例えば (32d) に対する母語話者の反応は、悲しい知らせに接すると、人は我を忘れて時間など気にせず泣いてしまうのに、それを「15分間泣いた」と言うと、泣く時間を計っているようで、あまりにこっけいで笑ってしまい、このような文は容認されないというものである。

　Time-*away* 構文は、主語指示物が時間の経過を気にせず、動詞

が表す行為を思いのままに、その行為に没頭や集中している様子を表すという上記の想定は、次のような文が不適格であることからも裏づけられる。

(33) a. *The Beatles sang the evening away for their fans in the concert.（ビートルズはコンサートでファンのために夕方ずっと歌い続けた）
 b. *The baseball players ran the early morning away to strengthen their leg muscles.（野球選手達は脚の筋肉を強くしようと朝早くずっと走り続けた）

コンサートは開始時間や終了時間が決まっているため、歌手や音楽グループは、どのような曲を何曲歌ってコンサートを終了するか、あらかじめ決めており、当然、時間の経過を意識している。それにもかかわらず、(33a) では、ビートルズが夕方の時間（日没から寝る時間まで）の経過を気にとめず、ファンのために歌い続けた、あるいは歌い過ぎたという非現実的な意味を伝達するため、不適格、不自然と判断される。同様に (33b) は、野球の選手が脚の筋肉を鍛えようと早朝の時間が過ぎて行くのを気にとめず、その間ずっと走り続けたという意味であるが、筋肉を鍛えるために走ることに没頭して、時間の経過を忘れてしまうような選手は、現実的には考えられず、この文も (33a) と同様に不適格、不自然となる。

これに対して、例えば (24a–c)（以下に再録）を見てみよう。

(24) a. We *walked the hours away*, sweating in the humidity and exploring the streets.
 b. The refugees *walked the night away* in their quest for food and freedom.
 c. The people who had been in the shipwreck *swam the night away*, trying to get to the seashore.

(24a) では、話し手達が、例えば道に迷ったりして、汗をかきな

がら様々な通りを探し回って何時間もずっと歩き続けたと述べており、そのような行為は、目的地を探し当てるまで、時間の経過に気づかない、専心的、集中的行為である。この点は、(24b)の難民が食べ物と自由を求めて夜通し歩く行為や、(24c)の難破船に乗っていた人達が岸にたどり着こうと夜通し泳ぐ行為についても当てはまる。したがって、(24a–c)は適格になると考えられる。同じことが、すでに観察した（4a–c）、(23a–d)、(25a, b)、(26a–d)などについても言える。

　同じことが、Jackendoffが提示した不適格文（17）（以下に再録）と、それに対する反例（27a–f）（(27a)を以下に再録）についても言える。

(17) 　　*Celia *sat* two hours away.
(27) a. 　The three walked to a lower floor garden and there they *sat the night away*, waiting for the first light of dawn.

2時間ずっと座っているのは、特に通常と異なることではなく、(17)の不適格性は、(16b)と同様に、two hoursという特定的、限定的時間表現に起因する。一方（27a）は、夜通し座っていることが通常とは異なり、長時間思いのままに夜明けを待ちながら座っているという継続的状態を述べているので適格となる。

　以上の考察から、time-*away*構文に関して、次の制約を立てることができる*8。

(34) Time-*away*構文に課される意味的・機能的制約：Time-*away*構文は、指定された時間全体に渡って、主語指示物がその時間の経過を気にせず、動詞の表す継続的行為や状態を思いのままに（なるがままに）、通常とは異なり長時間続ける／続けたと解釈される場合に適格となる。

注記：この構文で用いられる時間表現は、the night、the afternoon、the days、one's lifeのように、細かな時間

の指定がない表現であり、three hours のような特定的、限定的時間表現は用いられない。

　(34)の制約で、「思いのままに」に対して、「なるがままに」が併記されていることに注意されたい。これは、「思いのままに」と言うと、主語指示物の行う行為が意図的なものであると考えられやすいので、非意図的な行為を表す (25a, b) や (26a-d) のような例をより捉えやすくするためである。これらの例の動詞が表す行為、すなわち、うめき声をあげたり、泣いたり、いびきをかいたり、悩んだり、震えたり、げっぷをするというような行為は、「思いのままにする」というより、「なるがままにする」と言った方が適切なためである。
　同じことは、次のような非意図的動詞についても言える。

(35) a. John wasted much of his college experience, *yawning* the afternoons away in lectures.（ジョンは午後ずっと講義であくびをし、大学生活の大半を無駄にした）

　　b. Then he has to *suffer* the night away in a fondue restaurant exchanging sympathetic glances with other men.（実例）（そして彼は他の男達と同情の目で見合いながら、フォンデュ・レストランで夜の間ずっと苦しまなければならない）

　　c. Hearing that their son had been accepted to Harvard, they *rejoiced* the night away.（彼らの息子がハーバードに受かったと聞いて、彼らは夜の間ずっと喜んだ）

あくびをしたり、苦しんだり、あるいは嬉しい知らせで喜んだりするのも、「思いのままにする」ということもできようが、「なるがままに」そのような行為、動作をすると言った方がより自然であると思われる。
　(34)の制約は、主語が無生物のtime-away構文が不適格であることも自動的に説明できる。次の例を見てみよう ((6a, b)、(15a, b)も参照)。

(36) a. * The fire burned the night away.（火は夜通し燃えた）
　　 b. * The snow melted the afternoon away.（雪は午後ずっと溶けていった）

無生物は、時間の経過を気にしないで当該の行為や状態を続けたり、思いのままにある行為を行うということはない。よって、(36a, b) は不適格となる。

3.2　もう1つのTime-*away*構文

Time-*away*構文に用いられる自動詞は、これまで観察したように、chat、drink、sleep、work、jog、walk、swim、dance、read、study、doodle、moan、weep、yawn、rejoice、sit、lie、stand（さらにfish、eat、gamble、cheer、scream、cook、talk、laugh、sing、joke、complain、argue、waitなど多数）のように、主語指示物が指定された時間全体に渡って継続する動作や状態がどのようなものであるかを具体的に示すものである。しかし、time-*away*構文にはもう1つ、主語指示物が行う行為を具体的には示さず、指定された時間を単に「無駄に過ごす、浪費する、ごろごろする」とのみ表現する次のような文がある。

(37) a.　We *whiled away* the hours playing cards.
　　　　（私達はトランプをしてその時間を浪費した）
　　 b.　She *idled* the afternoon *away* and then went to a party.
　　　　（彼女は午後の時間を浪費して、それからパーティーに行った）
　　 c.　Tom *lazed* the morning *away*.（トムは午前中ごろごろして過ごした）
　　 d.　Mr. Foley *frittered* the days *away* staring at his old black and white television.（実例）（フォーレイ氏は彼の古い白黒テレビをじっと見て何日も浪費した）

Whileはawayを伴って、while away +〈時間〉（またはwhile +〈時間〉+ away）のイディオム表現として用いられ、「〈時間〉

を浪費する、ぶらぶら過ごす」という意味を表す。Idle や fritter に関しても同じことが言え、fritter は away と共に、〈時間〉だけでなく、〈お金〉を浪費するという意味でも用いられる（piss も同様）。(37a–d) はいずれも、主語指示物が指定された時間全体を浪費したことを表しており、その時間をどのような行為をして浪費したかを述べていないという点で、前節までで考察した time-*away* 構文と大きく異なっている。もしそのような行為を明示するとすれば、(37a, d) のように、「トランプをして／テレビをみて」のような表現を分詞構文の形で付け加えることになる。

　(37a–d) のような time-*away* 構文を前節までで考察した time-*away* 構文と区別しなければならないもう1つの理由は、次に示すように、時間表現がたとえ特定的、限定的であっても適格文になるという点である。

(38) a.　Ivan whiled away *two hours*.（実例）(cf. 16b)
　　 b.　Last night I idled away *a couple of hours* watching TV.
　　 c.　She whiled away *three hours and a half* planting tomatoes and staking them up.（cf. 32c）

(38a–c) はいずれも適格であり、その点で (32a–d) のような文の不適格性と極めて対照的である。

　私達は第2節で、time-*away* 構文は、「時間を無駄に過ごす (waste time)」という構文的意味を持っているという Jackendoff (1997) の主張を概観し、その主張が妥当でないことを示した。そして本節で (37a–d) のような time-*away* 構文を見ることにより、Jackendoff の主張が、2つの相異なる time-*away* 構文をいわば同一視し、(37a–d) のような time-*away* 構文を、前節までで考察したより一般的な time-*away* 構文にまで拡張してしまっていたのではないかという考えに至る。しかし両者は、動詞の表す意味内容が基本的に異なっており、特定的、限定的時間表現を許容するかどうかに関しても違っているため、区別されなければならない。

3.3 Time-*away* 構文で用いられる動詞

上で time-*away* 構文には、動詞が、(i) 主語指示物の具体的な継続的行為や継続的状態を表す場合（chat、drink、dance、work、study、walk; sit、lie、stand; sleep、moan、yawn、weep など）と、(ii) 主語指示物が単に時間を浪費することを表す場合（while、idle、laze、fritter など）の2種類があることを示した。ここで、両者の動詞は共に自動詞で、その中でも「非能格動詞」（unergative verbs）（の一部）であることに注意したい。非能格動詞は、(i) 意図的に事象に関わる「行為者」を主語にとる自動詞（例えば talk、walk、skate、sit）と、(ii) 非意図的な生理現象（や心理現象）を表し、「経験者」を主語にとる自動詞（例えば sleep、cry、belch、cough）である*9。一方、「非対格動詞」（unaccusative verbs）は、(i) 意図を持たずに受動的に事象に関わる「主題」（または被動作主）を主語にとる自動詞（例えば burn、fall、sink）、(ii) 存在や出現を表す自動詞（例えば exist、hang、emerge、happen）、(iii) begin、start、end などのアスペクト動詞などである（Perlmutter 1978 等参照）。Chat、drink、dance、work、study、walk; sit、lie、stand などは、主語指示物の意図的行為を表し、その点では while、idle、laze、fritter も同様で、主語はともに「行為者」である*10。それに対し、sleep、moan、yawn、weep などは、主語指示物の生理現象を表し、主語は「経験者」として機能している。よって、両者の動詞はいずれも非能格動詞である。

4. Away 構文とはどこが違うか？

私達は第1節の最後で、away 構文に触れて、この構文も time-*away* 構文と同様に、自動詞のみ用いられることを示した。本節ではこの構文を観察し、どのような自動詞が用いられるかを明らかにして、time-*away* 構文との違いを考えたい。

Away 構文はまず、time-*away* 構文と同様に、主語が〈人間〉（または動物）で、その人間が「（休まずに）ずっと〜する」という継続的動作を表し、次のように、主語の意図的動作や非意図的動作を

表す動詞が用いられる。

(39) a. Sue was *singing* away to herself in the bath.（*Longman Dic. of Contemporary English*）（スーは風呂で歌をずっと1人で歌った）

　　b. The seniors spent every day *walking* away in the mall for their exercise.（年配者は運動のためにモールでずっと歩いて毎日を過ごした）

　　c. She was *studying* away, trying to learn it all before the exam.
　　　（彼女は試験前にそれを全部覚えようとずっと勉強した）

　　d. I called them but they were *chatting/talking* away and didn't hear me. *11（私は彼らに声をかけたが、彼らはずっとおしゃべり／話をしていて、私に気づかなかった）

　　e. He was *drinking* away at his ginger ale when Shannon came in and started teasing him about not getting a real drink.（彼はジンジャーエールを飲んでいたが、シャーノンが入ってきて本当のアルコール飲料を飲んでいないことで彼をからかい始めた）

　　f. We had all finished our meal, but John was still *munching/eating* away.（私達はみんな食事をすませていたが、ジョンはまだ（むしゃむしゃ）食べていた）

(40) a. While the professor delivered a lecture on Shakespeare, John was *snoring/sleeping* away in the corner.（教授はシェイクスピアの講義をしたが、ジョンは隅でいびきをかいていた／眠っていた）

　　b. You couldn't miss Mike at the conference. I could hear him in the corner of the room, *sneezing/coughing* away.（会議でマイクを見失うことはないでしょう。彼が部屋の隅でくしゃみ／咳をしているのが聞こえるでしょうから）

(39a–f) の動詞 sing、walk、study、chat、talk、drink、munch、

eat は、主語の意図的動作を表す非能格動詞であり、(40a, b) の動詞 snore、sleep、sneeze、cough は、主語の生理現象を表す非能格動詞である。

　ここで、(39a, c–f) の動詞 sing、study、chat、talk、drink、munch、eat は、主語が普通、一定の場所にいて行う継続的動作を表すのに対し、(39b) の動詞 walk は「移動動詞」(movement verb) で、主語指示物の移動を表すことに注意されたい。(39b) の walk away は、文脈から「老人達が運動のため、モールをずっと歩き回る」という away 構文であるが、このような文脈がなければ、walk away は「立ち去る」という意味になる。つまり、away は「ずっと、絶え間なく」という意味ではなく、「離れて」という意味である。この点は、移動動詞の run away（逃げる）、move away（立ち去る）、go away（立ち去る）なども同じで、dance away は、「ダンスをし続ける」という意味よりは、「ダンスをしながらある場所を別の所へと移動する／離れる」という意味で解釈されやすい。そのため次のような文は、away 構文として解釈されず不適格で、「ダンスをして移動した」という意味になる。

(41) *They *danced away* last night.（away 構文としては不適格）
　　　(cf. He stood up slowly, ... and *danced away* to the next group of villagers.)（実例）（彼はゆっくりと立ち上がり、ダンスをしながら村人達の次のグループへと移動した）

　さて、away 構文は興味深いことに、time-*away* 構文とは少なくとも 2 つの点で異なる。1 つは、time-*away* 構文は、主語指示物の継続的動作だけでなく、継続的状態も表すが ((27a–f) 参照)、away 構文は、主語指示物の継続的状態を表すことができない。そのため、次の文はいずれも不適格である。

(42) a.　*She just *sat away* by herself, while we danced and sang together.
　　　　(cf. She just *sat* by herself, while we danced and sang

together.）

（我々は一緒に踊ったり歌ったりしたが、彼女は1人で座っていた）

b. *Let's dance, I don't want to *sit away* all evening.（ダンスをしましょう、夕方ずっと座ってなんかいたくないので）

c. *He realized he wanted to do something instead of just *sitting away* all day.（cf. 27b）

d. *We *lay away* all afternoon in the sun on the beach.（cf. 27e）

e. **Standing away* at work all day is an intimidating proposition, particularly for your feet and legs.（cf. 27f）

よって、away 構文は、主語指示物の継続的動作のみ表すことが分かる。

　Away 構文が time-*away* 構文と異なる2つ目の点は、非対格動詞でも次のように、自然現象など、ある無生物の継続的動作を表す場合は適格となる（(10a, b) も参照）という点である。

(43) a. I looked out the window again and the light was still *flashing* away.（私は再び窓から外を見ると、照明がまだちかちか点滅し続けていた）

b. The wind was *howling* away last night.（風が昨晩ヒューヒューとうなり続けていた）

c. The boys and I stacked firewood for three hours yesterday while it *drizzled/rained* away.（少年達と私は、霧雨／雨が降り続けていたが、昨日3時間たきぎを積み上げた）

(43a-c) では、照明がちかちか点滅し続け、風がヒューヒューとうなり続け、霧雨や雨が降り続けたことが述べられており、これらの文はいずれも適格である。その点で、time-*away* 構文の (6a, b) や (15a, b) の不適格性と対照的である。

　以上のことから、away 構文は、主語指示物が「（休まずに）ずっ

と〜する」という継続的動作を表し、継続的動作であれば、非能格動詞でも非対格動詞でも可能であることが分かる。ただ、非対格動詞が許容されると言っても、非対格動詞の多くは継続的動作を表さず、完結的（telic）事象を表すため、away 構文に用いられる非対格動詞は、(43a–c) に用いられるような動詞であり、非対格動詞のほんの一部であることに注意されたい。そしてこの点は、time-*away* 構文が、人間（や動物）が時間を気にせず、思いのままに行う継続的動作や継続的状態を表すのに対し、away 構文は単に、人や物の継続的動作のみを表すという違いから生じるものと考えられる。

5．まとめ

本稿では、自動詞が away を伴って、時間表現の名詞句を構文上の目的語としてとる time-*away* 構文を議論し、この構文がどのような構文的意味を持ち、どのような条件のもとで適格となるかを考察した。まず、Jackendoff（1997）のこの構文に関する統語的・意味的分析を概観し、この構文は、(i) 主語指示物が意図的行為を行い、(ii) 示された時間を無駄に過ごしている（他のことをすべきだった）という含意を持ち、(iii) 主語指示物が行う行為は楽しいものであり、(iv) 状態動詞は（意図的な状態を表す動詞であっても）用いられないという彼の主張は、いずれも限られた例に基づく一般化であり、妥当でないことを明らかにした。そして多くの例の考察を通して、この構文は、指定された時間全体に渡って、主語指示物がその時間の経過を気にせず、動詞の表す継続的行為や状態を思いのままに（なるがままに）、通常とは異なり長時間続けるという構文的意味を持つことを示し、このように解釈される場合に適格となることを主張した（(34) の制約を参照）。また、この構文には、the night、the afternoon、the days のような、厳密な時間帯が指定されない時間表現の名詞句が用いられ、three hours のような特定的、限定的時間表現は用いられないことを観察した。

さらに、time-*away* 構文に用いられる動詞は、主語指示物が行う

継続的行為や状態がどのようなものであるかを具体的に述べるものであるが、この構文には、while、idle、laze、fritterのように、単に時間を「無駄に過ごす、浪費する」と述べるだけで、どのような行為をするかを明示しないタイプのtime-*away*構文があることを示し、この場合は、three hoursのような特定的、限定的時間表現も用いられるため、これら2つのtime-*away*構文は区別されなければならないことを示した。

　本稿ではさらに、時間表現を目的語としてとらないaway構文を考察し、この構文は単に、人や物の継続的動作を表すことを示した。したがって、time-*away*構文で用いられる自動詞は、人間（や動物）が時間を気にせず、思いのままに行う継続的動作や継続的状態を表す非能格動詞であるが、away構文に用いられる自動詞は、自然現象など、無生物の継続的動作を表す非対格動詞も用いられる。

　自動詞がawayを伴って、時間表現を目的語にとり、「その時間全体に渡ってずっと〜し続ける」という意味を表すtime-*away*構文は、従来の動詞の項構造という考え方から逸脱し、構文を構成する単語の意味の総和が構文全体の意味にはならず、統語と意味の間にミスマッチが生じているにもかかわらず、生産的に用いられる構文であり、興味深いと思われる。この構文のawayは、「ずっと、絶え間なく」という意味であるが、前節でも触れたように、awayのより一般的な意味は、「離れて」である。そして、自動詞がこの意味のawayを伴って、取り除くべき対象物（例えば、「悩み、心配事、ストレス」など）を構文上の目的語としてとる次のような構文がある。

(44) a.　Sleep your wrinkles away.（Levin and Rappaport Hovav 1995: 36）
　　　　［宣伝文］（眠ってしわをとりなさい）
　　b.　Diet those pounds away.（Jackendoff 1997: 550）（ダイエットをしてその体重を減らしなさい）
　　c.　I drank away my sorrows.（私は飲んで憂さを晴らした）
　　d.　Everyone sang and laughed away their troubles.（実例）

(みんな歌ったり笑ったりして悩みを吹き飛ばした)

　これらの文では、眠ることでしわをとり、ダイエットすることで体重を減らし、飲むことで憂さを晴らし、歌ったり笑ったりすることで悩みを吹き飛ばすことを述べている。Levin and Rappaport Hovav（1995）やJackendoff（1997）は、(44a–d)のような構文を「結果構文」に分類し、現影（2008）は、この構文をtrouble-*away*構文と呼んでいる。そして、この構文の構造と意味は次のように示される。

（45）a.　［$_{VP}$ V NP away］（統語構造）(= 18a)
　　　b.　'take away NP by V-ing'（構文的意味）

　Time-*away*構文の目的語は時間表現であり、trouble-*away*構文の目的語は、ある動作をすることで取り除かれる物であるため、当該の文がどちらの構文で、どのような意味かを解釈するのは難しいことではない。しかし、Jackendoff（1997: 550）が指摘するように、例えば次の文は、両者の意味で解釈され、曖昧である。

（46）Bill gambled his life away.
　　　解釈A：ビルはギャンブルをして人生を過ごした。
　　　　　　（time-*away*）
　　　解釈B：ビルはギャンブルをして人生を台無しにしてしまった。（trouble-*away*）

　(46)では、目的語のhis lifeが、時間表現としても、失う対象物としても機能しており、AとBの2つの解釈が可能となる。
　以上から、awayとそれに伴う構文をまとめると次のようになる。

(47)
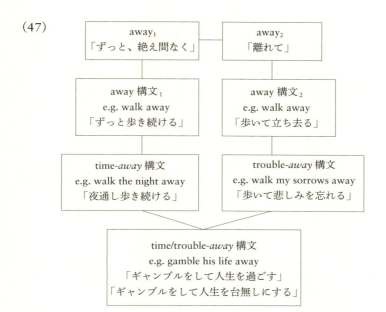

　本稿では、time-*away* 構文とそれに関係する away 構文₁ を中心に考察したが、今後さらに trouble-*away* 構文やそれに関係する away 構文₂ も検討し、*away* の意味解釈とそれに伴う構文の意味や機能の全体を明らかにしたいと考えている。

＊　本稿の内容をお聴きいただき、多くの有益なご指摘を下さった久野暲先生と、本稿で提示する多くの例文に関して、その適格性判断や貴重な意見を下さった Karen Courtenay、Nan Decker のお二人に、ここに記して感謝したい。なお本研究は、平成 26 年度科学研究費補助金（基盤研究（C）課題番号 23520590）の助成を受けている。

＊1　同族目的語構文と one's way 構文の適格性条件に関しては、例えば高見・久野（2002：第 2 章、第 3 章）、Kuno and Takami（2004: Chapters 3, 4）を参照されたい。また、使役移動構文の適格性条件に関しては、例えば Goldberg（1995: Chapter 7）を、結果構文の適格性条件に関しては、例えば小野（編）（2007）を参照されたい。

＊2　(11a, b) の scotch や the newspaper のような目的語は、time-*away* 構文では次のように、with を伴って示されることがある（Jackendoff 1997: 535）。

(i) a. Fred drank the night away *with a bottle of Jack Daniels*.
   b. Ann read the morning away *with a pile of old mysteries*.

＊3　Time-*away* 構文に対するこのような Jackendoff の「構文的アプローチ」に対して、「語彙的アプローチ」は、chat away、sleep away、drink away などが語彙規則によって派生した一語の複合動詞（complex verb）であると見なし、この複合動詞が目的語の時間表現を認可すると考える。このような語彙的アプローチの問題点に関しては、Jackendoff（1997）を参照。

＊4　それではなぜ time-*away* 構文では、時間を表す副詞句が名詞句になり、動詞の直後の目的語として機能するかに関しては、次節で考察する。

＊5　Jackendoff（1997: 538）は（16b）に関して次の文を提示しているが、miserable の有無にかかわらずこの文は不適格なので、本文ではこの形容詞がない形を用いる。

(i) ?# Ivan worked/toiled/labored three (miserable) hours away.

＊6　(4c)（= She lay on the grass, dreaming away the hot summer afternoon.）では、「夢を見る」というのが意図的行為ではないことに注意されたい。したがってこの例は、time-*away* 構文の主語指示物が意図的行為を行うものでなければならないという Jackendoff の主張に疑問を投げかけることになる。この点は以下の本文で詳述する。

＊7　目的語が、前置詞句と違って、動詞の表す行為の全面的・直接的影響を受けるというのは、時間表現や場所表現だけではない。例えば The hunter shot at the tiger. と The hunter shot the tiger.、I prepared for the exam. と I prepared the exam. などの意味の違いについても同様のことが言える。この点については、久野・高見（2013：第10章）を参照されたい。また（31a, b）のような場所格交替構文の意味の違いは日本語についても言え、この点に関しては高見・久野（2014：第4章）を参照されたい。

＊8　筆者は、高見（2007）で（34）とは異なる time-*away* 構文の適格性制約を提示したが、それは間違いであった。その間違いを指摘して下さった熊澤清美氏に感謝したい。

＊9　主語の心理現象を表す自動詞（例えば worry、rejoice）が非能格動詞か非対格動詞であるかに関しては、研究者の間で一致した見解がないようであるが、これらの動詞の主語が「経験者」であることは明白なので、本稿では非能格動詞に分類する。

＊10　Chat、drink、dance などの動詞と、sit、lie、stand などの動詞は、共に主語指示物の意図的行為を表すため、非能格動詞である。ただ、前者は継続可能な行為を表す動詞（活動動詞）であり、後者はわずかな時間でその行為が成立（完了）する動詞（達成動詞）であるため（Vendler 1967 参照）、time-*away* 構文にこれらの動詞が用いられると、本文で述べたように、前者は主語指示物の継続的行為を、後者は主語指示物の継続的状態を表すことになる。

＊11　例文（39d）の動詞 chat と talk は共に適格であるが、母語話者は chat の方がより自然であると判断する。その理由は、talk away だと、単に「話し続ける」という意味を表すだけで、どのような話し方かが特定されず、意味内容が薄いのに対し、chat away だと「雑談をし続ける」となり、どのような話し方かが示されて、意味内容がより深まるからである。同じことが、例文（39f）

のmunchとeat, (40a)のsnoreとsleep, (43c)のdrizzleとrainについても言える。

参考文献

Anderson, Stephen (1971) "On the Role of Deep Structure in Semantic Interpretation." *Foundations of Language* 7, 387–396.
Burzio, Luigi (1986) *Italian Syntax: A Government and Binding Approach*. Dordrecht: Reidel.
現影秀昭 (2008)「dream your troubles away 構文の特性：構文拡張の原理」*JELS* 25, 41–50.
Goldberg, Adele (1995) *Constructions: A Construction Grammar Approach to Argument Structure*. Chicago: University of Chicago Press.
Goldberg, Adele (2006) *Constructions at Work*. Oxford: Oxford University Press.
Jackendoff, Ray (1997) "Twistin' the Night Away." *Language* 73, 534–559.
Kuno, Susumu and Ken-ichi Takami (2004) *Functional Constraints in Grammar: On the Unergative-Unaccusative Distinction*. Amsterdam: John Benjamins.
久野暲・高見健一 (2013)『謎解きの英文法──省略と倒置──』くろしお出版.
Levin, Beth and Malka Rappaport Hovav (1995) *Unaccusativity: At the Syntax-Lexical Semantics Interface*. Cambridge, MA: MIT Press.
Levin, Beth and Malka Rappaport Hovav (2005) *Argument Realization*. Cambridge: Cambridge University Press.
Macfarland, Talke (1995) *Cognate Objects and the Argument/Adjunct Distinction in English*. Doctoral dissertation, Northwestern University.
小野尚之 (編) (2007)『結果構文研究の新視点』ひつじ書房.
Perlmutter, David (1978) "Impersonal Passives and the Unaccusative Hypothesis." *BLS* 4, 157–189.
高見健一 (2007)「形式と意味のミスマッチ──Time-*away* 構文を中心に──」『英語青年』Vol. CLII, No. 11, 642–645.
高見健一・久野暲 (2002)『日英語の自動詞構文』研究社.
高見健一・久野暲 (2014)『日本語構文の意味と機能を探る』くろしお出版.
Taylor, John (2002) *Cognitive Grammar*. Oxford: Oxford University Press.
Vendler, Zeno (1967) *Linguistics in Philosophy*. Ithaca: Cornell University Press.

第3章
Supposing 節の構文化現象

早瀬尚子

1. はじめに

本稿は次に見るような supposing で始まる非定形の従属節が単独で生じる表現を扱う。

(1) Supposing that's the prevailing mood in the country?
（COCA）（それがこの国で蔓延している雰囲気であるとしたら？）

この表現の特徴は、分詞 supposing に文が導かれているものの、規範的な複文としては成立していないことである。分詞節はそれ自体時制を持たない非定形節なので、本来ならば定形節である主節に付随した従属節として機能するものである。ゆえに、これ単独では文法的には不完全である。しかし、このような表現はそうまれではない。

このように従属節だけで文を終える現象は、insubordination（「従属節の主節化」）（Evans 2007）もしくは「言いさし文」（白川 2009）、「中断節」（大堀 2002）と呼ばれ、近年注目されるようになっている。たとえば以下のような例である。

(2) a. (A milkman's sheet about Xmas deliveries, including:) If you would kindly indicate in the boxes below your requirements and then hand the completed form back to your Roundsman by no later than the 16th December 1995. (Evans 2007)（牛乳配達人によるクリスマスの配達に関する書類の中で：「下記にある枠の中にご要望を記入の上、完成書類を 1995 年 12 月 16 日までに担当の者にお渡しくだされば

(と思います)」

b. If you quiet down a little bit...（少し静かにしてくださらない？）

c. If it isn't my friend Bill Hammer!（やぁ友達のビル・ハマーじゃないか！）(Panther and Thornburg 2005)

(2a)は本来従属節である if 節で文自体が終わっており、その意味はおおよそ I would be grateful if...（もし…してくだされば（嬉しく思います））のようにパラフレーズできる。(2b)も同様に、if 節に後続するであろう要望（「静かにして欲しい」）を表している。(2c)では if 節の独立度がさらに高くなり、驚きの感情を表出している。いずれの例にも共通しているのは、部分的で未完結な表現であるにも関わらず、それらが表している意味機能はその部分を超えた以上のものだということ、つまり形式と意味のミスマッチが起こっていることである。

このタイプの文が形成される統語プロセスについて、Evans (2007) は 1）主節─従属節から成る複文構文→ 2）主節の削除（主節内容はまだ固定化していない）→ 3）削除の慣習化（主節内容が固定化する）→ 4）主節構造として再分析という 4 段階を経るとされている。本稿でも基本的にこの立場を支持する。

この従属節が独立していく統語上の変化と相関して、従属節が表す意味も本来の字句通りのものとは異なってくる。たとえば（2a）や（2b）ではその後に続くであろう隠された主節の意味が伝達される。このように、今までとは異なる意味と形式の結びつきからなる、新しい構文が生まれてくることになる。

従属節が独立化することで新しく獲得される意味は、多くの場合「対人関係的」な機能を帯びることが指摘されている。このため、この構文を「発話行為構文（Speech Act Construction）」として扱う研究もある（Panther and Thornburg 2005、前田 2006 など）。発話行為構文（Speech Act Construction）とは、その表す意味が文字通りの構成的な意味とは異なり、Austin（1962）や Searle（1969）の主張する、言語を発話することイコール行為を遂行する

「発話行為」遂行の機能をもつ構文である。先に見た（2）の従属節表現を発することにより、話し手は〈依頼〉や〈感情表出〉という発話行為を遂行していることになる。このような、言語表現からは直接得られないはずの対人関係的な機能は、周知の通り「間接発話行為」と称される。Panther and Thornburg（2005: 88）のことばを借りれば、「発話内行為的機能が、統語的には従属構造を成すものによって文法化され、一方でこの形式的には従属節であるものが用いられると独立した発話行為を伝達するようになる（"illocutionary function is grammaticalized by means of syntactically dependent structures, but these formally subordinate clauses are used to communicate independent speech act."）」という現象が見られている。また大堀（2002）は、中断節に新しい意味機能が対応していくさまを、以下のように定式化している。

(3) 中断節構文の図式化（大堀 2002: 130）
構文：中断節 ⎧ 統語論カテゴリー：文　　　　　　⎫
　　　　　　 ⎪ 意味論的特徴：推論集約的　　　　 ⎪
　　　　　　 ⎨ 語用論的特徴：対人機能　　　　　 ⎬
　　　　　　 ⎩ [[節〈依存：±，埋め込み：−〉]__ ⎭

このような現象が推進される状況は Evans（2009）によれば話し手と聞き手の間での高い間主観性が見込まれる対話環境だとされている。対話というジャンルはこの話し手と聞き手との間での相互作用が必然であり、対人関係機能が発達する十分な動機づけになる。

　さて本稿で見る supposing 節も、（2）の if 節と同じく発話行為構文の1例である。*1 supposing 節はもともと懸垂分詞構文の従属節であり、文字通りには反事実的・仮想世界を仮定するものだったが、ここで議論する supposing 節はいずれもそれ単独で文字通りの意味とは異なる発話行為を伝達するものである。以下本稿ではこの表現を supposing 節構文と呼び、さまざまな意味機能がこの形式に派生的に見られることを考察する。さらに、この意味機能の変化は対話のジャンルでの使用の影響により促進されていることを主張す

る。その前に、次節ではこの構文の元となった懸垂分詞構文について少し概観しておきたい。

2. 懸垂分詞構文から supposing 節構文へ

懸垂分詞構文とは、分詞句の意味上の主語が主節の主語と一致していない形式をとる分詞構文であり、英語では非規範的な表現とされている。しかし早瀬（2009）および Hayase（2011）ではコーパス事例の調査から、この構文がある偏った状況の元で用いられること、その使用にははっきりとした動機づけが与えられていることを明らかにした。それは、発話の現場で用いられること、そして「概念化者（典型的には話し手）がその発話の場で仮想的な認識行為を行った後、主節にある状況を新たに発見認識する」という認識のシナリオを表す事態把握をした場合である。典型的には（4）に見るような事態を表す。

(4) Leaving the bathroom, (Conceptualizer finds) the immediate lobby is fitted with walnut cabinet.（バスルームを出ると、出てすぐのロビーにウォルナット材のキャビネットがしつらえられている（のが見える））

懸垂分詞 leaving は概念化者（典型的には話し手）による（物理的ではなく）概念上かつ仮想の移動を表す。主節では、移動の結果得られる概念化者が見聞きする静的状況を、見えたまま聞こえたままに描写している。またその主節は現在時制で表されることが多く、この表現が発話場面に密着して用いられる描写であることを示している。このように、懸垂分詞構文は、言語表現上明示化されていない概念化主体の観点からの事態把握を行う、主体性・主観性の高い表現なのである（詳しくは早瀬 2009、Hayase 2011 参照のこと）。

本稿で考察する supposing 節構文は、まさにこの懸垂分詞構文に由来するものである。その根拠は、supposing で表される「仮想」という認識行為を行うのが、発話現場に存在する概念化主体だと考

えられる例に大きく偏っているからである。supposing 節を用いた分詞構文の例（5）と懸垂分詞構文の例（6）を、supposing 節構文例（7）と比較してみよう。

(5) 分詞構文例
　　She sighed, *supposing* it was just as well she'd woken so early since it would take her at least an extra hour to get downtown today.（彼女はため息をつき、考えた。ずいぶん早く起きてしまったけど、かえって良かった。ダウンタウンに行くにはもう1時間余分にかかるだろうし。）

(6) 懸垂分詞構文例
　　Supposing the union fell to pieces, these were the fracture lines along which it would naturally break.（もし労働組合がバラバラになったとしても、それは自然にこわれるべき崩壊の道筋に添ったものだった。）

(7) supposing 節構文例
　　a. *Supposing* someone had tried to kill his stepfather deliberately?（誰かが彼の養父を意図的に殺そうとしていたら？）
　　b. *Supposing* there weren't enough clients?（十分なクライアントがいなかったら？）

本稿で扱う（7）の例は、（5）より（6）に対応していることに注意したい。「通常の」分詞構文である（5）では、認識行為 supposing の主体としての主語が主節の主語である she に一致している。また主節で描かれているのはその she の行った行為である。つまりこの構文では、描写対象となる状況の外部にいる観察者の視点から、その観察者にとって第三者であるものについての描写を、客観的に行っていることになる。一方懸垂分詞構文である（6）では、supposing 節の主語が主節の主語とは一致しておらず、むしろ言語上非明示である概念化者、典型的にはこの文の発話の場にいる話し手に一致している。そして文全体としては「話し手による概念的仮定想定の結果、その話し手が主節内容を発見認識する」という、懸垂

分詞構文の表すシナリオに合致した意味を表す。（6）が描くのは発話の場に密着した発話主体自らの思考内容だということになる。この「発話の場に密着した発話主体の思考内容」を描写するという特徴は、（7）のsupposing節構文でも引き継がれており、supposing節内容を想定している主体が（6）と同じく話し手であることが確認される。つまり、本稿で取り上げるsupposing節構文は、分詞構文ではなく懸垂分詞構文の一部が独立したものと考えられる。

　Supposing中断節が懸垂分詞構文由来のものであることは、ここまで見てきた意味的な面に加え、実例の分布傾向からも確かめられる。Supposingで始まる分詞節は、（6）のような主語が不一致の懸垂分詞節として用いられる割合が圧倒的に高い。Supposingを用いた分詞構文の総数のうち、COCAでは232/371例（89.48％）が主語不一致の懸垂分詞構文として用いられており、主語一致の場合もほとんどが一人称主語で、外部から第三者に対する客観的描写を行うタイプの「規範的な」分詞構文は数えるほどしか見当たらなかった。つまりsupposingはもっぱら懸垂分詞構文として用いられる分詞節であり、ゆえに発話の場に存在する主体の観点からの事態把握を行う、主観性の高い表現として出現する傾向がきわめて高いことがわかる。

　また分布するジャンルの偏りからも、supposing中断節が懸垂分詞構文由来のものであることが確認できる。懸垂分詞構文の特徴は「発話の場に密着した発話主体の思考内容」を表すことであり、この構文が相手を想定した対話状況で使用されるのがふさわしいことを示唆する。supposing節の生起ジャンルはSPOKEN, FICTION, ACADEMICが多く、さらに特筆すべきこととして、FICTIONジャンルの中でも圧倒的に会話箇所、つまりSPOKENと分類される事例の比率が高かった。またACADEMICジャンルにおいても、講演など聴衆の存在が想定される事例に出現するケースが多かった。更に、書き言葉ジャンルであるNEWSPAPER/MAGAZINEでもsupposing節が少数例のみ見つかったが、いずれも対話例に限って抽出されていた。これらのことから、supposing節が対話の相手、聞き手が想定される「語り」の現場でもっぱら用いられるという強

い傾向が浮き彫りになる。以上、発話の場で主体の思考を表すこと、懸垂分詞節としての生起割合の高さ、そして対話ジャンルでの使用頻度の高さから、supposing節構文は発話の場に密着した懸垂分詞構文を元にした表現だと考えられるのである。

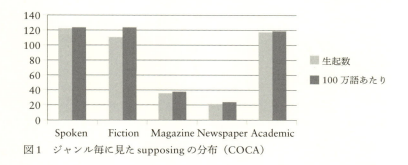

図1　ジャンル毎に見たsupposingの分布（COCA）

3. supposing節構文の意味機能とその発展

1節で概観したように、supposing節構文は発話行為構文の一種である。構文として表す意味機能はいずれも対人関係的な発話行為的側面をもち、少なくとも以下の4種類が認定できる。

(8) a. 〈質問 (INQUIRY)〉 Supposing I don't see her.（→ What would happen if I...?：もし彼女に会えなかったらどうする?）
　　b. 〈感情表出 (EXPRESSIVES)〉 Supposing it is a fire!（→ It might be a fire!：もし火事だったらどうしよう?）
　　c. 〈提案 (SUGGESTION)〉 Supposing you come with us.（→ Why don't you come with us?：あなたも一緒に来たらどう?）
　　d. 〈乖離 (DISSOCIATION)〉 Supposing they ARE poor?（→ What does it matter if they ARE poor?：彼らが本当に貧乏だったとしたらどうなの?）

ここで得られる意味はいずれも懸垂分詞としてのsupposing節に後続すると期待される主節に対応するものである。懸垂分詞構文であ

れば事実とは異なる状況世界をsupposingで想定し、後続の主節でその結論を導くが、ここではsupposing節のみを単独で用いることで、その本来の構成的意味とは異なる主節に対応する発話行為機能を表すようになっている。

　この解釈は話し手および聞き手に共有される構文的知識に支えられたメトニミーによって生じると考えられる。従属節にあたる一部分だけを明示化している一方で、伝達しているのはその後続する主節内容をも含んだ全体としての内容であり、この点で部分を明示的に述べて全体を指示するメトニミーとみなされる。部分から全体へとメトニミーによる了解が成立するためには、その部分が属する全体についての知識が不可欠である。「赤シャツ」で「人」を指せるのは、シャツを着る主体が人だとわかっているからだし、「猫の手も借りたい」の「手」を「助け」と了解できるのは、「手」を差し出すシーンが「助ける」という全体的行為の中心的な一部分を成すと理解されているからである。同じように、supposing節が懸垂分詞構文の一部であると聞き手に了解し復元してもらえる限りは、話し手はメトニミーの力を用いることで、supposing節の後を続ける必要はなくなる。つまり、話し手と聞き手とがsupposingを用いた懸垂分詞の構文的知識を共有することで協力しあえるからこそ、supposing節を用いるだけで後続する主節のメトニミー的含意が成立するのである。

　では、複数想定される主節の可能性の中から、どうやって(8)に見る意味が定着したのだろうか。以下の節では、それぞれの意味がどのように生じてきたかについて、考察を加えていく。

3.1　〈質問（QUESTION）〉としてのsupposing節構文

　最初に検討するのは、先に見た（8a）にあたる、〈質問〉として用いられる事例群である。

(9)　a.　Now, supposing the situation was reversed?（さて、もし状況が逆転したら？）

　　 b.　"Well, supposing your husband's looking for you there,

too?" "Then I'll go somewhere else."(「もしあなたの旦那さんもあなたをそこで探していたとしたら？」「そしたらどこか別の場所に行くわ」)

　この解釈にはしばしば疑問符「？」が伴う。supposing 節構文の中でも中心的なデフォルト用法であり、生起数も一番多い。
　この〈質問〉解釈はどのように保証されるだろうか。それは、supposing 節が疑問文環境でもっぱら用いられるという、強い偏りが見られることによる。この傾向は、主節を伴う懸垂分詞構文においても、また主節を伴わない中断節として用いられる場合でも、同様に観察される。

(10) a. We should keep in mind that a future we cannot imagine will also be judging us. Supposing they view us chronocentrically, how might we answer their condemnations?（肝に銘じておくべきは、想像もできない未来の方こそ私たちを裁いているということだ。もし未来が一番優れているという視点のもとに彼らが私たちを評価するとしたら、その責めに対して私たちはどう答えるだろうか。）

　b. Supposing that he risked a search, what would be the best way of doing it?（彼が危険を冒して探すとするなら、どんな方法が一番よいだろうか。）

(11) a. Supposing a kid was molested today. What should he or she do? How should he or she handle it and be believed?（子どもが今日性的ないたずらをされたとしよう。どうするだろうか。どう対処してどのように信じてもらえれば良いのだろう。）

　b. Supposing you have 200,000 users who are using your mobile apps. Companies want this data and you want to mine this data into an intelligent format and give it to them. How much can one charge for the data analytics?（20万人のユーザーがあなたのモバイルアプリを使っているとしよう。会社がそのデータを欲しがり、あなたは高速データ処理の

できるフォーマットに落として会社に渡す。このデータ分析に対してていくら請求できるだろうか。)

(10) は典型的な (懸垂) 分詞構文としての形式を保っている一方、(11) では supposing 節が「主節」を後続させることなく終結している。イントネーションユニットが supposing 節だけで完結していることからも、単独での終結が確認できる。ここで (10)(11) に特徴的なのは、直後か少し文を挟んだ後かという違いはあるけれども、共通して疑問文が後続していることである。懸垂分詞構文として用いられる supposing 節に疑問文が後続する割合は、次の表に見るように話しことばのジャンルで大変高い割合を見せる。

表 1 supposing 節が話しことばで疑問環境に生じる割合 (COCA)
Skewed distribution in SPOKEN genre

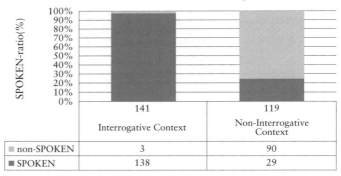

疑問文が後続する割合は、話しことばの環境に限れば 97.87% と格段に高い。おそらくその理由は、話しことばの環境では対話や講演などで聞き手の存在が強く想定されるため、相手の応答や反応を十分に期待できるからであろう。

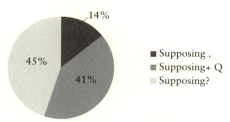

図2 supposing節構文と疑問環境（COCA）

　更に、supposing節を単独で用いた例だけに限って見ると、その45％がsupposing節それ自体で疑問文として用いられ、また41％が疑問文の主節と共起していることがわかった。これはつまり、合計して実に90％のsupposing節構文が疑問文環境で用いられているということになる。

　主節が疑問文に大きく偏っていることは、supposingの機能にも影響する。というのもsupposing節―主節の連鎖が、2つの事態状況の連鎖的生起を表すのではなく、Sweetser（1990）が指摘する発話行為型の結びつきを表していることになるからである。

(12) a. If he comes earlier, he will be served first.（彼が早めに来れば最初に奉仕される）〈2つの事態連鎖の条件構文〉
　　　b. If you are hungry, (I SUGGEST TO YOU) why don't you eat sweet pudding in the fridge?（もしお腹が空いているなら（言いますが）、冷蔵庫のプリンを食べてはどう?）〈発話行為の条件文〉

(12a)はある仮想世界における2つの事態の連鎖を結びつけた条件構文であるが、主節が疑問文となる(12b)はその結びつきに非明示の遂行節が介在する点で異なっている。つまり本来if節に対応する後件は、非明示の遂行節 I SUGGEST TO YOU なのである。同様に、supposing節を用いた懸垂分詞構文も、(13)に示すように I ASK YOU に相当する非明示の遂行節を含んでいると考えられ

第3章　Supposing節の構文化現象　　85

る。

(13) Supposing they view us chronocentrically, (I ASK YOU) how might we answer their condemnations?（=（10a））

　コーパス上の分布で示されたように、このタイプの懸垂分詞構文の生起割合が高いことから、頻度効果によって「遂行節（I ASK YOU）の存在」の語用論的含意が更に定着することが予想される。それに伴い、(14)のようにsupposing節単独で中断されても疑問機能を果たすことが可能になる。

(14) a. "And supposing," replied Ben Gurion, (…), "Nasser also calls it an act of war, and sends his fifty Ilyushin bombers to set fire to Tel Aviv and Haifa? What then?"
（「そしてもし」とベン・ガリオンは答えた。（略）「ナセルがまたそれを戦争行為と呼び、50 ものイリューシン（ロシア軍用機）を送ってテルアビブとハイファに火をつけたら？そしたらどうなるだろう？」）

b. REVA: Oh, Billy, I can't tell him I'm sick. I can't tell him now, I can't! You heard him. He's in the middle of the biggest project of his life. And he needs it. And I need him to have it.
BILLY: But, supposing he never sees you again? What do you think he's going to think about this project?
(COCA: 2007)
（「ビリー、私が病気だなんて彼には言えない。今は言えないわ。聞いたでしょ。彼は人生最大のプロジェクトの真っ最中なの。とても必要なことなのよ。私だって彼にはプロジェクトに向かっていて欲しい。」「でももしあなたに二度と会わなかったら？このプロジェクトについて彼がどんなふうに考えると思う？」）

(14)はいずれもsupposing構文に疑問の機能があることを後続の

疑問文で補足している中間例である。さらに（15）では、その応答要求という対人関係機能がsupposing節単独で発揮されている。

(15) KING: Supposing President Obama say [sic]. General, be my secretary of Defense.
POWELL: You know. when a president asks you to do something. You have to listen and consider it. But I'm not interested in another government position. (CNN: Larry King)
(「もしオバマ大統領が、将軍、防衛庁の長官になってくれと言ったら？」「もし大統領があなたに何かするように言ったなら、そのことについてしっかり聞いて考えなければなりません。けれども私は他の政治的ポジションにつくことには興味はありません。」)

このCNNのインタビューでは、supposing節だけで発言が終えられている。King氏の発言が中途で終えられているにも関わらず、Powell氏はこのsupposing節を質問と捉え、その結果それに対する応答を自ら行っていることになる。つまり、supposing自体は後続する質問の前提を表しているものの、疑問文が後続する頻度が高いために、supposing節単独で引き金となり、後続の疑問文に相当する意味までをも含意できると考えられる。supposing節構文は、相手の応答を招くという対人関係的な力を獲得したと言える。

以上、supposing節が〈質問〉という発話の力を持つようになるプロセスについて考察した。この機能は、1.懸垂分詞構文の構文的知識の語用論的強化、2.疑問文に偏った頻度効果、の２つの要因から生じている。supposing節の後に主節、それも疑問文が後続するという知識が働くなら、メトニミー的推論により聞き手は応答する反応を期待されていることになる。ここから、supposing節構文の対人関係的な〈質問〉機能が強化されていったと考えられるのである。

3.2 〈感情表出（EXPRESSIVES）〉としてのsupposing節構文

supposing節構文は（9）に見たように他にも意味を表すが、基本的にはいずれも3.1でみた〈質問〉機能を元にして派生したと考えられる。特に話し手がsupposing節で表される「仮定された状況」に対して自らのコミットメントを表すようになると、supposing自体が話し手の認識的モダリティをも表すようになる。

(16) "(...) tramps and people who haven't any money sometimes smoke cabbage-leaves and things like that instead of proper tobacco. I expect that makes an awful lot of smoke." "There's quite a cloud of smoke." muttered Heather uneasily. "and we're a long way from it up here. <u>Supposing it isn't the tramp.</u> Shirley! <u>Supposing it really is a fire!</u> The tramp might have lighted a fire and left it burning...." (BNC)（「浮浪者とかお金のない人が時々本物のタバコの代わりにキャベツの葉のようなものをいぶすのよ。きっとそれでものすごい煙が出てくるんだわ」「でももくもくとすごい煙よ」とヘザーは落ち着かない様子でつぶやいた。「それにここはずいぶん高いところなのよ。<u>もしかすると浮浪者じゃないかもしれないよ</u>、シャーリー。<u>本当の火事かもしれないよ</u>。浮浪者が火をつけたまま去って行ったのかも…」）

ヘザー（Heather）がシャーリー（Shirley）の想定を否定し、「浮浪者（tramp）の仕業じゃなくて本当に火事なのかもしれない」と不安を抱く場面である。ここではもはや疑問形を取ってはいない。Supposing節が表すのは、接続詞ifに相当する仮定の意味というよりもむしろ、事態の可能性に対する話し手のコミットメントを表しており、maybe、perhaps、possiblyなどの推定に相当する。このことは（17）と比較してみてもわかる。（17）でbut以下が共起できないということは、supposing補文の内容の成立可能性についてはキャンセルができないことを示しており、文全体として話し手の認識的モダリティを表していることがうかがえる。

(17)　##Supposing it really is a fire, but I do not believe it is the case.

　　　POSSIBLY［It not be the tramp/It be a fire］＋WORRY

　このsupposing節構文はもはや後続の応答を要求する〈質問〉機能ではなく、不安や心配といった話し手の心的モダリティを表明する〈感情表出〉機能を果たしていることになる。

　〈感情表出〉の意味機能が先に見た〈質問〉からの派生である根拠として、話者のモダリティを表しつつも依然として応答を求める側面が皆無とは言えない例の存在が挙げられる。

(18) Don't be a bloody fool. Supposing you fell and broke a hip?
　　　（バカなことをしなさんな。落ちてお尻の骨を折ったらどうするの）
　　　＝ You might have fallen and broken a hip.

　この例では、疑問形式をとってはいるものの、話し手は相手に質問の応答を求めているわけではなく、むしろsupposing節構文で表される事態に対する話し手の態度を強く表している。ここで仮定されている事態は「落ちてお尻を骨折する」という、明らかに否定的で好ましくないものである。そして話し手は「（落ちてお尻を骨折したら）どうなると思うの？」とこの事態に対する否定的な評価を下し、その態度を表明している。つまりここでは、構文の意味として焦点化される側面が、supposing節構文に後続が想定される〈質問〉機能から、supposing節構文そのもので仮定される事態への話し手の感情表出という機能へシフトされているのである。

　尚、Visconti（2000: 178）によれば、supposingは中英語期および初期近代英語期に仮定法または仮定法のshouldなどのモーダル表現を取ることで仮定の解釈を強く示唆していたが、その傾向は現代英語では減り、代わって直説法をとるようになったとある。事実、直説法のケースでは特に、現在時制に近づくほどsupposing節事態の実現度合いに対する話者のコミットメントが高くなり、〈感情表出〉機能が明確になることが確認できる。

(19) a. "...Seems funny to me that he was so near to the scene of the murder at that particular time. <u>Supposing he was involved with Wetherby, and they had a row.</u>" I'm not sure.(「あの特定の時間に殺害現場にそれほど近いところに彼がいたなんておかしい。ウェザビーと関わって口論していたのかも」それはわからない。)(BNC)

b. Eighteen years away from a stage, eighteen years and she'd forgotten until now that terrifying gut-wrenching dread of stepping out in front of several hundred people and making a total fool of yourself. <u>Supposing Gesner pulled a trick, or she fell over.</u> <u>Supposing the audience laughed at her playing a soubrette role</u> <u>Supposing she forgot what she was supposed to do, missed her entrance, let them all down.</u>(舞台から遠ざかって実に18年、何千人もの前に足を踏み入れ、自分を笑いものにするというあの恐ろしく胸が張り裂けそうな恐怖を、今の今まで彼女はすっかり忘れていた。ゲスナーがいたずらしたり、自分がこけたりするかもしれない。観客が、自分の小間使いの役を笑うかもしれない。すべきことを忘れたり、登場をしくじったり、みんなをがっかりさせたりしたらどうしよう。)(BNC)

c. "It is just that we are in sympathy," he said. To himself he thought: <u>supposing she is right!</u>(「我々は同じ気持ちだということです」と彼は言い、心の中で自分に語りかけた。彼女は正しいかもしれない。(BNC)

(19)はいずれも直説法をとっており、かつ過去時制を用いた(19a, b)よりも現在時制を用いている(19c)の方が、登場人物あるいは話者による事態への強いコミットメントと感情を表していることに注意したい。

尚、この〈感情表出〉機能には否定的な負の評価が付随する。それは(17) – (19)の例からも確認できる。なぜ不安や心配といった負の感情に偏る現象が起きるのだろうか。このことはsupposing

90

節内の補文が発話の場にいる話し手にとって制御困難な事態であるという事実に動機づけられている。

(20) a. "supposing a bomb falls and you can't get home from work in time?"（爆弾が落ちて、仕事から時間内に家に帰れなかったらどうする？）
   b. I'm nervous. We've been set up. Supposing we've been recognized? Supposing Edwin gets to know? Supposing we're spied on?（もし気づかれたら？エドウィンが知ったら？もし見られたら？）

まず、(20) に見る「爆弾が落ちる」、「気づかれる」、「知る」、「見られる」という事態はいずれも起動相的な事態であり、制御不可能である。つまり、経験者にとっては受動的に経験するしかない、なすすべのない事態であり、被害者としての性質を帯びることになるため、否定的な受け止められ方、負の評価につながることが説明される。

特に、この「制御不可能性」はあくまでも supposing 節構文が発話されているその場の話し手もしくは聞き手にとってのもの、と解釈される必要がある。というのも、事態だけを取り上げるならば (21) のように制御可能と判定されるものも生起しうるからである。

(21) a. "But *supposing* she doesn't want to see you?"（彼女が会いたがらなかったらどうする？）
   b. there was something even more serious to consider. *Supposing* Steve and Maria Luisa got back together again? How would Fernando Serra react to that?（SとMがまたよりを戻したらどうしよう）

「会いたがらない」「再びよりを戻す」という事態は、その主体にとっては制御可能であり、先ほどの一般化には反してしまう。ここからわかるのは、単に制御不可能な事態というだけでは不十分で、

「話し手にとって」「制御不可能な事態」という 2 段構えの条件が必要だということである。(21) の事態は主体である she や Steve and Maria にとっては制御可能でも、話し手にとってはコントロールできない。つまり、話し手に降りかかってくる、甘んじて受け止めねばならないものとなり、モダリティとしての負の評価への偏りにつながると考えられるのである。

3.3 〈提案（SUGGESTION）〉としての supposing 節構文

supposing 節構文に見られるもう 1 つの機能に〈提案〉がある。これも発話行為の一種である。

(22) a. Supposing we invite Geoffrey to fill the empty place at dinner? How would you feel about that?（夕食で席に空きがあるから、ジェフリーを招いたら？どう思う？）

b. "Supposing we give it a jump start." Joe nodded. It is worth a try."（別の車のバッテリーをつないでジャンプスタートさせたら？」ジョーはうなずいた。やってみる価値はある。）

〈提案〉も〈質問〉機能と同じく、聞き手に帰結を考えさせるものである。その中でも、話し手が supposing 節における想定事態を肯定的に捉えており、また聞き手の肯定的な反応が期待できる場合に、〈提案〉機能が得られる。前節での〈感情表出〉機能が否定的な想定事態に偏っていたことを考えると、それと対を成すとも言える。

〈提案〉が成立するためには、想定事態が肯定的であることに加え、更にいくつか制約が見られる。1 つは想定事態が動作主による意図的なものであることである。

(23) a. Supposing you come to Aline's tomorrow night? Kiesewetter will be there.（アリーンの家に明日の夜来たら？キーゼヴェターがきっと居るよ。）〈○質問／○提案〉

b. … but supposing you come across one on the open market?（でも、オープン市場でそれにでくわしたら？）〈○質問／×提案〉

(23a) の come to Aline's（アリーンのところへ行く）という事態は動作主による意図的決断やコントロールが要求される。それに対して（23b）の come across は非意図的で非動作主的な事態である。(23a)（23b）共に〈質問〉として解釈することはできるが、〈提案〉として解釈できるのは（23a）だけである。この非対称性から、〈提案〉機能が〈質問〉を踏まえた上で、事態が意図的な場合に成立する部分集合的な関係にあることがうかがえる。

　これだけでは不十分で、さらに主語の人称の制約も関係する。(24) に見るように、supposing 節構文に描かれる事態の主体は1人称か2人称に限られ、3人称主語は不可である。

(24) a.　Supposing {we/I/you} invite Geoffrey to fill the empty place at dinner?（夕食に空きがあるから、{私たち・私・あなた}がジェフリーを誘ってみたら？）〈○質問／○提案〉
　　 b.　Supposing she invites Geoffrey to fill the empty place at dinner?（もし彼女が夕食の空席を埋めるためにジェフリーを誘ったら？）〈○質問／×提案〉

3人称主語以外が好まれる理由は、この構文的意味が発話行為に関わっていることと密接に関係する。発話の場に存在する人物が主体となって行う行為でなければ、発話行為が成立しない。このように、発話の場に参与する1, 2人称による意図的な正の事態を表しているならば、〈提案〉解釈が成立するのである。

　さらなる条件として、想定事態が社会的に見て否定的な価値をもたないことが挙げられる。

(25) a.　Supposing you kill your brother?〈○質問／×提案〉
　　 b.　Supposing we burgle the bank?〈○質問／×提案〉

「殺人」や「強盗」などの否定的判断を受ける事態を用いた場合は〈提案〉機能をもたらさず、単なる〈質問〉としての解釈にとどまってしまう。

このように、〈提案〉機能が得られるためには 1. 発話の場にいる参与者にとって 2. 制御可能であり、かつ 3. 社会的に見て否定的価値をもたない事態が supposing の補文に現れる必要がある。ここまで見た 3 つの条件は、ちょうど〈感情表出〉機能の条件とは表裏一体を成しており、〈質問〉機能からさらに細分化した含意を〈感情表出〉と〈提案〉とが分け持っていることになる。

付け加えておくと、supposing を用いた場合の〈提案〉という発話の力は他の類似の表現に比べると弱めである。

(26) a. {Supposing we /#Let's /#Shall we} invite Geoffrey to fill the empty place at dinner? How would you feel about that?（夕食の空席があるならジェフリーを招いては？どう思う？）

b. We haven't got any cream for the sauce. {Supposing we/#Let's /#Shall we} use milk instead? Would that be all right?（ソースに入れるクリームがない。代わりに牛乳を使ったらどうだろう。それで大丈夫だろうか。）

Let's や Shall we に比べると supposing 節はいずれも控えめな積極的でない提案である。その理由は、supposing 節が前提となる仮定を述べるだけであり、相手の意向を尋ねる〈提案〉だと語用論的に推測させる、という婉曲的で弱いものだからであろう。この点では、前節で見た supposing の仮定提示の影響をまだ強く反映しているとも考えられる。

3.4 〈乖離 (DISSOCIATION)〉としての supposing 節構文

最後に検討するのは、聞き手に対して距離をとる効果をもつ〈乖離（dissociation）〉機能をもつ supposing 節構文である。

(27) Fred: Are you going to drive up into the mountains as you said you would?
Sally: Supposing I do?
Fred: I'm just asking. (McGraw-Hill Dictionary of American Idioms and Phrasal Verbs)
(「あなたは言っていたとおり山間部まで車を運転していくの？」「もしそうだったらどうなの？」「単に聞いただけだよ」)

ここで気づくのは、supposing 節構文が会話の流れを変化させていることである。形式的には supposing 節構文が相手の質問に対する応答として用いられているものの、これまでの事例とは異なり、文字通りの意味での応答にはなっていない。むしろサリー（Sally）は会話のイニシアティブを取り直し、逆に質問で切り返すことで、新しい話題（ここではフレッド（Fred）の伝達意図に関する話題）をスタートさせている。

更にこれまでと異なる点として注目すべきは、Sally が発する supposing 節構文の内容が、その直前の質問内容の繰り返しに当たることである。

(28) A: On the afternoon of October 8. Were you not in a travel agency in Regent Street? And did you not make inquiries about prices and schedules of foreign cruises?
B: Supposing I did? It's not a crime, is it? Not at all. Many people go on a cruise when they can afford to pay for it.
(Witness for the Prosecution 1958)
(「10月8日の午後のことです。あなたはリージェントストリートの旅行会社にいませんでしたか？そして海外のクルーズの値段とスケジュールについて尋ねませんでしたか」「そうだったらどうだっていうの？それって犯罪じゃないでしょ。全然違うわ。資金に余裕があるならクルーズに行く人なんてたくさんいるもの」)

(28) の supposing I did? では、直前の A の質問対象として提示さ

れている命題（You were in a travel agency ... / You made inquiries about prices and schedules....）を、非明示にではあるが代動詞 did により導入している。これまでに見た例がすべて話者の思考にそのまま属する表現を supposing 節補文に取り入れていたのとは、一線を画していることに注目したい。

　他人の発言内容を繰り返す、という言語の用い方については、関連性理論（Relevance Theory）の枠組みで詳細に議論されている。Wilson and Sperber（2012）は言語使用の2つのあり方として Descriptive と Attributive という区別を発話に対して設けることを提案している。発話の Descriptive use は、世界に対する話し手の考えをそのまま表現したものだが、一方、Attributive use は現時点で誰か他の人の考えに帰されるものを引用したもので、他人の考えのメタ表示だということになる。この attributive use の中でも人の発話をそのまま繰り返す使用は特に「発話のエコー使用（echoic use）」と呼ばれており、その効果として得られる典型例はアイロニーである。

　　(29) JACK: I've finally finished my paper.（やっと論文を終えたよ）
　　　　SUE: (dismissively): You've finished your paper. How often have I heard you say that?（Wilson and Sperber, 2012: 129）（やっと論文を終えたですって。これまで何度あなたがそういうのを聞いたことか）

　この会話で Sue が伝えたいのは Jack に対して発話した内容そのものではなく、むしろその内容に対する自らの態度である。「論文を書き終えた」という Jack の発話内容は全く信じておらず、むしろその逆である。このように距離をおいた皮肉的効果を与えるのが発話のエコー使用の特徴である。

　本節で見ている supposing 節構文も、(29) と同様に直前の発言内容を supposing 節補文としてそのまま繰り返すエコー使用をしており、その結果相手の発話命題に対して距離を置いた乖離的態度を伝達している。特に supposing 節構文ではこのエコー命題を supposing により「仮定の話」として再導入している。つまり、直前で相手が想定している命題を、真として受け入れるのではなく、間違いの可能性があるものとして設定し直しているのである。このような、相手の想定を仮定とし、その先に示されるべき相手の真の意図をさぐろうとする行為は、聞き手には挑戦的ともなりうる。なぜなら自らにとって前提であり自明としていた推論プロセスを、もう一度仮説に戻して確認せよと、メタ的に指示されているも同然だからである。このように、(27)(29)の supposing 節構文は、相手の発話意図そのものを問い直すことで、聞き手から乖離する態度を伝える対人関係表現となっているのである。

　ここでの議論は、言語使用のメタ的な表示を積極的に構文の意味記述に取り入れる必要があることを強く示唆している。コミュニケーションの中で、相手が用いた言語表現をどう使うか、というメタレベルの意味記述も、構文を規定する上で欠かせない側面になっているのである。

3.5　まとめ

　以上、supposing 節構文の意味の拡がりについて考察してきた。supposing 節はもともと懸垂分詞構文の形で頻出し、対話ジャンルにおいて遂行節（I ASK YOU）を暗に含んで疑問文を後続させる例が多く見られた。この偏った意味と頻度効果による構文知識の定着による構文メトニミーの結果、聞き手に応答をうながすという、対人関係的な「supposing 節構文」が新たに成立したのである。まず〈質問〉機能が成立し、事態のもつ性質や傾向（制御可か否かなど）によって〈感情表出〉〈提案〉機能に分化した。さらに、先行発話のエコーというメタ的使用に基づき、〈乖離〉機能が得られることとなった。

　このように複数の意味機能が1つの形式に対応して出てきている現象は、Traugott and Trousdale（2013）が提唱する「構文化理論」とも対応する。Traugott and Trousdale（2013）では、意味と形式両方共の変化が見られて新しい意味と形式のペアリングが生まれるプロセスを「構文化（constructionalization）」と考え、意味

だけもしくは形式だけの変化については「構文変化（Constructional Change）」として捉えることを提案している。〈質問〉機能が成立するプロセスは、もともとの懸垂分詞構文を継承する意味を持ちつつも、それが中断節という新しい形式に対応するようになっており、構文化（Constructionalization）現象と捉えることができる。一方で、〈感情表出〉〈提案〉は更なる意味の分化がみられるものの、形式は特に変化しているとは明確には言えないため、構文変化の段階と考えられる。ただし、〈質問〉とは異なり〈感情表出〉や〈提案〉では仮定法ではなく直説法をsupposing補文で用いるので、これを形式的変化とみなしてよいならば新しい「構文化」とみなす可能性が出てくる。〈乖離〉についても、形式そのものはsupposing中断節で変化がないのだが、先行発話の直後に使用されること、挑戦的なイントネーションを伴うこと、などを形式的変化と考えられるのであれば、構文化が新しくさらに起こっていると見なすことができる。このように、1つの構文が生まれ、それが引き続いて用いられ続けるならば、そこから他の構文が新しく派生してくるのである。

4. 考察

この節では、supposing節構文がもつようになったさまざまな意味機能に関連し、その特異性、類型論的示唆および主観性理論が提唱する一方向性仮説について、考察を加える。

4.1 supposing節構文の特異性

supposing節構文が多様な意味が結びつくのは、懸垂分詞構文が表す構文的知識に基づいた推論が定着していくからだという見解を本稿では採用した。しかし聞き手の応答を招くという対人関係的な使用例はsupposingに限られており、他の類似する接続詞的表現ではまず見られない。例えばprovidingもassumingもsupposingと似た話し手の想定を導く分詞であり、接続詞的に補文を導くことができるため、同じような機能が出てくることが予想される。しかし

実際には、そのような機能は観察されない。なぜこのような差が見られるのだろうか。なぜsupposing節だけにこの多様な意味が認められているのだろうか。

この答えは、supposing節の使用状況との相関性という形で与えられると考える。supposing節は2節でも考察したように、話しことばジャンルでの使用頻度が高かった。これに対し、providing節はACADEMICジャンルでの使用割合が高いものの（70.98％（340/479））、SPOKENジャンルでは逆に2.64％（7/479）とほとんど用いられていない。一方assuming節にはsupposing節と似た例として疑問文後続例が以下を含め18例ほど見られるものの、assumingの疑問文後続例の割合は全体の2.1％に過ぎない。またSPOKENジャンルでの使用例自体が7.67％（67/873）であり、assuming自体の独立例は見つからなかった。

(30) a. *Assuming* that you're right and Mitt Romney cannot be caught up to tonight --we have seen surprises before, but assume that for a moment-- what about the next tier? Does Jon Huntsman live to fight another day if he comes in number two, or does he have to pull out if he comes in number three?（あなたが正しくて今晩ミット・ロムニー氏が追いつかれないと想定すると…前にも驚くべき事態については見たことがあったのですが、今一度想定すると…次の局面はどうなるでしょう。ジョン・ハンツマン氏がNO.2だったら選挙戦に残って後日戦うことになるでしょうか、それともNO.3で撤退を余儀なくされるでしょうか。）

b. *Assuming* that's true, and I do, Mary Matalin, doesn't that mean that we are on the threshold of a new kind of presidency, where, in effect, in takes two people to do what used to be done by one?（それが本当だったとして、メアリー・マタリンさん、我々は新しい大統領職を迎えつつあるということでしょうか、つまり、昔は1名でつとめていたのが2名必要になるというような？）

構文化の程度はいずれも supposing に遠く及ばない状況である。これらのことから、本稿で見たような対人関係機能の構文化が起こるのは話しことばジャンルで使用される割合が高いケースに大きく偏ることがわかる。

　さらに、この構文的意味が慣習化するか否かは、その分詞節がどの程度「懸垂」分詞節であるか、つまり主節の主語と不一致である分詞構文か、とも相関する。supposing 節は、その主語が主節と一致していれば、事態情景描写に携わるが、一方主語が不一致であれば、話し手の概念活動を表すメタ的使用へとレベルが変わる。つまり、懸垂分詞構文である度合いが高いほど、メタ・メッセージとしての構文的意味が慣習化しやすいと考えられる。supposing で始まる分詞構文を調査したところ、COCA では 232/371 例（89.48%）が主語不一致の懸垂分詞構文であった。同じような意味を示す assuming/hypothesizing 節が懸垂分詞節である割合はこれに対してずっと低く、また単独での用法は数も限定的で、特別な意味を発展させているわけではない。このことから、懸垂分詞としての生起割合が高い表現ほど、意味変化を起こして慣習化された表現となる可能性が高くなることが予想される。

4.2　類型論的な観点から

　この懸垂分詞構文の割合と分詞節表現の構文化との相関性を確かめるには、他言語との比較を行わなければならない。この1つの手がかりとして、英語とフランス語との比較を行った早瀬・渡邊（近刊）の結果を応用してみたい。

　英語の文法体系から見ると、主語は一致させて首尾一貫させるのが理想であり、主語が不一致である懸垂分詞構文は破格的な扱いをされる「特異」で「異端」な存在である。[*2] その一方で、considering や moving on など、異端のはずの懸垂分詞節のうち特に頻度高く生起するものが個別の構文表現として副詞化・談話機能表現化する現象も見られる。（早瀬 2011, 2013、Hayase 2014）。本稿で観察した supposing 節もその1例で、懸垂分詞に端を発する対人関係機能としての構文化現象が、複数の事例にわたって観察されている

のである。

　一方フランス語にも英語の懸垂分詞と類似の、主語不一致ジェロンディフという現象があり、文法的には規範を逸脱していると判断される。英語の懸垂分詞と大変よく似た分布を示すという報告（渡邊 2013）はあるものの、英語より生起割合が高く、その異端度は英語ほどではない。とするならば、主語不一致型の生起頻度は高いことになり、さらにはジェロンディフ由来の表現がさらに特殊化する事例も多いと予測されるかもしれないが、現実には意味変化、構文化もあまり見られず、supposing に対応する en supposant という表現も発話行為的な意味を表すような変化は全く見られていない（早瀬・渡邊近刊）。

　2つの言語のみの比較ではあるが、これらの違いから、懸垂分詞節の慣用化にはもともとの言語における特異性の度合いも関わっている可能性が考えられる。英語では懸垂分詞節が特異な存在であるがゆえに、現在時制を用いた発話の場での使用など、限定された条件のもとで集中した分布を示す。この偏った環境での生起という地盤が、話者のメタ的コメントや談話管理などといった語用論的機能を表す表現が新しく発達する準備条件として働いたと考えられる。このような分布制限はフランス語のジェロンディフではあまり強くは見られず、そのためにある程度まんべんなく広がった形で分布してしまうため、意味変化を促進する力としては弱いのではないかとも考えられる。つまり、懸垂分詞節の使用頻度が突出しているということのみならず、その言語におけるそもそもの特異性および分布の偏りという要因も、構文化現象に関わっている可能性が考えられる。この傾向が類型的に他の言語でも見られるかは、今後検証すべき課題である。

4.3　（間）主観性と supposing 節構文

　意味の変化には、客観的な意味から話し手自身の態度や評価を含む主観的な意味へ移行する強い傾向があることが指摘されている。この現象は「主観化（subjectification / subjectivization）」という名称で知られる。例として Hopper and Traugott（2003［1993］）

によるwhileの事例をとりあげてみよう。Whileはfor a while（少しの間）に現存するように、もともとは名詞として「間」という意味を表していたのが、「～する間に」という接続詞的な役割を獲得し、さらにはHe was sleeping while I was working hard（私が必死で働いているのに彼は寝ていた）に見る「対比」の意味を発達させている。この「対比」は2つの同時に成立する事態に話し手が個人的に評価を下したことが含まれており、この点で主観性が見られる。

　また近年の展開として、談話標識への発達への関心から、間主観性という概念が意味変化研究の中で取り上げられるようになっている。間主観性とは、聞き手の態度や聞き手との関係性に話し手が注意を払っていることと規定できる。Traugott（2012）による事例ではsurelyという語が話し手の確信度を表すという点で主観的だが、さらにSurely he may be back, but...（確かに彼は戻ってくるかも知れないけれども…）にみるように、その後に反論はするけれどもいったんは相手の言ったことを受け入れる、という用法では、相手の心的態度に配慮を見せているという点で間主観性が見られることになる。Traugott（2010）では、主観性から間主観性へと移行する一方向的な変化を仮説として提示している。

　supposing節構文は、もともとの出発点が懸垂分詞構文由来ということで、話し手の関与度つまり主観性が高い。さらに、発話の場で用いられるという特徴から、質問という対人関係的な状況および機能とも親和性が高く、間主観性が見られる。特に3.3で観察した〈乖離〉としてのsupposing節構文は、相手の推論プロセスに直接言及する表現であり、この点で間主観性が高いと考えられる。

　ただし、supposing節構文全体での意味の拡がりの詳細を見ると、Traugott（2010）が主張する「主観性→間主観性」という方向に従っているとは言いがたい側面が見られる。3.1で考察した〈質問〉機能は対人関係的であり、相手の態度や評価に素朴な関心を寄せる点で、間主観性が認められる。また3.2で考察した〈提案〉および3.4で考察した〈乖離〉も、いずれも〈質問〉機能から派生した対人関係的な機能であり、間主観的と考えられる。しかし同様に〈質問〉機能から派生したと考えられる3.3の〈感情表出〉の場合

は少し事情が異なる。たしかに発話行為の1種と考えられている点では相手役があっての行為と考えられるが、どちらかといえば話し手自身の負の感情、つまり主観性の表明という側面が強まっていっているようにも考えられる。つまり、このケースに関しては、主観性から間主観性という方向を断じてよいのかという問題が残るのである。*3

　構文の中には、間主観性から始まって、主観性を兼ね備えるという方向へと変化するものも見られる可能性があるかもしれない、ということで、一方向性仮説との兼ね合いを検証すべきところであろう。

5．まとめ

　本稿では、懸垂分詞節supposingが独立して用いられることにより、対人関係的な意味に特化した新たな構文化現象を見せていることについて論じた。その構文化を促進する要因としては、発話の現場で用いられ、疑問文環境で多用されるという使用環境や使用ジャンルが大きく関わっていることを見た。こうしてできた〈質問〉という意味機能をもとに、〈感情表出〉、〈提案〉など他の機能が構文変化として生じて多義を成すことを見、さらに〈乖離〉機能の議論から、言語のエコー使用という他人の考えのメタ表示レベルを構文記述に取り入れる必要性も示唆した。

　これら複数の意味機能の出現は、主観性から間主観性へという従来の一方向的変化とは必ずしも合致しないため、この変化の方向性があくまでも傾向であり、現実には個々の構文変化の中で確認すべきものとする可能性を指摘した。またこのような意味の多様性が生まれてきた背景として、supposing節構文のもととなった懸垂分詞構文が分布上、機能上の特異性および偏りを見せることが、更なる意味変化を促進した可能性を、フランス語からの傍証と共に指摘した。

*1 発話行為領域でのメタ的なコメントを表していることの傍証として、supposing の生起位置がほぼ文頭に偏っていることを挙げておきたい。COCA コーパスでの前置例が369件に対し、単純に拘置された位置で用いられている例は25件だった。つまり supposing 節は前置で用いられるのが標準的であることがわかる。前置と後置では談話機能上の役割が異なるとされるが、supposing 節の場合は主節解釈の前提として機能していることになる。

*2 この傾向は近代における規範主義の影響によるところが大きい。懸垂分詞構文のような主語不一致の事例は古い英語ではかなり自由に使われていたようであるが、この理性の時代による規範主義によって、客観的視点から対象を語る（従って対象を首尾一貫して主従の主語として捉える）ことを良しとするようになったと考えられる。

*3 Traugott の一方向性仮説とは反して、間主観性から主観性が生じているように見える現象は supposing 節構文以外でも見られる。例として、what if 構文が挙げられる。

(i) a. What if anything should happen to my daughter before marriage?（結婚前に娘に何かあったら（どうしよう））
b. Are you crazy? What if you catch a cold?（風邪でもひいたらどうするの）
c. What if you have no money? I will pay for it.（所持金がないからってそれがなに？私が払うよ）

supposing 節構文と同じく、〈質問〉機能から〈（負の）感情表出〉という、逆行するように見える推移が見られる。この構文はまた supposing 節構文と類似の〈乖離〉的な機能も見せており、別の点でも興味深い。what if 構文については稿を改めて論じる。

参考文献

Austin, John L.（1962）*How to Do Things with Words*. Oxford: Oxford University Press.

Evans, Nicholas（2007）"Insubordination and Its Uses." Irina Nicholaeva (ed.), *Finiteness: Theoretical and Empirical Foundations*. 366–431. Oxford: Oxford University Press.

Givón, Talmy（1995）*Functionalism and Grammar*. Amsterdam: John Benjamins.

Goldberg, Adele.（1995）. *Constructions: A Construction Grammar Approach to Argument Structure*. Chicago: University of Chicago Press.

Goldberg, Adele.（2006）. *Constructions at Work: the Nature of Generalization in Language*. Oxford: Oxford University Press.

早瀬尚子（2009）「懸垂分詞構文を動機づける「内」の視点」坪本篤朗・早瀬尚子・和田尚明（編）『「内」と「外」の言語学』開拓社，55–98.

早瀬尚子（2011）「懸垂分詞派生表現の意味変化と（間）主観性―considering と moving on を例に―」『言語における時空をめぐって』9, 51–60.（大阪大学大学院言語文化研究科）

Hayase, Naoko.（2011）"The cognitive motivation for the use of dangling participles in English" In *Motivation in grammar and the lexicon: cognitive. communicative. perceptual and socio-cultural factors*" eds. Radden and Panther. Amsterdam/Philadelphia: John Benjamins. 89–106.

早瀬尚子（2013）「日本語の「懸垂分詞的」接続表現について：「考えてみると」をめぐって」『時空と認知の言語学Ⅱ』大阪大学大学院言語文化研究科.

Hayase, Naoko.（2014）"The Motivation for Using English Suspended Dangling Participles: A Usage-Based Development of (Inter) subjectivity," Evie Coussé and Ferdinand von Mengen (eds.), *Usage-Based Approaches to Language Change,* a series of *Studies in functional and structural linguistics,* John Benjamins.

早瀬尚子・渡邊淳也（近刊）「英語の懸垂分詞とフランス語の主語不一致ジェロンディフ：英仏対照による事例研究」（関西フランス語研究会　英仏対照ミニ・シンポジウム発表論文.）

Hopper, Paul and Elizabeth C. Traugott（2003［1993］）*Grammaticalization.* (2nd ed.) Cambridge: Cambridge University Press.

前田満（2006）「脱従属化と意味変化」『英語と英米文学』41, 47–85. 山口大学

大堀壽夫（2002）『認知言語学』東京大学出版会.

Panther, Klaus-Uwe and Linda Thornburg（2005）"Motivation and convention in some speech act construcions: A cognitive linguistic approach," *Reviewing Linguistic Thought: Converging Trends for the 21st Century,* ed. by Marmaridou, Sophia, Kiki. Nikiforidou and Eleni Antonopoulou, 53–76. Berlin: Mouton de Gruyter.

Quirk, Randolph, Sidney Greenbaum, Geoffrey Leech, and Jan Svartvik（1985） A Comprehensive Grammar of the English Language, London: Longman.

Searle, John R.（1969）*Speech Acts: An Essay in the Philosophy of Mind.* Cambridge: Cambridge University Press.

Sweetser, Eve（1990）*From Etymology to Pragmatics: Metaphorical and Cultural Aspects of Semantic Structure.* Cambridge: Cambridge University Press.

白川博之（2009）『「言いさし文」の研究』東京：くろしお出版.

Traugott, Elizabeth C.（2010）."(Inter) subjectivity and (inter) subjectification: A reassessment," eds. by Davidse, K., L. Vandelanotte, H. Cuyckens, *Subjectification. Intersubjectification and Grammaticalization,* Berlin: Mouton de Gruyter, 29–71.

Traugott, Elizabeth C.（2012）"Intersubjectivity and clause periphery," *English Text Constructions 5*（1）, 7–28.

Traugott, Elizabeth C. and Graeme Trousdale（2013）*Constructionalization and Constructional Changes,* Oxford University Press.

Visconti, Jaqueline (2010) "Conditionals and subjectification: Implications for a theory of semantic change," Olga Fischer, Muriel Norde, Harry Perridon (eds.) *Up and down the Cline-The Nature of Grammaticalization*, 169-192.

渡邊淳也 (2013)「主語不一致ジェロンディフについて」『文藝言語研究・言語篇』(筑波大学) 63, 95-178.

Wilson, Deidre and Dan Sperber (2012) "Explaining irony," Wilson, Deirdre and Dan Sperber (eds.), *Meaning and Relevance*, Cambridge University Press, 123-145.

第4章
構文化としての脱従属化
If only 祈願文の事例を通じて

前田満

1. はじめに

　Evans（2007）も指摘するように、言語には従属節に由来すると思われる独立節が無数に見られる（p.367）。もちろん英語も例外ではない。口語表現をざっと見渡しただけでも、すぐさま（1）のような構文が目にとまる*1。

（1）　a.　Like I care about that.（そんなこと知ったことか）
　　　b.　Well, if it isn't Miss Cooper?（おや、クーパーさんじゃないですか）

　一見したところ、これらの構文はもともと従属節であったものが、主節の省略によって独立節へと「格上げ」されたものと映る。実際、このタイプの構文には、（1a）の like*2 や（1b）の if といった補文標識（complementizer）や接続詞、そして特有の動詞形など、通常は従属節に分布する統語形態的特性が見られる。したがって、（1a–b）をそれぞれ（2a–b）のような構文の省略形とみなすことには先験的な自然さがある。

（2）　a.　It's not like I care about that.（そんなこと気にしてるわけじゃない）
　　　b.　Well, I wonder if it isn't Miss Cooper.（おや、あれはクーパーさんではないかな）

　このような従属節の独立節への発達は「脱従属化」（insubordination）と呼ばれる（Evans 2007）。Evans（2007）も指摘するよう

に、これはどの言語でも見られるありふれた現象だが、この現象に対する体系的な分析はいまだほとんどなされていない*3。この現状は、現存する言語理論の多くがこの現象に対して啓発的な説明を与えられないという事情によるものだろう。

　だが、脱従属化をめぐるこの論争には 1 つ重要な教訓がある。すなわち、脱従属化構文についての本格的な通時的調査が過去ほとんどなされていないということである。だが、構文の本質を知るには通時的な視点が不可欠である（Bybee 2010: 135）。そこで本稿では、(3a–b) にあげた祈願文が (3c) のような条件文から派生したものかどうかを通時的な視点から検討する。なお、本稿では、便宜上、前者を「if only 祈願文」、後者を「if only 条件文」と呼ぶ。

(3) a. If only she loved me in return!（見返りに彼女が僕を愛してくれたらなあ!） (MWALD)
　　b. If only I were rich.（僕が金持ちだったらいいのに!）(OALD^8)
　　c. Miss Grundy could make a fortune from these things if only she'd listen to us.（私たちの言うことに耳を傾けさえすれば、グランディー先生はこれらの品物で大もうけできるのに。)

$OALD^8$ には、if only 祈願文は 'used to say that you wish sth was true or that sth had happened' とある。一方、CALD に、'used when you want to say how doing something would make it possible to avoid something unpleasant' とあるように、この構文は望ましからぬ状況を回避する願望を表す。また、$LODCE^6$ は、if only 祈願文が単なる願望（wish）というよりは 'a strong wish'（強い願望）を表すことを指摘している。なお、現代英語（PDE）において、if only 祈願文の使用域はおおむね口語のレジスターに限られる。だが、ほぼすべての英英辞典に記述が見られるなど、すでに口語において一般化して久しい。

　本稿は以下のように構成されている。まず 2 節では、if only 祈願文の特異性をいくつかあげ、それが Goldberg (2006) の意味における「構文」と認定されうることを示す。次に、3 節では脱従属化

を構文化の特殊例とみなし、構文文法（Construction Grammar, CG）の観点からそのメカニズムを提案する。筆者の考えでは、主節のような文解釈における必須要素の脱落*4は構文化によってはじめて可能となる。したがって、脱従属化の説明には構文化という視点が不可欠である。本稿の提案は次のとおりである。すなわち、構文化には筆者が「ゲシュタルト化」（gestaltization）と呼ぶ意味変化が伴うが、その働きによって構文の合成性が縮減し、同時に構成要素の自由な省略も可能となる。4節では、3節で提案する脱従属化のモデルがはたしてif only祈願文にも適用可能かどうかを検討する。この節では、歴史資料を用いて、この構文がいつ頃生じ、またどのような母体構文*5からどのように生じたかを論じ、最後に 'if + only' 句の文法化にもふれる。5節は本稿の簡単な要約である。

2. 構文としての if only 祈願文

本節では、まず if only 祈願文のみに見られる特異性（idiosyncrasy）をあげる。筆者が念頭におくのは、(A) 従属節構造である if 節が独立節として機能すること、(B) 仮定法過去が独立節に現れること、(C) 必ず限定副詞 only が要求されること、そして (D) if 節でありながら発語内の力（illocutionary force）をもつこと、の4点である。

2.1 独立節としての使用

If only 祈願文をめぐる最も重要な問いは、なぜ典型的な従属節である if 節が独立節として機能しうるのかというものである。If 節が単独で使われるケースはまま見られるが、If you say so「そうだろうね」のような固定イディオムをのぞけば大半が省略の例である。次の例に見るように、省略のケースでは必ず先行するコンテクストに欠けた部分の内容を補うための情報が隠されている。

(4) A: So, I'll just wait a few weeks. Then it should be safe to

>   snap them up.
>   B: If someone else doesn't.
>   （A：じゃあ、ただ2、3週間待つことにするわ。だってそうすれば安全にその商品を買うことができるはずだもの。
>   B：他の人が買わなければね。）

この例では、（4A）の後半部分が（4B）の帰結節を復元する鍵となっている。すなわち、（4A）の 'it ... be safe to snap them up' に基づき、（4B）の省略部分に '(then) it will be safe to snap them up' といった解釈が復元される。通常、このような省略のケースでは解釈上何の問題も生じない。一方、'out of the blue'*6 のコンテクストにおいて帰結節を省略することは許されない。（5）が意味をなさないのはこのためである*7。

>   (5) a. *If today is my lucky day.（もし今日が僕にとってついてる日なら。）
>   b. *If he stays.（もし彼が居続けるなら。）

（5）が許されないのは、帰結節の省略が復元可能性の制約 (Recoverability Condition、以下 RC) に抵触するからである。すなわち、省略には必ずコンテクストによる支えが必要となるが、'out of the blue' のコンテクストでは「復元」のための情報が十分に得られず、解釈が破綻するからである。なお本稿では、Quirk et al.（1972: 536）による次の RC の定義を採用する。

> ... words are ellipted only if they are uniquely recoverable, i. e. there is no doubt about what words are to be supplied ... What is uniquely recoverable depends on the context.
> （語が省略されうるのは、一意的に復元可能な場合、すなわち、[省略部分に] どの語が復元されるべきかが明白である場合にかぎられる。…どの語が一意的に復元可能かはコンテクストによる。）

この引用の 'uniquely recoverable'（一意的に復元可能）とは、省略部分が必ず曖昧性なく復元されねばならないことを意味し、これが保障されなければ省略は許されない。上記のように定義されたRCは、ディスコースに課される制約なので、これに反する省略は会話の一貫性の破綻に直結する*8。

一方、if only 祈願文は一見したところ省略形に見えるが、'out of the blue' のコンテクストでも使用されうるところが異なる。次の対話を見ると、通常の省略との違いがよくわかる。

(6)　[In the airplane bound for Dallas ...]
　　A_1: Miss, please buckle your seatbelt. We've been experiencing some turbulence.
　　B_1: Oh, sorry. I was engrossed in this Dusty Marlowe novel. May I go freshen up first?
　　A_2: *If you hurry.* We'll be landing in Dallas in about twenty minutes.
　　　　[In the washroom ...]
　　B_2: It was nice of Daddy to invite me down for the weekend while he takes care of business. [Looking in the mirror] There! I'm even more glamorous than that corny Dusty Marlowe character! *Now if only my life could be half as exciting as hers*!
　　（[ダラスに向かう機内で…]
　　A: シートベルトを締めて下さい。これから乱気流に巻き込まれるところですから。
　　B: ああ、すみません。ついこのダスティ・マーロウの小説に没頭しちゃって。先にお手洗いに行ってもいいかしら。
　　A: <u>急いでいただければ</u>。あと20分ほどでダラスに到着しますので。
　　　　[お手洗いで…]
　　B: お父さんが仕事を済ます間、週末旅行に誘ってくれるなんてすてきね。[鏡を見ながら] ほら、私はダスティ・マーロウの小説に

出てくるあか抜けない登場人物よりもっとグラマラスだわ!せめて私の人生が彼女の半分だけでも刺激的だったら!)

(6) には単独の if 節が2例ある（強調を施した）。1つ目（A_2）は通常の省略の例である。'If you hurry' は、B_1 の発話の 'May I go freshen up first?' に基づき、'If you hurry, you can go freshen up first'（急げばお手洗いに行ってもいいですよ）のように復元される。一方、2つ目の if 節（B_2）は if only 祈願文の例だが、モノローグ中にあり、しかも 'out of the blue' の発話なので、帰結節を復元するための情報が入手できない。それでもなお、この文はおよそ 'Now if only my life could be half as exciting as hers, it would be good/nice' のような完全文として解釈される。実際、if only 祈願文は一般に 'If only (p), (then) it would be nice/good' のような、あたかも帰結節が存在するかのような解釈をもつ。しかもいかなるコンテクストでも一貫して上記のように解釈されるところからすると、これはこの構文のコンテクスト自由（context-free）な解釈だと考えられる。これはすでにこの解釈が構文的意味（constructional meaning）として定着していることを意味する（4.4節）。

まとめると、if only 祈願文は（ⅰ）RC に従わず、しかも（ⅱ）帰結節が存在するかのような解釈をもつ点で特異といえる。

2.2　仮定法過去の使用

次の特異性は、独立節における仮定法過去の使用である。If only 祈願文の時制は仮定法過去あるいは仮定法過去完了に限られる。だが、PDE では、仮定法過去は独立節に生起しない。よって（7）のような文はけっして容認されない。

(7) *He *were* worthy of death.（彼は死に値するだろう）

したがって、かりに if only 祈願文がもとから独立節（主節）だとすると、仮定法過去が生起しうる理由は説明困難となる。だが、PDE における仮定法過去の狭い分布域からするとこの点は説明を

要する。

2.3 Only の生起

次なる特異性は、if only 祈願文には必ず限定副詞 only が伴うという事実である。この特性は2つの疑問を惹起する。すなわち、(i) なぜ if only 祈願文に only が必要となるのか、そして (ii) only が他の類義の副詞と交換できないのはなぜかという問いである。これらの問いの意義を理解するためには他言語との比較が便利である。

最初の問いから見ていこう。Grosz (2012) によると、if only 祈願文に相当する構文は通言語的に 'only' または 'at least' を意味する限定副詞を伴う傾向が強いが、これらの副詞は一般に義務的でないことが多い。したがって、PDE の if only 祈願文において only が義務的であることは特別な説明を要する。例えば、(8b) を現代フランス語の (8a) と比較してみよう。

(8) a. Si cela pouvait   arriver!
       if it   can=Subj=Pst=3sg happen=Inf
       'If only it could happen!'（そうなってくれたらなあ！）(DFJC)
    b. *If it could happen!

(8a) に示すように、フランス語では限定副詞をもたない if 節がそのまま祈願文として用いられる (Grevisse 1980: 1266)。しかも seulement 'only'、encore 'still, again'、au moins 'at least' といった複数の限定副詞（句）をもつ if 節祈願文の変種が存在し、PDE にくらべてはるかにヴァリエーションが大きい。

(9) a. Si *seulement* je pouvais   le   voir.
       if only   I can=Pst=1sg him see=Inf
       'If only I can see him!'（せめて彼に会えればいいのだが）
                                                    (DFJC)
    b. Si *encore* j'avais   eu   le   temps.
       if still   I have=Pst=1sg have=PP Det time

'If only I had had time.'（時間さえあればなあ） （DFJC）

　一方、筆者のアメリカ口語英語の調査によると、現在の if only 祈願文では only 以外の限定副詞は用いられない*9。
　さらに only は、(10a) のように if の右側、または (10b) のように主語の右側などに置かれるが、決して if の左側には置かれない。

(10) a.　If *only* you knew!（あなたが知っていればなあ！）
　　　b.　If you *only* knew!
　　　c.　*Only if you knew!

一方、フランス語では、(10c) に対応する語順も可能である。

(11) *Encore* si on pouvait 　　 lui　parler!
　　 still　　if we can = Pst = 3sg　her　speak = Inf
　　 'If only we could talk to her!'（せめて彼女と話すことができればなあ！） （DFJC）

　したがって、if only 祈願文では、(ⅰ) only の生起が義務的であり、また (ⅱ) 許される限定副詞が only に限られ、しかも (ⅲ) only の生起可能な位置が限定されている。これは PDE の if only 祈願文が他言語よりも固定度の高い構文であることを示している。

2.4　発語内の力

　最後の特異性は、祈願文としての働きそれ自体である。If only 祈願文は専用の遂行文であり、記述的（descriptive）な働きをいっさいもたない。この点に関して、if only 祈願文と if only 条件文の働きは大きく異なる。たしかに if only 条件文も遂行文として機能しうるが、同時に記述文としても使用できるからである。
　では、なぜ if only 祈願文が祈願文として機能しうるのか、言い方をかえれば、単独の if 節がなぜ「祈願」という発語内の力（illocutionary force、IF）をもちうるのだろうか。これも if only 祈願文

の分析における大きな難問である (Grosz 2012)。少なくとも if 節は通常単独では IF をもたない。例えば、(12) の if 節の解釈に注目してみよう。

(12) a. If only the skirt were a bit shorter it would be in style!
(せめてもう少しスカートの丈が短ければ、流行にあうでしょうに)

b. If I were you, I'd quit wasting time and get ready!
(もしも僕が君だったら、時間の浪費はやめて準備するのに)

(12a) では、話し手はスカートが流行にあえばという願望を表明している。また、(12b) でも、話し手は自分が聞き手だったらと述べながら、婉曲に忠告を行っている。このように、条件文全体が IF をもつことは珍しくない。だが、この場合、あくまでも条件文全体が IF をもつのであって、if 節が単独で IF をもつわけではない。そもそも if 節にかぎらず従属節は IF をもたない (Searle (1969)、Cristofaro (2003)、Nordström (2010))。この従属節の特性からすると、単独の if 節が IF をもつことはまさに例外的な事態といってよい。

2.5　構文としての if only 祈願文

では、if only 祈願文は Goldberg (2006: 5) の意味における「構文」として認定可能だろうか。Goldberg によると、構文とは (i) 他の構文に見られない独自の特異性をもつか、あるいは (ii) 十分に使用頻度の高いユニットをいう。本節で論じてきた (A) – (D) の特異性は (i) の基準を満たすのに十分である。例えば、if only 祈願文に only が要求されるという事実ひとつとってみても、if 節の一般的な特性からは予測できない。また、単独の if 節が祈願文として解釈される必然性もない。以上のように、if only 祈願文は形式・意味の両面から「構文」として認定される。

3. 構文化としての脱従属化

　本節では、脱従属化を構文化の特殊例と考え、そのメカニズムについて構文文法（CG）に基づくモデルを提案する。だが、その議論に入る前に、脱従属化の分析を困難にするパラドックスについてふれ、また構文化のメカニズムについて説明する必要がある。ところで、脱従属化が実在するかどうかという問題は言語学における難問といえる。したがって、筆者の採用する CG アプローチによってこの問題を解決できれば、史的研究における構文的視点の有効性のほどを示すことができる。

3.1　脱従属化のパラドックス

　Evans（2007: 370）が提案するモデルによると、脱従属化構文は主節の省略が一般化して慣習化し、最終的に独立した構文へと発達する。一見したところ、これはいたって自然な想定に思われる。だが、このシナリオには重大な落とし穴がある。すなわち、この想定に含まれる主節の省略である。2.1 節でふれたように、文の必須要素の省略には復元可能性の制約（RC）が課せられる。そのため、'out of the blue' のコンテクストにおける主節の省略はけっして許されない。けれども、脱従属化構文の大半は専用の遂行文であるため、むしろ 'out of the blue' のコンテクストでの使用が常態化しており、しかも現在遂行文であるという事実を勘案すると、これらの構文が 'out of the blue' のコンテクストで発達した可能性はきわめて高い。これが脱従属化のパラドックスである。すなわち、<u>主節の省略によって生じたはずの構文が省略が最も許されにくいコンテクストで発達した可能性が高い</u>ことである。ディスコースにおける RC の働きを考えると、脱従属化の説明はこのパラドックスを避けて通れない。

　あいにく以上の問題はそのまま if only 祈願文の分析にもあてはまる。(6) の対話で見たとおり、祈願文も遂行文である以上、とくに先行文脈を必要としないからである。

3.2 構文化のメカニズム

次に、構文化のメカニズムに移る。筆者が念頭におく構文化のメカニズムは Bybee（2010, 2013）のモデルをベースに筆者の考えを加味したものである（秋元・前田 2013）。

さて、Bybee は構文化の認知的基盤をチャンク形成（chunking）としている（Bybee 2010: 34, 57, 2013: 53–55, 61、Traugott and Trousdale 2013）*10。チャンク形成とは、使用頻度の高い語列をチャンク（chunk）、すなわちひと塊のユニットとして処理する認知操作をいう（Bybee 2010: 34, 136, 145; 2013: 54）。かくして形成されたチャンクは、単一のユニットとして記憶に貯蔵される。また、チャンクは常にひとまとめに処理されるため、その解釈は合成的になされるのではなく、ゲシュタルト（gestalt）*11 としてホリスティックになされる。この様式の処理が頻繁になされると、構成要素はしだいに認知的な顕著さを失い、自律性を失っていく。これは合成性（compositionality）の縮減として解釈面に反映される。結局のところ、ターゲットの反復使用が構文化の発端であり、かつその推進剤となる（Bybee 2013: 55）。

図1に筆者の考える構文化のプロセスを示した（'＝'はチャンクの関係を、'[…]'は構文フレームを表す）。

$$A + B + C \xrightarrow{①} A = B = C \xrightarrow{③} [A = B = C]$$
$$\downarrow ②$$
$$\boxed{記憶}$$

図1　構文化

まずA、B、Cからチャンク'A = B = C'が形成され（①）、新規の項目として記憶に貯蔵される（②）。しかしチャンクの状態それ自体は流動的なものであるため、さらなる言語経験によって強化されなければ忘却され記憶に維持されない。結局、チャンクが実際に新規の構文へと発達をとげるかどうかは、ひとえにその後の使用状況による。その後も反復使用が持続されれば、チャンクは認知的に強化され、より固定度の高い新規の構文フレーム [A = B = C] へと

発達する（③）。筆者のいう「構文化」とは図の①から③までのプロセスの総称である。

3.3　ゲシュタルト化

先ほどもふれたが、チャンク形成はターゲットの意味変化を誘発する。図1の'A = B = C'はユニットとしての処理モードがルーティン化すると、しだいに合成性の喪失を始める（Bybee 2013: 55）。この現象は以前から研究者の注目するところで、例えばBrinton and Traugott（2005: 54）はこれを「イディオム化」（idiomaticization）と呼ぶ。だが、この術語はときに別の現象にも適用されることがあり、誤解を招きやすい。そこで本稿では、「ゲシュタルト化」（gestaltization）という筆者独自の名称を用いる。

だが、この現象の本質について知られていることは案外少ない。以下は、ゲシュタルト化のメカニズムについての筆者の見解である。まず、ゲシュタルト化にはチャンクの構成要素の意味を「全体的意味」（holistic meaning）へとまとめあげ、特有の構文的意味を作り上げる働きがある。この働きは構文フレームが構成要素の意味を「吸収」し、それらが構文フレーム上で「混交」するという形でモデル化できる*12。なおこれは構文化の付随現象であって、構文化一般に見られる意味変化であることに注意されたい。結局、合成性の縮減は構文化、なかんずくゲシュタルト化の副産物（by-product）なのである。このように、ゲシュタルト化こそがチャンクの合成性が失われる直接の原因だと考えられる。

意味の「吸収」の結果、構文フレームの意味内容が豊かになる反面、構成要素それ自体はしだいに意味成分を失っていく。ゲシュタルト化により意味成分を失うと、当該要素は言語記号としての正常な働きを失う。Chafe（2008: 266）は、このような要素を「疑似意味的」（quasi-semantic）と呼んだ。Chafeによると、これはイディオム形成にともなって生ずるイディオム切片（idiom chunk）のような、いわば「意味の抜け殻」とでもいうべきものである。結果として、疑似意味的な要素はもはや合成的に解釈されない。なおいわゆる構造の「化石化」（fossilization）も要素の疑似意味化と関

連が深いと思われる。というのも、化石化とは要素が本来の意味・機能を失い、形だけが死骸のように残る現象を指すからである（Trask 2000: 125）。ただし合成性の縮減に様々な程度があるように、疑似意味化にも様々な程度があることに注意が必要である。

3.4　NEG 脱落とゲシュタルト化

次に、ゲシュタルト化と自由な省略との関係に移る。復元可能性の制約（RC）は文解釈の必須要素に対して課せられ、一意的な意味の復元を要求する。とすると、構文の構成要素の自由な省略が可能となるのは、(A) 先ほどふれた疑似意味化により意味内容を失った要素が RC の適用対象外となる、あるいは (B) ゲシュタルト化によって「吸収」され、構文的意味の一部となった意味成分により、構文フレームそれ自体が「自己充足的」に構文内の要素に対する RC を満たすことができるからだと考えればよい。これらの仮説のどちらか一方または両方によって構文の構成要素の自由な省略が説明できる。だが、どちらの仮説においても、ゲシュタルト化が説明の鍵となっている点が重要なポイントである。

ゲシュタルト化の効果がもっとも顕著に表れるのは、かつて Bréal（1900: 200）が「感染」（contagion）と呼んだ現象である。例えば、フランス語の複合否定辞 'ne ... pas'（Je *ne* sais *pas*「知らない」）の pas はもともと「一歩」を意味するラテン語 pedus に由来するが、ne とのコロケーションを通じて否定辞へと変化した。しかも pas が否定辞に変化した後は、ne の省略も可能となった（Je sais *pas*「知らない」）。だが、意味変化の一般化からすると、否定の意味（以下、'NEG'）が「一歩」の意味から自然な変化によって生じたとは考えにくい（Hopper and Traugott 2003: 118）。そこで Bréal は、'NEG' が特別な機能的結びつきを通じて真の否定辞 ne 'not' から pas へと「転移」（transfer）されたものと考えた。現在の CG では、'ne ... pas' のような結合もやはり構文の 1 例とみなされる（Goldberg 2006: 5）。そして先ほどの Bréal の考えを現在の CG の概念を用いて表すと、およそ「ne に由来する 'NEG' が構文フレーム [*ne* (V) *pas*] に「吸収」され、ne と pas によって共有

された」ということになる*13。この意味変化と ne が脱落可能となったことは密接に関連しているように思われる。

　紙数の関係上、詳細は省くが、ne の脱落のような「否定辞脱落」('NEG-dropping') の事例は他にもいくつか報告されている。例えば、Bréal（1900: 202）自身があげる 'only' の意味の but がある (e.g. He is *but* a child「彼はほんの子供だ」―*SRD*)。これは OE 期のコロケーション ne butan に由来し、本来は 'not outside …'「〜の外側にない」（≒ 'nothing but …, not except …'「〜にすぎない、〜以外ではない」）を意味したものが、ne 'not' の省略により but (< butan) だけが残されたものである。だが、ne の脱落が大きな意味変化につながった形跡はない。ここでも ne の脱落に先立って 'NEG' が構文フレーム（[ne = butan（NP）]）に「吸収」され、構文的意味の一部となってその後も存続したと考えれば、ne の脱落が表現の解釈に影響を及ぼさなかった理由が容易に説明できる。また、口語に I couldn't care less「どうでもいい（これ以上無関心になれない）」という表現がある。ときに not が省略され、I could care less となるが、文全体の解釈は変化しない（Spears 1997: 201）。このケースも、'NEG' が構文フレーム（[I could not care less]）に「吸収」され、その結果、not の省略が可能となったと考えればよい*14。これらの例は先の仮説（A）でも（B）でも説明できる。だが、いずれの仮説をとるにせよ、<u>以上の明快な説明は、語彙項目とは別に構文フレームを措定し、それ自体も固有の意味をもつとする CG の基本モデルがあってはじめて可能となる</u>。この点はいくら強調しても強調しすぎることはない。

　これまでに見た NEG 脱落の例は、どれも慣習性の高い表現ばかりで、すでに構文化をへているのは確実である。この点からも、NEG 脱落にゲシュタルト化が関与している可能性が高い。ゲシュタルト化によって RC の効果が無効化するとすれば、否定辞の 'out of the blue' のコンテクストにおける省略はもはや RC の制約を受けない*15。しかも NEG 脱落では、否定辞が脱落した後も 'NEG' が消えずに残るという現象が見られる。だが、通常、否定辞の有無は文の論理関係を大きく変化させる。例えば、Not that there's anything wrong with me「僕に非があったわけではない」の not を 'out of the blue' のコンテクストで省略した *That there's anything wrong with me はまったく意味をなさない。したがって、NEG 脱落にゲシュタルト化が関与していないとすれば、なぜ否定辞をもたない I could care less が否定文の解釈をもちうるか説明に窮するだろう。一方、筆者の分析では、否定辞本体が省略されても 'NEG' だけはなお構文フレーム上に存続しうるので、解釈の問題は何も生じない。

まとめると、NEG 脱落において否定辞の自由な省略を可能にする究極の原因はゲシュタルト化だと考えられる。とすると、ゲシュタルト化こそが脱従属化のパラドックスを解決する糸口になると思われる。すなわち、先ほどの説明を援用すれば、脱従属化においても、母体構文の主節がゲシュタルト化の働きによって RC の効果を免れ、その結果、自由な省略が可能となったという説明への道が開かれる。この説明には、アドホックな仕掛けに頼らず、比較的容易に先のパラドックスを解決できるという大きな強みがある。また、脱従属化の説明で大きな問題となるのは、主節の意味が脱落後も構文に存続するという特性であった。例えば、(2a) にあげた It's not like I care about that では、'it's not' を省略して Like I care about that としても解釈に大きな変化が見られない*16。一見したところ、これは大変不可解な現象に思える。しかしゲシュタルト化に基づく説明では、脱落した主節は文字どおり消滅するわけではない。形式上は失われても主節の意味のエッセンスだけは構文フレームに「吸収」されて存続し続ける。したがって、構文化の観点からすると、上記の現象には何の不思議もない。全てが構文化の一般的特性から導かれるからである。

4. If only 祈願文の構文化

では、ここで if only 祈願文の発達に移る。本節の目的は、if only 祈願文の事例研究を通じて前節で提案した脱従属化のモデルの是非を問うことである。まず 4.1 節で if only 祈願文の発達過程

を時系列順に示し、4.2 節ではこの発達に脱従属化が関与したことを示す証拠を提示する。続いて if only 祈願文の発達過程の再現に移り、4.3 節では母体構文である if only 条件文の構文化から if only 祈願文の成立までを俯瞰する。最後に、4.4 節で 'if + only' 句の文法化について論じて本節をしめくくる。

4.1　If only 祈願文の出現と一般化

If only 祈願文の先行研究はそれ自体がまれだが、通時的研究となると筆者の知るかぎりほぼ皆無に等しい。結果として、この構文の発達についてはほとんど何も知られていない。そこでまず、筆者は独自の文献調査を実施し、その発達過程の全体像を明らかにすることを試みた*17。今回の調査では、if only 祈願文の口語性を勘案し、18C から 20C 前半までの小説を主な調査対象としたが、通時的コーパスの使用は大きく限定された。その要因として、まず、if only 祈願文の口語性の高さのため、作品の完全テキストを用いなければ分析に必要な例数を確保できなかったことがあげられる。対策として、筆者はインターネット上で入手可能な電子テキストを用いてマニュアルの検索を行ったが、その手法をもってしてもなお作品中のすべての例を網羅するには至らなかった。というのも、if only 祈願文には only が生起する位置および条件節倒置（conditional inversion）の有無により数々の語順のヴァリエーションが存在するうえ、代名詞以外の主語のヴァリエーションは事実上無限大だからである。

(13) a.　If *only* Subj V ... (if の直後)
　　 b.　If Subj *only* V ... (主語の直後)
　　 c.　If Subj were/was *only* ... (be 動詞の直後)
　　 d.　If Subj had/could/would/should *only* V ... (助動詞の直後)
　　 e.　Had/were/could/would/should Subj *only* V ... (条件節倒置)

やむをえず今回の調査では、代名詞主語をもち、かつ（13）の語順パターンを示す例だけを調査対象とした。以下に示す調査結果が不完全であることをあらかじめお断りしておく。

では、調査結果の検討に移る。表1の上段、中段、下段は、それぞれ、（13b–e）の語順パターンを示す例、（13a）のパターンを示す例、そしてif only祈願文の総数を示している。この表によると、if only祈願文は19C初頭に出現し、19C中葉以降に一般化する。表1の下段が示すように、例数は1826–1850年の時期から19C後半にかけてなだらかに増加し、1876–1900年の時期以降は急激に増加する（1851–1875年の43例に対して1876–1900年の173例）。

表1　if only祈願文の出現と一般化

	17C–18C	1801–1825	1826–1850	1851–1875	1876–1900	1901–1925
if only 祈願文 (cf. 13b-e)	0	1 (100%)	13 (100%)	40 (93%)	74 (43%)	41 (19.6%)
if + only 語順 (cf. 13a)	0	0 (0%)	0 (0%)	3 (7%)	99 (57%)	168 (80.4%)
計	0	1	13	43	173	209

以下に後期近代英語期（LModE）の例をあげる。

(14) a.　Would they only have laughed at her about the Doctor!
　　　　（彼らがドクターのことで彼女を笑いものにしたのであればいいが！）　　　　　　　　　　（1811; J. Austen, *Sense and Sensibility*)

　　 b.　If you only knew the earnestness of Dora, aunt!
　　　　（叔母さん、あなたにドーラのまじめさがわかるといいのに！）
　　　　　　　　　　　　　　　　（1850; C. Dickens, *David Copperfield*)

　　 c.　If only Mr. Thornton would restore her the lost friendship …
　　　　（ソーントンさんが彼女の失われた友情を修復してくれるといいのに）　　　　　　　　　（1854–55; E. Gaskell, *North and South*)

　　 d.　If only she had her health.（せめて彼女が健康だったらなあ

(1884; G. Gissing, *Unclassed*)

手もちの資料の初出例は、J. Austen の *Sense and Sensibility*『分別と多感』に見られ、1811年までさかのぼる((14a))。だが、Austen の全作品でも(14a)がわずか1例あるのみで、しかも1801–1825年の時期には他に例がなく、かなり孤立した感がある。また、表1の中段が示すように、'if-only' の語順((13a))は19C後半になってようやく現れる比較的新しい語順パターンである。(14c) がその初出例である。この語順パターンの例は1876–1900年の時期に急増し、20C初頭になると総数に占める割合が80%を超える。まとめると、if only 祈願文の構文化は19Cの前半頃に始まり、19C中葉以降に急速に進展したものと考えられる。

4.2 脱従属化の関与を示す証拠

次に if only 祈願文の発達に脱従属化が関与した証拠を示したい。脱従属化の実在がなかなか一般に受け入れられない理由の1つに証明の困難さがある (Nyrop 1930: 311、Grevisse 1980: 853, fn. 183)。けれども、筆者はけっして証明が不可能だとは思わない。筆者の考えでは、脱従属化の関与を証明するためには、(i) 母体構文に特有の特性／現象が脱従属化構文でも見られること、そして(ii) 母体構文の出現が年代的に脱従属化構文に先行すること、の2点が文献調査によって実証されねばならない。まず、(i) については、母体構文と脱従属化構文の双方に同じ構文固有の特性が見られるのならば、この特性が母体構文から脱従属化構文へと継承されたと考えるのが最も自然な推論である。また、(ii) についても、「母体構文→脱従属化構文」という発達順序は、脱従属化を用いた分析によっては予測されるが、両者を無関係の構文として扱う分析[18]では偶然となる。したがって、これら2点を同時に実証できれば、脱従属化が関与した蓋然性が高まる。

まず、想定上の母体構文である if only 条件文と if only 祈願文に共通して見られ、しかもこれらの構文以外では見られない特性として条件節倒置がある。PDE の if only 祈願文では見られないが、

LModEでは条件節倒置を示す例がまれにだが見られる。用いた資料には、先の（14a）をふくめ5例見られた。（15a）は追加の例である。（15b）に示すように、if only 条件文でも条件節倒置が見られる。

(15) a. Had I only seen the other first ...（せめてもう1つのものを先に見ておけばよかった）　(1887; T. Hardy, *The Woodlanders*)
　　 b. It appeared to him that emigration, had he only the means to emigrate, would be preferable to service under such a master.（自分に移住する手だてがありさえすれば、他国への移住はそのような主人に仕えるよりも好ましいだろうと彼には思われた）　(1849; C. Brontë, *Shirley*)

（15a）と（15b）の倒置は基本的に同じ性質のものと見うけられる。しかもこれは条件文のみで見られる特異な現象なので、このような例は if only 祈願文の条件文起源を示す確かな証拠となる。

　次に、想定上の母体構文、if only 条件文が if only 祈願文に先行して出現したかどうかという点については、表2に示す調査結果が得られた。表2は、上段が if only 条件文、下段が if only 祈願文の例数の推移を示している。この表から if only 条件文は if only 祈願文に先行して現れたことがわかる。

表2　If only 条件文と if only 祈願文の出現と一般化

	17C–18C	1801–1825	1826–1850	1851–1875	1876–1900	1901–1925
if only 条件文	4	16	69	107	221	146
if only 祈願文	0	1	13	43	173	209

　前節で述べたように、if only 祈願文の初出例は1811年のものである。一方、if only 条件文の初出例は次に引用する1742年のものである。

(16) ... if I had only broke your neck, it would have been saving

somebody else the trouble...
（私がお前の首をへし折りさえすれば、他の誰かのトラブルを回避することになるだろう）　　　　　　　　　　(1742; H. Fielding, *Joseph Andrews*)

　すなわち、if only 条件文は if only 祈願文より約 70 年先行して文献に現れる。調査が不完全であることを差し引いても、この年代の差はなお有意である。しかも前者の例数が急増するのも 1826–1850 年の期間で、後者の一般化より一歩先んじている。この調査結果は、少なくとも if only 条件文の構文化に続いて脱従属化が起こったとする本論のシナリオと調和的である。
　もう 1 つ調査結果を紹介しておきたい。表 3 は、上段が 'if-only' 語順の if only 条件文、下段が 'if-only' 語順の if only 祈願文の例数の推移を示している。表 1 で見たように、if only 祈願文では、if と only が隣接する 'if-only' の語順（(13a)）は 1876–1900 年の時期に急増する。興味深いことに、この語順を示す if only 条件文もほぼ同時期に急増し、しかもこちらの方がやや時期的に先行している。後者は 1826–1850 年の時期に現れ、1876–1900 年の時期以降に急増する。一方、前者はやや遅れて 1851–1875 年の時期に現れるが、やはり 1876–1900 年の時期に急増する。

表 3　'if + only' 語順の発達

	17C–18C	1801–1825	1826–1850	1851–1875	1876–1900	1901–1925
if + only 条件文	0	0	2	12	108	100
if + only 祈願文	0	0	0	3	99	168

　この調査結果から 'if-only' 語順の if only 条件文と if only 祈願文の発達がほぼ時期的に一致することがわかる。この時期の重なりは、暗に両者が連動して起こったことを示している。言語を構成する様々な構文は記憶の中でネットワークをなし、より直接的な関係をもつ構文群が互いに影響を及ぼしあって発達することが知られている（Traugott and Trousdale 2013）。したがって、表 3 のような連動した発達は、両者がネットワーク上において密接に関連づけられ

ていたことを示す強い証拠である。しかも if only 条件文が if only 祈願文の母体構文だったとすれば、両者の関係の深さはまさに想定内である。

以上に見た調査結果は、やや間接的ではあるが、if only 祈願文の発達に脱従属化が関与したとする本論の主張と調和する。一方、かりに if only 条件文と if only 祈願文が無関係の構文だったとすると、以上のような相関はすべて<u>偶然の一致</u>ということになる。これはどうみても不自然である。

4.3　If only 祈願文の構文化

では、脱従属化の関与を実証したところで、次に構文化の過程の再現に移る。脱従属化は「母体構文の構文化→主節の省略→単文への再分析（主節の脱落）」という連続した3つのステップに分解できる。この図式を if only 祈願文の発達に当てはめると、まず（i）if only 条件文の構文化が生じ、続いて（ii）帰結節の省略がなされ、（iii）省略の慣習化後、再分析により帰結節が脱落するというシナリオが得られる。

まず、母体構文の構文化は、if only 条件文の例数が増加を始める 1801–1825 年の時期以降に生じた可能性が高い（表2）。この時期に、(16) のような if only 条件文の使用頻度が高まり、チャンク形成によって条件文 'if $(p), (q)$' と only のコロケーション 'if $(p + only), (q)$' が図1の過程をへて新規の構文 [if $(p + only), (q)$] へと発達する。

では、ここで、条件文に only が添加された動機について考えてみたい。まず、if only 祈願文において only は命題が話し手にとって最低限の願望であることを表す（Grosz 2012: 52ff）。Only に「せめて」といった和訳がふさわしいのはこのためである*19。一般に only は何らかのスケール（尺度）の存在を含意し、そのスケールにおいて最低値であることを含意する（中野 2014）。ただし only one person「1人だけ」（予想された人数のうち最低）といったケースと異なり、if only 祈願文の only（以後、only^{OP}）は願望の高低という主観的（subjective）なスケールを含意する。その

意味でonly^{OP}はすでにある程度主観化（subjectification）をへているものとみられる。

　以上のonly^{OP}の解釈特性からすると、'if (p + only)'はもともと帰結節の命題Qが成立するための最低限の条件を表し、その解釈は概略「せめてPならば（Q）」あるいは「PでさえあればQ）」であったと考えられる。例えば、上掲（12a）のif節はQ（スカートが流行に適合すること）が成立するための最低条件、すなわち、スカートの丈が現実よりも短くなくてはならないという条件を述べている。そしてQが話し手にとって望ましい事態を表すかぎりにおいて、'if (p + only)'も話し手の願望と理解されやすくなる。すなわち、望ましい事態を実現へと導く「最低限の条件」が「最低限の願望」として再解釈されるのである（「せめてPならば、望ましい状況Qが実現する」⇒「せめてPが実現してほしい」）。実際、if only条件文において'if (p + only)'が話し手の願望と理解されるケースは多いが、これはQが話し手にとって望ましい事象を表す頻度が高いことの結果である。要するに、if only条件文というコンテクストにおいて、「最低限の条件」は「最低限の願望」と理解され、それが後に構文に慣習化してif only祈願文の解釈につながるのである。

　では、「最低限の願望」を表す動機とは何だったのだろうか。英語には他にも「祈願」を遂行するための構文がいくつか存在するが、これらの構文では、願望がよりダイレクトに提示され、onlyやjust、at leastといった限定副詞は通常付加されない（e.g. May they rest in peace!「彼らの魂が安らかに眠りますように！」）。また、LModEには、フランス語の（8a）に対応するonly^{OP}をもたないif節祈願文も存在した。（なおこれもif only祈願文と関係が深い構文だとみられるが、現時点では詳細不明である。）

(17) a.　If he saw her!（彼が彼女と会えればなあ！）

　　　　　　　　　　　　（1865; E. Gaskell, *Wives and Daughters*）

　　 b.　Oh! if I had not lost the jewels ...（ああ、あの宝石をなくさなければよかった！）

(1893; H. Haggard, *The People of the Mist*)

(17) のような例の存在からすると、LModE の if 節祈願文において only^{OP} は必須の要素でなかった可能性が高い。では、なぜ限定副詞が導入されたのか。1つの方向性は、only の導入をポライトネス（politeness）の方策とみる方針である*20。実際、話し手が念頭におく願望をより「控えめ」に述べることは、相手に対する「フェイス侵害」を軽減する有効な方策となりうる。例えば、(18) を見てみよう。

(18) I don't care how long I wait, if I can only do it at last.
（せめて最後にそれをすることができれば、どれだけ待っても気になりません）　　　　　　　　　　　(1847; E. Brontë, *Wuthering Heights*)

(18) では、話し手は表面上「せめて最後にそれをすることができれば」と控えめに述べている反面、「どうしてもそれをしたい」という強い願望も見え隠れする。ここでは、only の付加は願望を控えめに述べることによって、押しつけがましさを軽減する方策と理解できる。このように、only には願望を控えめに抑える働きがあったと考えられる。だが、*LODCE*^{6} に if only 祈願文は 'strong wish'（強い願望）を表すとあるように、only^{OP} は時とともに本来の限定の意味を失いつつある（4.4 節）。ともあれ、only がポライトネスの方策として導入されたと考えれば、条件文における使用が一般化し定着した理由も頷ける。

さて、19C 前半以降に if only 条件文（'if (p + only), (q)'）の使用頻度が高まると、チャンク形成が生ずる。前節で見たように、チャンク形成はコロケーションの使用頻度の高まりによって促進される。表2の調査結果と、口語と文語のタイムラグを勘案すると、if only 条件文が構文として確立するのはおそらく 18C 末頃であろう。構文化の進行につれ、ゲシュタルト化の効力が高まり、しだいにチャンクの合成性が縮減を始める。

Bybee（2010: 9, 26, 36; 2013）によると、構文フレームには固

定スロット (fixed slot)、スキーマ化されたスロット (schematized slot)、そして無制限の語彙挿入を許すオープン・スロット (open slot) が存在する。ゲシュタルト化はチャンク形成の副産物なので、生起頻度が高い要素ほど強く作用する。これは 'be going to'「～しようとしている」において固定スロット 'going to' が 'gonna' と縮約されるなど、いくつかの活用形を保持する 'be' より合成性の喪失度が高いことからもわかる。以上の点からすると、固定スロットの意味成分が最初に構文フレームに「吸収」されると考えられる。次に「吸収」されるのは、スキーマ化されたスロットの意味成分である。構文化では、特定のスロットに挿入される要素の意味に強い偏りが生ずると、スキーマ化によりそれらに共通する意味成分が抽出され、スロットに指定される (Bybee 2010)。ゲシュタルト化によってこのスキーマ的意味が「吸収」されて構文的意味の一部となると、それがそのまま構文の意味的バイアスとなる。一方、挿入される要素に顕著な意味的パターンが見られないオープン・スロットではスキーマ化は生じない。ゲシュタルト化はこのようなスロットには作用しない。

さて、if only 条件文では、if と only が固定スロットに相当する。また、帰結節 '(q)' はスキーマ化されたスロットに対応すると考えられる。なぜなら、次に示すように、if only 条件文の '(q)' には話し手にとって望ましい事柄がおかれるケースが圧倒的に多く、この意味的偏りの大きさはスキーマ化が生じるのに十分なものと思われるからである。

(19) a. It would be so much better ... if she could only get out of the way for a month or two, till all was over.（せめてすべてのことが済むまで、ひと月かふた月、彼女がこの場から姿を消すことができれば、状況はずっとましになるでしょう）

(1847; C. Brontë, *Jane Eyre*)

b. If I had only known I might have been ready with some better plan.
（せめて事前に知っていれば、もっといい計画を準備することも

できたでしょうに）　　　　　（1871–72; G. Eliot, *Middlemarch*）

 c. Where we are would be Paradise to me, if you would only make it so.
  （君が努力しさえすれば、私たちのいる場所はパラダイスになるでしょうに）　　　　　（1880; T. Hardy, *The Trumpet-Major*）

　(19) の各文の帰結節から抽出可能な共通の意味成分は、概略 '(then) it would be desirable'「～ならば望ましい」である。これがゲシュタルト化によって構文フレームに「吸収」されると、その解釈は概略 'if (p + only), (then) it would be desirable'「せめて P ならば望ましい」となり、if only 祈願文に直接つながる構文的意味がほぼ完成する。だが、'(q)' スロットがスキーマ的意味をもつとすると、そのスロットへの命題の挿入は意味的制約を受けるはずである。実際、'(q)' スロットには話し手にとって望ましからぬ命題は挿入できない。例えば、(20) のような文は特別なコンテクストの支えがなければ不規則な解釈となる。

(20) ＊You would get in big trouble if only you'd listen to them.
  （君が彼らの言うことに耳を貸しさえすれば、大変なトラブルに陥るだろう）

これは、(20) の Q が上記の構文的意味と解釈的に齟齬をきたすからだと考えられる。
　結局、if only 条件文の構文フレーム [if (p + only), (q)] において、ゲシュタルト化が主に作用したのは、if、only、そして帰結節 '(q)' の部分だったと考えられる。前節で論じたように、構文の構成要素の自由な省略はゲシュタルト化の働きによって説明できる。固定スロットである if と only が疑似意味化したと考えることにはとくに問題はない（要素の擬似意味化については、3.3 節を参照）。一方、語彙挿入の自由度が高い帰結節 '(q)' に対して疑似意味化の効果を想定するのは困難である。結果として、このケースには 3.4 節で提案した仮説（A）は適用できない。ただしゲシュタルト化に

よって'(q)'スロットに指定されたスキーマ的意味'(then) it would be desirable'が構文フレームに「吸収」されて構文的意味の一部となったとすると、if only 条件文は帰結節なしでも完全文として解釈できる。この場合、仮説（B）にしたがって、'(q)'に対するRCが構文フレーム内で「自己充足的」に満たされたと考えることが可能である。

　だが、断っておくが、ゲシュタルト化によってRCが無効化されたとしても、当該要素が必ず省略されるというわけではない（注15も参照）。省略も言語行動であるかぎり、それには何らかの行動学的な動機が必要となるからである。さて、帰結節'(q)'の省略を促したのは、頓絶法（aposiopesis）によるレトリック効果、すなわち発話を中断することによる感情的意味の強調（佐藤1971）だと思われる。これは現実のディスコースにおいて頻繁に採用される方策である。例えば、感嘆を表す慣用表現には、省略によって発話の前半部分だけが残されたものが多い。このような表現の発達には頓絶法が関与した可能性が高い。

(21) a. What a thoughtful gift! ＜What a thoughtful gift you sent!（何という気の利いた贈り物でしょう!）
　　　b. What the … ＜What the hell!（何てこった!）
　　　c. Of all the dumb luck! ＜Of all the dumb luck (I have), this is the best!（何というまぐれだ!）

同様に、帰結節'(q)'の省略が頓絶法に基づく刷新だったとすれば、この方策が好まれた理由も容易に理解できる。というのも、感情表出を主たる目的とする祈願文では、頓絶法による感情の強調はしごく発話の目的にかなった方策だからである。

　最後に、帰結節の省略が一般化しルーティン化すると、ある段階で省略構造［if only (p) φ］*21 から単文構造［if only (p)］への再分析が起こり、省略された帰結節が脱落したと考えられる。帰結節の脱落により、if only 祈願文は最終的に if only 条件文からの独立を果たし、自律した構文となる。だが、再分析は表層の変化を伴

わないため、文献の調査により変化が起こった時期を特定することはできない。けれども、PDE の if only 祈願文を複文構造 [if only (p) ϕ]、すなわち if only 条件文の省略形とする分析は根拠がないばかりか、直感にも反する (Grosz 2012: 96ff)。したがって、筆者は「複文→単文」の再分析が実際に 19C 後半のいつかに生じたものと考える。帰結節の脱落が文の意味構造に目立った変化をもたらさなかったことは明らかで、この点でも脱従属化は NEG 脱落に類似している。

　さて、以上のシナリオによって、2 節で見た if only 祈願文の特異性のいくつかを容易に説明できる。まず、if only 祈願文が 'out of the blue' のコンテクストで自由に使用できるのは、そもそもそれが省略形でないからである。だが一方で、存在しないはずの帰結節が含意されるのは、スキーマ化された帰結節の意味が現在もなお構文スキーマ上に存続するからである。また、独立節である if only 祈願文で仮定法過去が見られることも、単に反事実的な if 節の特性を継承したものと説明できる。さらにこの構文が祈願文としての IF をもつことは、(12a) のようなコンテクストで if only 祈願文がもつ IF を継承したものと理解できる。このような IF の継承は、構文フレームの継承によって可能となると考えられる。以上のような原理的かつ統一的な説明は、脱従属化を想定する筆者の分析では構文化の必然的な帰結となるが、脱従属化を想定しない分析ではやはりすべてが「偶然」の一致となる。

4.4 'if + only^{OP}' の文法化

　では、次に if only 祈願文成立後の発達に移る。だが、議論を始める前に、only^{OP} の文法的位置づけについて復習しておこう。前節で見たように、only^{OP} は限定副詞としての only「ただ、だけ」に由来する可能性が高い。If only 条件文において only は、if 節の命題 P が帰結節の命題 Q の成立の「最低限の条件」であることを合図し、また Q が話し手にとって望ましい事柄を表す場合、P は「最低限の願望」と理解される。ただし上述のように、if only 祈願文の成立後、only はこの限定の働きをしだいに失い、現在では祈願

文の指標としての働きにシフトしつつあると思われる。

例えば、(22)のように現在でも「せめて」の意味あいが比較的強く感じられる例もあるが、(23)のようにそうした解釈が困難な例も多い。

(22) a. Now if only my life could be half as exciting as hers!（=(6B2)）
b. If only I knew her name.（せめて彼女の名前がわかればなあ）
(23) a. If only it were true.（それが真実であればいいのに）
b. If only I were rich!（=(3b)）

例えば、(22b)では、話し手はある女性に関心をもち、彼女について詳しく知りたいと思っているが、その願望を「せめて名前だけでも」と控えめに述べているものと理解できる。一方、(23b)では、話し手の願望は裕福になることで、それ以上の願望は含意されていない。このタイプの例は、願望を直截的かつ明示的に述べるため、概して控えめな陳述とは解釈されない。これらの例の解釈はむしろ if only 祈願文が 'strong wish'（強い願望）を表すとする LODCE[6] の記述と合致する。これは 'if + only^{OP}' 句の機能がしだいに 'I wish (p)'「〜だったらいいのに」に近づきつつあることを示している（cf. Quirk et al. 1985: 842）。

筆者は以上に見た機能変化の原因を only^{OP} の文法化に求めたい。具体的には、only^{OP} は if only 祈願文の発達にともない、本来の限定副詞から Searle (1969: 30) が「発語内の力の指標」(illocutionary force indicator、IFI) と呼ぶ文法標識へと発達しつつあると考えられる。しかも筆者は only^{OP} 単独の文法化ではなく、if と only^{OP} がセットで文法化されたものと考える。すなわち、if と only^{OP} はセットフレーズ化されたうえに IFI へと文法化されたことになる。そもそも if と only^{OP} はともに if only 条件文の構文フレームにおける固定スロットである。固定スロットは構文のすべてのトークンに生起するため、構文を象徴する指標として認識されやすい。これは 'be going to' の 'going to'（> gonna）や 'have got to'「〜しなけれ

ばならない」の 'got to'（> gotta）などが文法形態素と認識されやすいことからもわかる（e.g. I *gotta* go「もう行かなくっちゃ」）。したがって、いちどは疑似意味化し機能を失った if と only^{OP} に新たな文法機能を割り当てて「再利用」すれば効果的な文法形態素ができる*22。

　さて、'if + only^{OP}' 句のセットフレーズ化を示す証拠は 2 つある。まず、'if-only' 語順の出現である。すでに表 3 で見たように、発達初期の if only 祈願文では、only^{OP} が主語の右側に現れる（13b-e）の語順しか見られない。If と only^{OP} が隣接する（13a）の語順は 19C の後半になって初めて文献に現れ、しかも 1876–1900 年の時期に至ってようやく一般化する。なぜ（13a）の語順だけが遅れて登場したのだろうか。筆者はこの語順の出現を if と only^{OP} がセットフレーズ化されつつあることの類像的現れだと考える。少なくともセットフレーズは隣接するのが最も自然な形態である。また、英語では IFI が文頭に置かれるケースが多い（e.g. '*Let's go*'）。以上の 2 点からすると、if と only^{OP} が隣接して文頭に置かれるこの語順が IFI への文法化とともに好まれるようになったとしてもとくに不思議はない。だが、そもそも語順の自由度に乏しい英語では、if のすぐ右側に only を置くという語順は LModE の文法においても規格外だった可能性が高い。そう考えれば、この語順が初期の if only 祈願文に見られなかったことも容易に説明できる。すなわち、この特異な語順が可能となったのは、if と only がセットフレーズ化したことの結果ではないだろうか。

　If と only^{OP} がセットフレーズ化されたと考えるもう 1 つの根拠は、口語における 'if-only(s)' という複合名詞の存在である。これは if と only が複合語化し、さらにそれが名詞へと転換（conversion）されたものであろう。

(24) There are so many *if-onlys* in my life.　　　　　　　(SpAL)

これは明らかに if only 祈願文の 'if + only^{OP}' 句に由来する複合語で、類似の表現に 'what-if(s)'「起こり得る事態」があるが、これも

'what if' 構文（e.g. What if they're right?）の 'what + if' 句に由来する。さて、この複合語の存在は、if only 祈願文の 'if + only^{OP}' が1つのユニットとして分析されていることの証拠であると思われる。ユニットをなしているからこそセットでの名詞への転換が可能となったのであろう。ただしこの複合語はまだ定着度が低いとみえて、主だった英英辞典や俗語辞典に収録されていない。唯一この表現を収録するのは SpAL で、それによると 'if-only (s)' は「あのときあああしておけばという後悔の念」を意味し、通常、普通名詞として複数形で用いられる。実際、(24) のような例は web でよく見られる。次の (25) はグーグル（Google）の検索で見つけた例である。

(25) a. If only she had a joint to relax her or some black beauties to wire her up, but *if-onlys* were just as empty as her pockets.（彼女の心をリラックスさせるためのマリファナと元気づけのためのドラッグさえあればいいのだが、このような願望は彼女のポケットと同じくらい空っぽでむなしいものだった。）

b. As her mind roamed over the possibilities, the what-ifs and *if-onlys*, she was drawn back, not to the fire, but to the thing that had happened almost two years before.（彼女の心がそれらの可能性、起こりうる事態、願望の間を逡巡するうちに、彼女は例の火事ではなく、もう2年近く前に起こった出来事に引き戻されるのだった。）

(https://www.wordnik.com/words/if-onlys)

さて、筆者は if と only^{OP} がたんにセットフレーズ化されたばかりか、同時に祈願文を合図する IFI へと文法化されたとも考える。この主張を裏づける証拠となるのは、まず only^{OP} への限定副詞の画一化とその義務化である。2.3 節でも見たように、現在の if 節祈願文では only のみが用いられ、しかもその生起は義務的である。if 節祈願文の発達過程は、only への限定副詞の統合とその義務化によって特徴づけられるが、筆者はこれを 'if + only^{OP}' 句の文法化の最も信頼にたる証拠と考える。

まず、限定副詞のonlyへの画一化に注目したい。注9でもふれたように、if only祈願文にはjustあるいはbutをもつ変種が存在した。(26)にLModE期の例をあげる*23。

(26) a. If I could *but* see you as happy!（せめてあなたが喜ぶ姿を見られたらなあ！） (1813; J. Austen, *Pride and Prejudice*)
b. If I could *just* see mamma's room again!（もう一度ママの部屋を見られたらなあ！） (1853; E. Gaskell, *Ruth*)

限定副詞のonly^{OP}への画一化は、文法化の事例で頻繁に見られる「特殊化」(specialization) のプロセスを髣髴とさせる。特殊化とは、文法化の初期の段階ではいくつかの類義語からなる構文変種が存在しても、しだいにヴァリエーションが減少し、最終的に1つの変種へと統合される現象をいう*24。これは文法化の結果、1つの変種の使用頻度が劇的に高まり、競合において他を圧倒するからだと思われる。If only祈願文において制限副詞の選択肢がしだいに絞られ、結局、onlyのみが残されたことも、この文法化の一般的特性をよく示している。

次に、only^{OP}の義務化について考えてみよう。Lehmann (1995: 164) は、文法化を構成するプロセスとして、磨耗 (Attrition)、パラダイム化 (Paradigmatization)、義務化 (Obligatorification)、凝縮 (Condensation)、融合 (Coalescence)、固定化 (Fixation) の6つをあげる。そのうち義務化は、Lehmannの説明によると、「(変種間の) 選択が体系的に制限されること、使用が概して義務的となること」である。この定義の前半は、先ほどふれた特殊化を指すので、ここでは定義の後半に注目する。この部分は、項目の使用が文法化の結果、義務的に生起するようになる傾向が強いことを指している。例えば、英語の冠詞a/theは文法化に伴い、特定の意味的・語用論的な条件のもとで義務的となった (Look at *(the) door; I have *(an) exam)。同様に、if only祈願文におけるonly^{OP}の義務化は 'if + only^{OP}' 句のIFIへの文法化の一環とみなすことができる*25。

一方、Grosz（2012: 17ff）は、if と only^{OP} が PDE においても分離可能であることから、'if + only^{OP}' 句は「イディオム的表現」（idiomatic expression）ではなく、単なる自由コロケーションだと主張する。Grosz の主張はなぜか「イディオム的表現」の構成要素が必ず隣接せねばならないという制約を前提としている。だが、Bybee（2010: 36）も指摘するように、CG では処理ユニット（チャンク）の構成要素が隣接する必然性はない（'ne ... pas' などを想起されたい）。したがって、Grosz のいう「イディオム的表現」がいかなる要素を指すかわからないが、かりに if と only^{OP} が分離可能であるとしても、それらがなおイディオム的な関係を帯びる可能性は否定できないだろう。しかも Grosz は、'if-only' 語順が if only 条件文および if only 祈願文の構文化とともに発達してきた構文に特有の構造であることも見落としている。ただし Grosz が指摘するように、PDE でも（27）のような例は少なからず見られる。

(27) a. If he *only* would!（彼がそうしてくれればいいのに）
　　 b. If she *only* knew how lucky she is!（どれほど自分が幸運か彼女にわかるといいのに）

このような例の存在からすると、'if + only^{OP}' 句の IFI への発達は完了した変化というより、もっか進行中の変化と考えるべきである。

　最後に、Traugott and Trousdale（2013）は、文法化を文法的構文化（grammatical constructionalization）、すなわち、文法的概念を表す構文の生成過程として再定義した。本論で扱った if only 祈願文の発達も、発話行為専用の構文への発達という点で文法的構文化の 1 例とみなしうる。したがって、'if + only^{OP}' 句の IFI への発達は、孤立した発達ではなく、if only 祈願文全体の文法化と歩調を合わせて起こった変化とみなすことができる。

5. まとめ

本稿では、脱従属化を構文化の特殊例と考え、これまで憶測の域

を出なかった脱従属化の発生メカニズムに対して原理だった説明を提案した。脱従属化の分析における最大の難関は、なぜ主節の省略に復元可能性の制約（RC）が課されなかったかという問題であった。筆者は、構文化の過程にともなう意味変化——ゲシュタルト化——がこの問題を解決する糸口だと主張した。筆者の考えでは、構文の構成要素はゲシュタルト化の効果によってRCの適用対象外となり、'out of the blue' のコンテクストでも自由な省略が可能となる。このモデルを if only 祈願文の発達に当てはめると、母体構文である if only 条件文の構文化によって帰結節の自由な省略が可能となったというシナリオが得られる。このように考えるならば、脱従属化のメカニズムをすべて構文化の一般的特性から導くことができる。本稿では、文献の調査を通じて以上の仮説を支持する証拠を提示し、また 'if + only^{OP}' 句が祈願文の指標へと文法化されつつある可能性を示唆した。最後に、本稿の論考により脱従属化の実在性に対する説得力が増したのであれば、筆者にとってこれ以上の喜びはない。

---

*1 現代英語の例は、とくに断らないかぎりすべてコミック誌のスクリプトから筆者自身が作成した電子テキスト（執筆時点で約 710,000 語）からの引用である。

*2 口語英語において like はしばしば補文標識として用いられる（e.g. I feel like he doesn't like me anymore「どうやら彼はもう私のことが好きでないらしい」）。

*3 筆者の知るかぎり、Lakoff (1968)、大堀 (2002)、Evans (2007)、Grosz (2012) といった研究は数少ない例外である。

*4 本稿では、無用な誤解を避けるため、談話の場面における真の省略を「省略」と呼び、再分析により構造それ自体が失われることを指して「脱落」と呼ぶ。過去の研究では両者の区別が明確にされていなかった感がある。

*5 以下、脱従属化の基体となる構文を「母体構文」と呼ぶ。

*6 'out of the blue' は、本来「だしぬけに」を意味するが、ここではただ発話が先行する発話に直接依存して解釈されないことのみを指し、それ以上の含蓄はない。なお冗長さを避けるために、「自由な省略」という表現も用いるが、これは「'out of the blue' のコンテクストにおける自由な省略」を指す。

*7　(5) が許されないことは、同時に従属節を独立節として用いることそれ自体も何らかの理由で阻止されることを示している。脱従属化の実在を否定するGrosz (2012) などの分析では、暗に従属節が独立節としても使用できると想定されているが、そのような想定では単独の従属節が（脱従属化のケースをのぞいて）けっして容認されない理由を十分に説明できないだろう。

*8　RC と省略の関係については、3節で再びとり上げる。

*9　だが、Quirk et al. (1985: 842) は、only のかわりに just あるいは but をもつ次のような変種を PDE の例として紹介している。

   (i) a. If I could *just* make them understood my point of view!
      （自分の考え方を彼らに理解させることができればなあ！）
    b. If I could *but* explain!（弁明さえできればなあ！）

これらの変種（とくに but をもつもの）はたしかに PDE まで存続するが、それはおそらく LModE 期の名残であり、21世紀を迎えた現在ではすでに廃用に近いと考えてよい。

*10　Bybee (2010: 36) は構文をチャンク (chunk) とみなしている。

*11　山梨 (2009: 13) によれば、ゲシュタルトとは「全体が部分の総体からは単純に予測できない有機的な構成体」である。

*12　ただしここで用いる「吸収」と「混交」という表現は、それぞれ個々の構成要素の意味が構文フレームに転移されること、そしてそれらからホリスティックな構文的意味が構成されるプロセスを指すメタファーであることに注意されたい。Bybee (2013: 55) は、後者を「部分の和」(sum of the parts) から「全体的な意味」(meanings as a whole) への変化としているが、構文化の際にどのように個々の構成要素の意味が構文的意味へと転移されるかにはふれていない。Traugott and Trousdale (2013) にも言及はない。現時点では、これらのプロセスの認知的メカニズムはよく知られていない。よって本論でもこれ以上の言及は控えさせていただく。

*13　[*ne* (V) *pas*] は2つの項目のみから構成されるため、ゲシュタルト化による意味の「吸収」および「混交」はそのまま両者による意味の「共有」を意味する。

*14　ちなみに 'ne ... pas' や 'ne ... butan' は、どちらも2項からなる構文であるため、イディオム的関係を通じた意味の「転送」という着想は理解しやすい。しかし、I could care less（< I could*n't* care less）のケースなどでは、'NEG' がどこへ「転送」されるのかが明確でない。この場合、むしろ 'NEG' が構文フレームに「吸収」されたという筆者のメタファーの方がわかりやすいだろう。

*15　ただしゲシュタルト化の作用を受けた要素が必ず省略されるわけではない。これはゲシュタルト化が自由な省略の必要条件であっても十分条件ではないからである。すなわち、ゲシュタルト化に十分条件となる何らかの談話上の動機が重畳してはじめて省略がなされるのである。さらに省略が慣習化するためにも、多数の話者に使用を促進するような談話上の動機が必要となる。この点については、4.3節も参照。

*16　したがって、これも NEG 脱落の事例だが、否定辞とともに主節それ自

体も省略されるので、NEG脱落と脱従属化の両方にまたがる興味深いケースである。

*17　今回の調査では、Project Gutenberg（http://www.gutenberg.org）で利用可能な電子テキストを利用した。本稿末に今回の調査で用いた作品のリストを示した。

*18　例えば、Grosz（2012）と彼が引用するいくつかの研究がある。

*19　『大辞林』の「せめて」の項目には、「それで満足というわけではないが、最小限これだけでもという話し手の気持ちを表す」とある。

*20　ポライトネスについては、Brown and Levinson（1987）を参照。

*21　'ϕ' は省略された帰結節を表す。

*22　このような言語変化における「廃品利用」はしばしば外適応（exaptation）と呼ばれる（Lass 1990）。Trask（2000: 112）によると、これは 'The use by a language for new purposes of *junk*, more or less functionless material left over from the decay of earlier systems'（言語においてジャンク、すなわち、過去の体系の衰退によって残され、多かれ少なかれ機能を失った素材が新たな目的のために再利用されること）を指す。

*23　これらの変種については、紙数の関係上、稿を改めて論じさせてさせていただく。

*24　秋元（2001: 17）には、特殊化について、「ある段階で多少意味の異なる語彙項目どうしが存在することがある。文法化を起こした時、これらの項目の選択が狭まり、その内少数の項目が選ばれて残るようになる。文法化の終わりの段階では、ある項目が義務的になる」とある。Hopper and Traugott（2003: 116–118）も参照。

*25　あるいはPDEのif only祈願文で条件節倒置が見られない理由も 'if + only^{OP}' 句の文法化と関連があるかもしれない（*Could I only explain!「せめて弁解できればなあ！」）。すなわち、'if + only^{OP}' 句の固定度の高さのために条件節倒置が許されないと考えるのである。4.2節で見たように、LModEでもif only祈願文の条件節倒置はまれだが、(26a)のような but をもつ変種では条件節倒置がずっと頻繁に見られる。

参考文献

秋元実治（編）(2001)『文法化―研究と課題』英潮社.

秋元実治・前田満（編）(2013)『文法化と構文化』ひつじ書房.

Bréal, Michel (1900) *Semantics* (translated by Nina Cust). London: William Heinemann.

Brown, Penelope and Stephen C. Levinson (1987) *Politeness: Some Universals in Language Usage*. Cambridge: Cambridge University Press.

Brinton Laurel and Elizabeth C. Traugott (2005) *Lexicalization and Language Change*. Cambridge: Cambridge University Press.

Bybee, Joan (2010) *Language, Usage and Cognition*. Cambridge: Cambridge University Press.

Bybee, Joan (2013) "Usage-based Theory and Exemplar Representations of Constructions." In Thomas Hoffmann and Graeme Trousdale (eds.), *The Oxford Handbook of Construction Grammar*, 49–69. Oxford: Oxford University Press.

Chafe, Wallace (2008) "Syntax as a Repository of Historical Relics." In Alexander Bergs and Gabriele Diewald (eds.), *Constructions and Language Change*, 261–268. Berlin and New York: Mouton de Gruyter.

Cristofaro, Sonia (2003) *Subordination*. Oxford: Oxford University Press.

Evans, Nicholas (2007) "Insubordination and its Uses." In Nikolaeva, Irina (ed.), *Finiteness: Theoretical and Empirical Foundations*, 366–431. Oxford: Oxford University Press.

Goldberg, Adele E. (2006) *Constructions at Work*. Oxford: Oxford University Press.

Grevisse, Maurice (1980) *Le Bon Usage* (11th ed.). Paris: Duculot.

Grosz, Patrick G. (2012) *On the Grammar of Optative Constructions*. Amsterdam: John Benjamins.

Hopper, Paul J. and Elizabeth C. Traugott (2003) *Grammaticalization* (2nd ed.). Cambridge: Cambridge University Press.

Lakoff, Robin T. (1968) *Abstract Syntax and Latin Complementation*. Cambridge, MASS: MIT Press.

Lass, Roger (1990) "How to Do Things with Junk: Exaptation in Language Evolution," *Journal of Linguistics* 26, 79–102.

中野弘三 (2014)「近・現代英語期における焦点化副詞の用法の変遷」近代英語協会第31回大会、口頭発表.

Nordström, Jackie (2010) *Modality and Subordinators*. Amsterdam: John Benjamins.

Nyrop, Kristoffer (1930) *Grammaire Historique de la Langue Française* (vol. 6). Copenhagen: Nordisk Forlag.

大堀寿夫 (2002)『認知言語学』東京大学出版会.

Quirk, Randolph, Sidney Greenbaum, Geoffrey Leech, and Jan Svartvik (1972) *A Grammar of Contemporary English*. London: Longman.

Quirk, Randolph, Sidney Greenbaum, Geoffrey Leech, and Jan Svartvik (1985) *A Comprehensive Grammar of the English Language*. London: Longman.

佐藤信夫 (1981)『レトリック認識』講談社.

Searle, John R. (1969) *Speech Acts*. Cambridge: Cambridge University Press.

Spears, Richard A. (1997) *Slang American Style*. Chicago: NTC Publishing Group.

Trask, Robert L. (2000) *The Dictionary of Historical and Comparative Linguistics*. Edinburgh: Edinburgh University Press.

Traugott, Elizabeth C. and Graeme Trousdale (2013) *Constructionalization and Constructional Changes*. Oxford: Oxford University Press.

山梨正明 (2009)『認知構文論―文法のゲシュタルト性』大修館.

辞書

『大辞林』三省堂.
CALD = *Cambridge Advanced Learner's Dictionary.*
DFJC = 『クラウン仏和辞典』(CD-ROM版) 三省堂.
LODCE = *Longman Dictionary of Contemporary English.*
MWALD = *Merriam-Webster's Advanced Learner's Dictionary.*
OALD = *Oxford Advanced Learner's Dictionary.*
SpAL = 英次郎 on the web (http://www.alc.co.jp/)
SRD = 『ランダムハウス英語辞典』(CD-ROM版) 小学館.

使用作品リスト

D. Defoe: *Robinson Crusoe* (1719), *Memoirs of a Cavalier* (1720), *A Journal of the Plague Year* (1722), *The Fortunes and Misfortunes of the Famous Moll Flanders* (1722), *Roxana* (1724); J. Swift: *Gulliver's Travels* (1726); H. Fielding: *An Apology for the Life of Mrs. Shamela Andrews* (1741), *Joseph Andrews* (1742), *The History of the Life of the Late Mr. Jonathan Wild the Great* (1743), *The History of Tom Jones* (1749), *Amelia* (1851); S. Richardson: *Pamela, or Virtue Rewarded* (1840), *Clarissa* (1748); S. Fielding: *The Adventures of David Simple* (1744), *The Governess* (1749); L. Sterne: *The Life and Opinions of Tristram Shandy, Gentleman* (1759–1767); J Austen: *Sense and Sensibility* (1811), *Pride and Prejudice* (1813), *Mansfield Park* (1814), *Emma* (1815), *Northanger Abbey* (1818), *Persuasion* (1818), W. Scott: *Waverley* (1814), *Guy Mannering* (1815), *Rob Roy* (1817), *Ivanhoe* (1819), *Kenilworth* (1821), *The Fortunes of Nigel* (1822), *Quentin Durward* (1823), *Redgauntlet* (1824), *Woodstock* (1826), *The Fair Maid of Perth* (1828); N. Hawthorne: *Fanshawe* (1828), *The Scarlet Letter* (1850), *House of the Seven Gables* (1951), The *Blithedale Romance* (1852), *The Marble Faun* (1860), *The Dolliver Romance* (1863); H. Melville: *Typee* (1846), *Omoo* (1847), *Mardi* (1849), *Redburn* (1849), *White Jacket* (1850), *Moby Dick* (1851), *Pierre* (1852), *Bartleby* (1853), *Israel Potter* (1855), *The Confidence-Man* (1857); C. Dickens: *Oliver Twist* (1837–39), *Nicholas Nickleby* (1838–39), *Barnaby Rudge* (1841), *Bamaby Rudge* (1841), *Christmas Carol* (1843), *The Chimes* (1844), *The Cricket on the Hearth* (1845), *The Battle of Life* (1846), *Dombey and Son* (1846–48), *David Copperfield* (1849–50), *Hard Times* (1854), *Little Dorrit* (1857), *Great Expectations* (1860–61), *Our Mutual Friend* (1864–65), *The Mystery of Edwin Drood* (1870); W. Thackeray: *Catherine* (1839), *Barry Lyndon* (1844), *The Book of Snob* (1846), *Vanity Fair* (1847–48), *The History of Henry Esmond* (1852), *Men's Wives* (1852), *The Newcomes* (1853–54), *The Rose and the Ring* (1954), *The Virginians* (1857–59), *Roundabout Papers*

(1863); E. Brontë: *Wuthering Heights* (1847); A. Brontë: *Agnes Gray* (1847), *The Tenant of Wildfell Hall* (1848); C. Brontë: *Jane Eyre* (1847), *Shirley* (1849), *Villette* (1853); E. Gaskell: *Mary Barton* (1848), *Cranford* (1851–53), *Ruth* (1853), *North and South* (1854–55), *Sylvia's Lovers* (1863), *Wives and Daughters* (1865); G. Eliot: *Adam Bede* (1859), *The Mill on the Floss* (1860), *Silas Marner* (1861), *Romola* (1863), *Felix Holt* (1866), *Middlemarch* (1874–72), *Daniel Deronda* (1876); T. Hardy: *Desperate Remedies* (1871), *Under the Greenwood Tree* (1872), *A Pair of Blue Eyes* (1873), *Far from the Madding Crowd* (1874), *The Hand of Ethelberta* (1876), *The Return of the Native* (1878), *The Trumpet-Major* (1880), *Two on a Tower* (1882), *A Laodicean* (1881), *The Mayor of Casterbridge* (1886), *The Woodlanders* (1887), *Tess of the d'Urbervilles* (1891), *Jude the Obscure* (1896), *The Well-Beloved* (1897), *A Changed Man* (1913); H. James: *Roderick Hudson* (1875), *The Europeans* (1878), *Washington Square* (1880), *The Bostonians* (1886), *The Reverberator* (1888), *The Tragic Muse* (1890), *The Sacred Fount* (1901), *The Ambassadors* (1903); G. Gissing: *Unclassed* (1884), *Demos* (1886), *Thyrza* (1887), *A Life's Morning* (1888), *The Emancipated* (1889), *New Grub Street* (1891), *Born in Exile* (1892), *Eve's Ransom* (1895), *The Whirlpool* (1897), *The Town Traveller* (1898), *The Crown of Life* (1899), *Veranilda* (1904); R. Stevenson: *Treasure Island* (1883), *Prince Otto* (1885), *The Strange Case of Dr. Jekyll and Mr. Hyde* (1886), *Kidnapped* (1886), *The Black Arrow* (1888), *Master of Ballantrae* (1889), *The Wrong Box* (1889), *Beatrice* (1890), *The Wrecker* (1892), *Catriona* (1893), *The Ebb-Tide* (1894), *Weir of Hermiston* (1896), *St. Ives* (1897); H. R. Haggard: *Dawn* (1884), *King Solomon's Mines* (1885), *She* (1887), *Allan Quatermain* (1887), *Mr. Meeson's Will* (1888), *Maiwa's Revenge* (1888), *Cleopatra* (1889), *Colonel Quaritch* (1889), *The World's Desire* (1890), *Eric Brighteyes* (1891), *Nada the Lily* (1892), *Montezuma's Daughter* (1893), *The People of the Mist* (1894), *The Wizard* (1896), *Doctor Therne* (1898), *Swallow* (1899), *The Last Boer War* (1899), *Elissa* (1900), *Black Heart and White Heart* (1900), *Lysbeth* (1901), *Pearl-Maiden* (1903), *Stella Fregelius* (1903), *The Brethren* (1904), *Ayesha, The Return of She* (1905), *Benita, An African Romance* (1906), *Fair Margaret* (1907), *Allan and the Holy Flower* (1915), *The Ivory Child* (1916); F. Burnett: *A Little Princess* (1905), *The Secret Garden* (1911); M. Twain: *The Adventures of Tom Sawyer* (1876), *The Prince and the Pauper* (1881), *Adventures of Huckleberry Finn* (1885), *A Connecticut Yankee in King Arthur's Court* (1889), *The American Claimant* (1892), *Tom Sawyer Abroad* (1894), *Tom Sawyer, Detective* (1896), *A Double Barrelled Detective Story* (1902), *A Horse's Tale* (1907), *The Mysterious Stranger, and Other Stories* (1916); Conan Doyle: *Micah Clarke* (1888), *The Sign of the Four* (1890), *The Adventures of Sherlock Holmes* (1892), *The Memoirs of Sherlock Holmes* (1894), *The Hound of the Baskervilles* (1902), *The Return of Sherlock Holmes* (1905), *The Lost World*

(1912), *The Poison Belt* (1913), *The Valley of Fear* (1915); W. Maugham: *Liza of Lambeth* (1897), *The Hero* (1901), *The Explorer* (1908), *The Magician* (1908), *Of Human Bondage* (1915), *Moon and Sixpence* (1919); H. G. Wells: *The Wonderful Visit* (1895), *The Time Machine* (1895), *The Island of Doctor Moreau* (1896), *The Wheels of Chance* (1896), *The Invisible Man* (1897), *The War of the Worlds* (1898), *When the Sleeper Wakes* (1899), *Love and Mr. Lewisham* (1900), *The First Men in the Moon* (1901), *The Sea Lady* (1902), *The Food of the Gods and How It Came to Earth* (1904), *A Modern Utopia* (1905), *Kipps* (1905), *In the Days of the Comet* (1906), *The War in the Air* (1908), *Ann Veronica, a modern love story* (1909), *Tono Bungay* (1909), *The History of Mr. Polly* (1910), *The New Machiavelli* (1911), *Marriage* (1912), *The World Set Free* (1914), *The Wife of Sir Isaac Harman* (1914), *Boon* (1915); J. Galsworthy: *The Country House* (1907), *The Patrician* (1911), *The Dark Flower* (1913), *The Freelands* (1915), *Beyond* (1917), *Saint's Progress* (1919), *To Let* (1921); E. M. Forster: *Where Angels Fear to Tread* (1905), *The Longest Journey* (1907), *A Room with a View* (1908), *Howards End* (1910); V. Woolf: *The Voyage Out* (1915), *Night and Day* (1919), *Monday or Tuesday* (1921), *Jacob's Room* (1922); D. H. Lawrence: *The White Peacock* (1911), *The Trespasser* (1912), *Sons and Lovers* (1912), *The Rainbow* (1915), *Women in Love* (1920), *The Lost Girl* (1920), *Aaron's Rod* (1922).

第5章
現代アメリカ英語の二重コピュラ構文
再分析、構文拡張、談話構造の観点から*

柴﨑礼士郎

1. はじめに

　コミュニケーションに重点を置いた英語指導法が注目を集めており、2013年度から実施されている文部科学省学習指導要領の新課程からもその動向は明らかである。新課程7科目中4つの科目に「コミュニケーション」が含まれている（ただし、実質的な学習内容については注意を要する。佐藤（2013）を参照）。近年は特にその傾向が一般向け英語学習書にも顕著にあらわれている。例えば、大西・マクベイ（2011）は「話すことを前提とした」英文法学習書であり、内田（2009）は談話表現に特化した辞書として編まれている。瀬戸・投野（2012）の編纂過程も興味深く、多義性を詳細に分析するだけではなく、コーパスに基づくコロケーションの入念な研究成果も見逃すことのできない内容となっている。その他、英語学の研究成果を英語学習・英語教育へ応用発展させる意図を読み取ることのできる刊行も多く（e.g. 滝沢2006、堀2011、塚本2012)、英語学と英語教育学（あるいはより広く言語学と応用言語学）との間での学問的交流も深まりつつある印象を受ける。

　こうした時流の中で、以下のような表現群も、大学受験用参考書、一般向け英語学習書あるいは大学生用の英語学習テキストにも散見するようになってきている。以下、該当箇所は斜体で提示する。

(1) *The trouble is that* [*The trouble is,*] it costs too much.
「問題は、費用が嵩むところだ」　　　　（高橋・根岸1999: 391）
(2) *The fact is* he accepted money from companies who appeared on his show.
「実のところ、彼は出演していた番組会社から金を受け取っている」

（秋葉・森 2010: 105）

(3) *The thing is that* I am tired.「実は疲れています」

（鈴木・三木 2011: 103）

(4) *The catch is*, however, *that* to collect the lottery money, people must first pay an administration fee or send the spammer money before the lottery winnings can be forwarded.
「しかしながら落とし穴となるのは、抽選クジ用のお金を集めるために、まず手数料を払わねばならず、あるいは、賞金が発送される前にスパム業者へお金を送らねばならない点である」

（リベラー・根間 2009: 22）

(5) *The bottom line is that* even if a government spent all of its money on its health service, it would not be enough.
「要するに、政府がすべてのお金を医療サービスに費やしたところで、決して十分ではないのだ」　　　　　　　　（Sellick et al. 2013: 39）

　　鈴木・三木（2011）は他の関連表現も多数取り上げており（e.g. the point is that…、the problem is that…、the rule is that…、the truth is that…、the rub is that…, etc.）、「すべてが画一的に that の省略や the の省略が生じるかどうかは不明だが、口語では、その方向に向いているのは間違いない」（鈴木・三木 2011: 107）と結論付けている。つまり、(1) の言い換え表現にあるように、後節から切り離される可能性が指摘されているだけではなく、これら諸表現が「(the +) 抽象名詞 + is (+ that)」として包括できる慣用表現として示唆されているのである。

　　勿論、こうした諸表現が全て同時期に発生した訳ではない。例えば、(the) chances are (that)「たぶん〜であろう」は19世紀初頭以降に本格的発達が確認でき（柴﨑 2014e）、初期の頃は意図する蓋然性を明示するために the chances are four in five that…「5 分の 4 の 確 率 で」（J. Q. Adams Rep. *Weights & Meas.* 1821; *OED*＊1, s.v. *mill*)、the chances are five hundred to one that…「500 分の 499 の確率で」（*Southey Doctor* liii. 1834（1862）; *OED*, s.v. *scoundrel*)、the chances are a hundred to one that…「ほとんど確

かで、九分九厘」（*The Bible in Spain*（s）1842; CLMETEV）のような多様性が確認でき、約200年を経て（the）chances are（that）が頻度面から見て一般化している。一方、(5) に取り上げた（the）bottom line is（that）「結論を言えば（that 以下）である」は直近の過去数十年に生起して一般化した表現であり、*Online Etymology Dictionary* ではこの意味での bottom line の初出を1967年としている*2。瀬戸・投野（2012: 250, s.v. *bottom line*）では the bottom line is（that）を「結局［つまるところ］…」とし、安藤（2011: 171, s.v. *bottom* 1）でも「《米》結局［つまるところ］…、要するに」としている。つまり、the bottom line is（that）は話者の見解を含む後節の直前に生起し、談話上の重要事項へ（対話者）の注意喚起を促す機能を果たしていることが分かる。

　Biber et al.（1999: 448）によれば、(3) で取り上げた the thing is は会話ジャンルの場合100万語当たり20回以上の頻度で確認できるとあるが、筆者の調査では学究的ジャンルでの使用は相対的に少ない。更に、but the thing is や the only thing is のような表現を「語彙的塊」（lexical bundles）と呼び、それらを「節の断片」（clausal fragments）とみなしている（ibid.: 1005）。こうした一連の調査結果から、関連表現を考察する場合にも会話ジャンルでの振舞い方の分析が必要であると結論付けている。一方で、trouble, fact, thing 等の名詞群の抽象度にも差異が認められるのも事実である。例えば (2) の場合、the fact is は統語的に主節と判断することも可能ではあるが、「実際には、実は」というモダリティ解釈も可能である（大室2005）。

　こうした先行研究では、上掲表現群の形態統語的縮約に注目する傾向にあり（Biber et al. 1999、鈴木・三木2011）、これまでの文法化研究の動向からも自然な流れと言える（i.e.「文法化減少説」（grammaticalization reduction、GR）in Traugott and Trousdale 2013: 96–112；本論集の第1章にも詳しい）。一方、本稿でも以下のような関連表現を取り扱うものの、当該表現の言語的拡張に注目し、「文法化拡大説」（grammaticalization expansion, GE）in Traugott and Trousdale（2013）; Himmelmann（2004, 2005）に関

しては後述する）を検討する。

(6) *The trouble is, is that* they're now of an age where they can read the newspapers, ...
「困ったことに、彼らはもう新聞を読める年齢だ」
(1994 COCA: SPOK, *CBS Morning*)

(7) *The fact is is that* jobs are the most important issue in this country.
「実際、仕事はこの国で一番重要な課題だ」
(2010 COCA: SPOK, *CBS News Morn*)

(8) ...Now *the thing is is that* is this going to change, are we going to renew the program?
「今となって重要なのは、事態が変わるのか、それとも、我々がプログラムを改めるのかだ」
(2009 COCA: SPOK, *NBC Today*)

(9) *The catch is, is that* the term invasive is often used not too discriminately.
「落とし穴は、侵略的という用語がそれほど差別的でなく頻繁に用いられていることだ」
(COCA; SPOK, *NPR Science*)

(10) *The bottom line is, is that* the budget hasn't been completed.
「要は、予算はまだ履行されていない」
(2011 COCA: SPOK, *ABC This Week*)

上掲表現に共通する特徴はコピュラの二重使用である。文法的には一見不要と思われるためか（1）–（5）を掲載する書籍にも説明書きはなく、大学受験や英語学習への過渡な負担や説明し難い現象を排除するという意図も読み取れる（次節も参照）。しかし、この言語現象は口語表現として確立している事実は否めず、例えば、以下のヒラリー・クリントン氏の発言からも明らかである（第4.3節では就任前のオバマ現大統領の例も取り上げている）。

(11) The ratio is is that... 「その割合と言えば…」 (from Hillary Clinton's speech to the American Hospital Association, CNN's *Early Prime* news

broadcast, 9 Aug. 1993; Shapiro and Haley 2002: 305)

　こうしたコピュラを重ねて用いる現象は、'double IS'、'reduplicative copula'、'two-"be" (2-B)' 構文などと名付けられており、断続的ではあるが研究も重ねられている（e.g. Bolinger 1987、Tuggy 1996、Massam 1999、Shapiro and Haley 2002、Curzan 2012 and references therein、Coppock et al. forthcoming）。本稿では同現象を「二重コピュラ構文」と捉え関連諸表現をまとめるカバー・タームとして文法化の観点から考察し、特に「語用論標識」（pragmatic marker）としての談話機能を中心に分析する（第4.3節）*3。尚、本稿では語用論標識を以下の様に定義する（関連用語の説明については秋元2010および注6を参照）。

(12) 語用論標識（pragmatic marker）。
　　　当該節の必要要件以外の要素であり、命題的意味は減少し、テキスト的且つ対人関係的に機能するもの。

　本稿の構成は以下の通りである。第2節では関連研究を概観し、特に、Schmid (1999, 2000) の提示する 'shell nouns'（以下「貝殻名詞」と試訳）と貝殻名詞構文（以下「SN構文」）を取り上げ、二重コピュラ構文の談話基盤性を確認する。第3節では複数のコーパスを用いて二重コピュラの実態を提示し、第4節では the fact is is (that) の談話機能を考察し、現代英語における機能・言語変化の実態を確認する*4。第5節はまとめである。

2. 研究の背景

　名詞（句）研究の歴史も古いが、本節ではSN構文および二重コピュラ構文に関連する名詞（句）研究を紹介する。例えば、以下のようなものが知られている。尚、日本語訳は柴﨑による試訳である。

(13) a.　General noun「一般名詞」　　　(Halliday and Hasan 1976)

b. Anaphoric nouns「前方照応名詞」 (Francis 1986)
c. Carrier nouns「運搬名詞」 (Ivanič 1991)
d. Shell nouns「貝殻名詞」
 (Hunston and Francis 1999、Schmid 1999, 2000)
e. Numerative/catch-all nouns「序数名詞／汎用名詞」
 (Hinkel 2001)
f. Signalling nouns「信号伝達名詞」
 (Flowerdew and Forest 2014)

　こうした研究報告は特に応用言語学で目立つ。また、Ivanič (1991: 109) が指摘するように、異なる用語で研究が進められてはいるものの、こうした名詞群は可変（variable）と不変（constant）の意味を持ち、そのうち可変的意味は用いられるコンテクストに依存している点で共通の性質を備えている。(3) の例を用いれば、the thing is の不変的意味は「実は」、可変的意味は後節の「（私は）疲れています」ということなる。Aktas and Cortes (2008: 4–5) によれば、concept、fact、idea、issue、result、reason、problem 等が広く分析されているようであるが、質量ともに踏み込んだ二重コピュラ構文研究は前掲の Curzan (2012) を除けば皆無に近く、理論言語学と応用言語学の橋渡しはまだ蜜月を迎えているとは言い切れない。しかし、前節でも述べたように、英語学習の効率を考えた場合、文法的に説明可能な範囲を逸脱する事象は積極的に取り上げていないだけとも思われる。
　理論的枠組みとして、以下 Hunston and Francis (1999) と Schmid (1999, 2000) によって提唱された「貝殻名詞」という概念を紹介する。貝殻名詞とは機能的に定義付けられる開放型の抽象名詞であり、複雑な命題内容に対して、程度の差こそあれ「概念の外枠」（'conceptual shells'、つまり「貝殻」）として用いることが可能なものである（Schmid 2000: 4）。再び (3) の例を用いれば、the thing is が貝殻部分であり、「（私は）疲れています」が貝殻の中身（'shell content' in Schmid (2000: 7)、つまり貝の肉）に相当する。理論的基盤として貝殻名詞を採用する理由は、該当する 670

もの名詞を分析した Schmid（2000）が非常に体系的である点に加え、Schmid（2000）の名詞リストに基づく名詞（句）の分類研究も報告されており、理論言語学だけではなく応用言語学への影響も推し量ることができるからである（e.g. Gray 2010、Lin 2012）*5。更に，本稿で取り上げる「二重コピュラ」現象も（僅かではあるが）取り上げられている（Schmid 2000: 95, 105, 338）。尚、Flowerdew and Forest（2014）は Flowerdew（2003）を発展させたものであり、特に談話上の節横断的（cross-clausal）機能を重視している点は、Schmid（2000）の発展的研究とも考えられる。第4.3節で提示する事例研究および Shibasaki（2014b, 2014g）等も、談話上の情報連鎖・構文連鎖に重点を置く Schimid（2000）の発展的研究である点を明記しておく。

　ここで Schmid（2000: 22）が提示する SN 構文を紹介する（表1）。表1は、Schmid（2000: 22）から抜粋した SN 構文の4形式を、Aktas and Cortes（2008: 5）に基づき各々の中心的談話機能である後方照応（cataphoric）と前方照応（anaphoric）の2機能に分類して加筆を施してある。表中の例文では、太字部分が貝殻名詞を表しており、斜体部分は貝殻名詞の具体的内容を示す謂わば貝肉の部分（shell content）を表している*6。後方照応機能型および前方照応機能型ともに2形式の SN 構文が存在する。一方、前者にはそれぞれ3形式の下位構文が存在するが、後者には下位構文がない。前述のように、本稿では fact を伴う後方照応機能型の N-*be-that* 形式に注目し、特に現在形の二重コピュラ構文の談話機能を分析する*7。

表1　SN構文の4形式（Schmid 2000: 22、Aktas and Cortes 2008: 5）

Function	Pattern	Abbreviation	Example
Cataphoric	Shell noun (N) + post-nominal clause	N+cl	Mr. Bush said Iraq's leaders had to face **the fact** *that the rest of the world was against them.*
	Variants: *that*-clause,	N-*that*	
	to infinitive-clause,	N-*to*	
	wh-clause	N-*wh*	
	Shell NP + *be* + complementing clause	N-*be*-cl	**The advantage** *is that there is a huge audience that can hear other things you may have to say.*
	Variants: *that*-clause,	N-*be*-*that*	
	to infinitive-clause,	N-*be*-*to*	
	wh-clause	N-*be*-*wh*	
Anaphoric	Referring item + (premod) + shell noun	*th*-N	(*Mr. Ash was in the clearest possible terms labelling my clients as anti-semitic.*) I hope it is unnecesssary to say that **this accusation** is also completely unjustified.
	Referring item as subject + *be* + shell noun (phrase)	*th*-*be*-N	(*I won the freshmen's cross-country.* -Mm.) *That was* **a great achievement**, *wasn't it?*

3. アメリカ英語における二重コピュラ構文の実態

　表2は二重コピュラ構文とともに用いられる貝殻名詞のうち、二桁以上の素頻度が確認できたものに限定してまとめたものである。使用コーパスはCOCAである。重複するコピュラが連続表記のもの（the SN + is is that/, ...）とカンマで区切られているもの（the SN + is, is that/, ...）とが存在する。一方、the SN is is, that/, ... や the SN, is is that/, ... のように、カンマの位置が異なる区切り表現は確認できなかった。この点からも、the SN is の固定化の度合いを推し量ることができる（第4.4節で詳しく論じる）。

　書き起こされたデータには編集者の意向が反映されるものもあり、必ずしも一次資料に忠実とは言えず（Horobin 2012）、特に18世紀以前のものはその傾向が強い（Parkes 1992）。しかし本稿で取り上げる二重コピュラ構文は、COHAを用いて調べてみると3例しか見つからず（the question is, is that が1840年代と1900年代に

それぞれ1例ずつ、the reason is, is that が1830年代に1例)、構文としての本格的発達は過去数十年の間ではないかと予想される。カンマ無しの連続表記の例（the SN + is is that/, ...）は確認できなかった。つまり、句読法の問題は回避でき、逆に、2つのコピュラの間に見受けられるカンマにポーズが存在することが読み取れ、Tuggy（1996: 728-729）の指摘する「どもり」(stuttering)、「躊躇」(hesitation)、「聞き漏らし」(mishearing) などと関係していると思われる。

表2　二重コピュラ構文に用いられる貝殻名詞：COCA の場合（最終アクセス：2014/08/17）

	the SN + is is that/, ...	the SN + is, is that/, ...	Total
1. fact	33	62	95
2. problem	29	52	81
3. truth	20	29	49
4. point	11	36	47
5. reality	17	18	35
5. thing	15	20	35
7. bottom line	7	17	24
8. question	0	13	13
9. issue	4	6	10
10. reason	5	5	10
11. difference	5	4	9
others *8	17	24	41
Total	163	286	449

　表2の使用頻度から判断すると、二重コピュラ構文に用いられる貝殻名詞は非常に限られており、Schmid（2000: 95）も指摘するように、二重コピュラ構文は SN 構文の中の周辺事例とも言える*9。収録語彙数が約25万語（c. 249,000 words）と比較的少ない SBCSAE では、二重コピュラ構文は確認できなかった点も付記しておく。更に、構文的意味を備えている名詞は高頻度のものに限定されているとも判断できる。例えば、貝殻名詞の中でも最も意味の抽象度が高いと思われる thing で考えてみると、the thing is (that)

は「実は、重要なのは、本当は、肝心なのは、どういうことかというと、etc.」などコンテクストに依存する多様な解釈が可能であり、語彙的意味の残存度は皆無に近い＊10。この意味で、高頻度で生起する貝殻名詞は、文法化を決定付ける「意味的・語用論的拡大」（semantic-pragmatic expansion）を遂げている（Himmelmann 2004: 32; 2005: 83）。一方、低頻度でしか確認できない「その場限りの」（ad-hoc）例は、語彙的意味を強く残すのみで構文的意味を派生させておらず、たまたま SN 構文内で用いられているに過ぎない。換言すれば、二重コピュラ構文内に階層性が確認でき、階層の下位に位置付けられる部分は常に新しい表現を生み出す開放性（open-endedness）を特徴とする一方、完全な文法化には至っていない（4.5 節を参照。頻度の重要性については Bybee（2010）も参照）。

　鈴木・三木（2011: 107）の指摘するように、SN 構文では補文化辞 that や冠詞 the の省略が進んでいる可能性は否めない。だとすると、関連構文の一つである二重コピュラ構文でも同様の傾向が確認できるのであろうか。この点を中心に、次節では the fact is is（that）の事例研究を提示する。尚、COHA における二重コピュラ構文は僅か 3 例であった点は既に述べた通りである。そこで次節以降の事例研究では COCA を用い、二重コピュラ構文における文法化の進行度合いを提示する。

4. 事例研究　*the fact is is*（that）

　本節では、二重コピュラ構文 the fact is is（that）とその異形態を考察する。構文の関係性がより明確になるように対応する SN 構文 the fact is（that）も取り上げ、構文的特徴を分析する。

4.1　現代アメリカ英語における構文分布状況

　表 3 は、貝殻名詞 fact を含む SN 構文、および、2 形式の二重コピュラ構文の使用頻度をまとめたものであり、数値は素頻度を表している。「…」は該当する例が無いことを示しており、「Ø」は冠詞

the あるいは補文化辞 that の省略を意味している。

　一見して非常に偏った言語変化の現状であることが分かる。SN 構文の場合、the fact is that と the fact is Ø に偏向しており、Ø fact is Ø も使用されてはいるものの頻度は高くない。また、Ø fact is that の用例が 2 件しか確認できない点も興味深く、相当する二重コピュラ構文 Ø fact is is that と Ø fact is, is that の例は皆無である。統語形態と言語変化の可能性に相関関係があるのは明らかである。

表 3　名詞 fact を含む SN 構文と二重コピュラ構文：COCA の場合（最終アクセス：2014/08/19）

	構文形式	1990–1994	1995–1999	2000–2004	2005–2009	2010–2012	Total
SN構文	the fact is that	317	207	159	151	75	909
	the fact is, that	8	8	5	2	2	25
	the fact is Ø	201	168	172	128	93	762
	Ø fact is that	…	…	1	1	…	2
	Ø fact is Ø	27	33	31	25	7	123
	小計	553	416	368	307	177	1821
二重コピュラ構文①	the fact is is that	13	12	2	4	2	33
	the fact is is Ø	1	…	…	…	…	1
	Ø fact is is that	…	…	…	…	…	…
	Ø fact is is Ø	…	…	…	…	…	…
	小計	14	12	2	4	2	34
二重コピュラ構文②	the fact is, is that	9	10	3	18	22	62
	the fact is, is Ø	1	2	1	3	2	9
	Ø fact is, is that	…	…	…	…	…	…
	Ø fact is, is Ø	…	…	…	…	…	…
	小計	10	12	4	21	24	69

　更に興味深いのは、SN 構文では冠詞 the あるいは補文化辞 that（あるいはその両方）を省略することが可能であるが、二重コピュラ構文の場合にはどちらの省略も確認できない傾向が非常に強いことは表 3 から明らかである（第 4.4 節を参照）。二重コピュラ構文は SN 構文から派生した一形式だとすると、that を保持する性質は the fact is 部分を主節と解釈する手掛かりとなる。一方、the fact is, is that の構造からも分かるように、the fact is, 部分は単体要素と再分析され、2つ目の is の主語とも判断できる。ポーズを挟むと推測されるカンマが存在する点は、二重コピュラ構文が語用論標識の性質を担っていると見做すことも可能である。

　二重コピュラ構文の変化も興味深い。コピュラがコンマ無しで連続生起する形式（the fact is is that）は減少傾向にあるが、カンマで区切られている形式（the fact is, is that）は 21 世紀以降増加傾向にある。即断はできないが、Tuggy（1996）の考察にあるように、発話者の躊躇などがポーズとして統語形態に顕在化しつつあるのかもしれない（Dehé 2014 も参照）。

　次節以降、表 3 から読み取れる上掲の内容を中心に分析するが、その前に、高頻度で生起する the fact is that と the fact is Ø に注目してジャンル毎の分布状況を提示しておく。まず、SN 構文の場合のジャンル毎の頻度は、「話し言葉」（spoken）で 59.1%（1671 例中 987 例）、「小説」（fiction）で 5.9%（1671 例中 99 例）、「雑誌」（magazine）で 17.3%（1671 例中 289 例）、「新聞」（newspaper）で 8.7%（1671 例中 146 例）、「学術分野」（academic）で 9.0%（1671 例中 150 例）であった。話し言葉ジャンルで使用される傾向が強い点は Biber et al.（1999）の調査結果と相反しないが、the thing is（that）に比べると the fact is（that）はより広範なジャンルで用いられていることが分かる。ただし、アメリカ英語における the thing is（that）の分布は the fact is（that）と同様、話し言葉を中心に広範な使用が確認できる（Shibasaki 2014a）。他方、二重コピュラ構文の 2 形式は全て「話し言葉」で用いられている。つまり、二重コピュラ構文を使用頻度およびジャンルの両側面から判断する場合、SN 構文の周辺事例と言え（Schmid 2000: 95）、同時に当該構文内の階層性を裏付けているとも判断できる。

4.2　構文と修飾要素

　SN 構文と二重コピュラ構文は名詞句を中心とした構文と（も）見做せ、名詞は文法的に修飾要素を伴うことができる。本節では、両構文の名詞修飾要素を概観することで、構文としての拡張の度合

い、あるいは、固定化の度合いを考察する。

　二重コピュラ構文に用いられていた修飾要素は、(14)にあるultimateだけであった。カンマで区切られているthe fact is, is thatの場合でも修飾要素は確認できない。

(14) So those are the arguments. Waiting for the Supreme Court justices to decide what to do. *The ultimate fact is is that* they could decide this election.
　　「そういう訳で、これらが論争の種だ。なすべきことを最高裁判事に判断してもらうのを待つこと。しかし究極の事実は（the ultimate fact is is that）、彼らがこの選挙を決定できたってことだ」
　　　　　　　　　　　　　　　(2000 COCA: SPOK, *CNN Live Sat*)

　検索データから判断するに、二重コピュラ構文は後続の情報を導入する機能に特化しており（第4.3節）、現時点では修飾要素の必要性が無い、あるいは、一つのチャンクとして固定化されているとも解釈できる（第4.4節）。尚、Bybee (2010: 7, 34) によれば、チャンク化（chunking）とは共に用いられる一連の構成単位がより複雑な構成単位を作り出すプロセスであり、構文（constructions）や定型表現（formulaic expressions）などの形成に不可欠と説明されている。また、チャンク化には当該表現の反復使用（repetition）が関係しており、チャンク化に伴って、（対話者は）次に何が来るかを予測することも可能となる（第4.3節も参照）。

　一方、SN構文に用いられる修飾要素は多岐に渡っている。Ø fact is that/, ... の場合には修飾要素が6種類のみのため、それぞれ上位6種類を表4に提示する。Xは修飾要素を示し、括弧内の数値は素頻度を示している。尚、表4にはfact is, ... のような例（つまりX = Øの場合）も含めたが、複数の修飾要素がfactと生起する例は除外した（e.g. the most important fact is that...）。表4および注11から、SN構文は修飾要素とともに構文を拡張させつつあることは明白である一方、二重コピュラ構文の場合、現時点では構文的拡張には至っていない。尚、本稿では、fact is, ... のようにthe も

thatも伴わない事例も統語的縮小を被りつつ、構文全体の下位を拡張するものと捉える。

表4 SN構文におけるfactの修飾要素：COCAの場合（最終アクセス：2014/08/20）

	the + X + fact is that/, ... *11	Ø + X + fact is that/, ...
1	*simple*（30）	Ø（65）
2	*sad*（19）	*hard*（4）
3	*plain*（10）	*another*（1）, *political*（1）, *one*（1）, *simple*（1）
4	*hard*（8）	N/A
5	*first*（4）	N/A
6	*sobering*（3）, *startling*（3）, *unfortunate*（3）	N/A

4.3 語用論標識と談話構造

前節では、貝殻名詞を修飾する要素の観点から、SN構文と二重コピュラ構文の構文的拡張の異なり具合を確認した。つまり、後者には修飾要素を伴う程度まで構文が発達していない、あるいは、修飾要素を受け入れないほど固定化が進んでいると解釈できた。

では、談話の中における両構文の生起位置はどうであろうか。本稿における分析結果を提示する前に、関連する先行研究を紹介する。大室（2005）は以下のような例文を用いてthe fact is (that) の統語的・意味的拡張を論じている。

(15) *The fact is that* nobody knows.
　　「事実は誰も知らないということです」「実は、誰も知らないのです」
　　　　　　　　　　　　　　　　　　　　　　　　　　　　（大室 2005: 4）

(16) *The fact is*, nobody knows.
　　「実は、誰も知らないのです」
　　　　　　　　　　　　（Bolinger 1972: 67; 大室 2005: 4; 日本語訳は柴﨑）

(17) Nobody, *the fact is*, knows.
　　「誰も、実は、知らないのです」　　（大室 2005: 4; 日本語訳は柴﨑）

(18) Nobody knows, *the fact is*.

「誰も知らないのです、実は」
(Bolinger 1972: 67; 大室 2005: 4; 日本語訳は柴﨑)

以下、大室(2005)に従って説明する。まず、(15)の文は多義である。一つの解釈は「事実は誰も知らないということです」であり、もう一つの解釈は「実は、誰も知らないのです」とするもので、後者の場合、the fact is をモダリティ要素と判断できる。つまり、構造上は the fact is が主節であるが、意味の上では従属節ともとれ、形と意味のミスマッチが生じる。そこで、(15)の例文を(19a)の統語構造と捉えてみる。

(19) a.　[S　　The fact is that　　[S　nobody knows.　]]
　　 b.　[SAdv　The fact is that　]　[S　nobody knows.　]

(大室 2005: 4)

すると、モダリティの意味をも表す the fact is を(19b)のように再解釈することが可能となる。結果として、the fact is that が文副詞(SAdv = sentence adverb)相当として見做され、従属節を導くための that は不要となり、(16)の例文が可能となる(cf. Bybee 2001)。

更に、修飾要素になった the fact is は統語的自由度を増して、(17)や(18)のように文中・文末への移行も可能となる。また、副詞としての機能が確立するのであれば焦点化された要素の前にも生起可能となり、(20)のように前置詞句の直前にも現れることが可能である(出典は不明)。

(20) The chapter was basically written in the late 1950s, *the fact is*, in 1958–1959, around then.
　　「その章は基本的には1950年代後期に書かれたもので、現状を見れば (the fact is)、1958年から1959年に掛けてか、その頃だ」

(大室 2005: 4; 日本語訳は柴﨑)

大室（2005）がこのように論じる根拠は、(21) のアガサ・クリスティ（Agatha Christie）からの例にある。大室（2005: 4）自身も「大変珍しい例」と認めているように、time enough to leave... の間に割り込むように the implication is が生起している。（COCA では類似する例を確認できなかった。）該当箇所を斜体にして提示する。

(21) And they've been checking up on things, and it seems that I took too much time between the lodge and the house–time enough, *the implication is*, to leave the car, run around the house, go in through the side door, shoot Christian and rush out and back to the car again.
「そして彼らは念入りにロッジと家の間を、私だったら時間を掛け過ぎというほどに調べていた。どうやら（the implication is）、車を止め、家の周りを走り、横手の入り口から侵入し、クリスチャンを撃ち、急いで飛び出し、再び車に戻るのに十分な時間だったようだ」（Agatha Christie 1954, *They Do It With Mirrors*; 大室 2005: 4; 日本語訳は柴﨑）

大室（2005）の考察は非常に示唆的であり、特にコーパス利用が現在ほど広まっていない時代に、入念なテキスト調査に基づき貴重なデータを探り当てた点は奇跡的とも言える。この稀有なデータに基づいて（15）–（18）の再分析を試みた点も鋭く、筆者の調査でも（15）から（16）への変化は確認できている（Shibasaki 2014b: 106–107）。

先見の明のある一方で、現時点では（17）および（18）の統語的自由度を裏付ける事例は確認できていない。Aijmer (2007) でも文中・文末の事例は指摘されておらず、関連する SN 構文を調査した Shibasaki (2014a, 2014b, 2014c)、柴﨑（2014d）、柴﨑（2015）でも文中・文末の事例は確認できていない。二重コピュラ構文についても結果は同じである。第2節の表1に示した通り、前方照応的に SN 構文を用いる際には、th-be-N の例として that's a/the fact が発達している。しかし、こうした事実をもってしても、

謂わば先駆的とも言える大室（2005）の研究の質が損なわれる訳ではない。つまり、評言節のような統語的自由度を今後担う可能性は否定できないからである。事実、Aijmer（1996: 221）でも、the fact is の談話機能を前方指示的（pointing forwards）だけではなく後方指示的（pointing backwards）ともしている。

　それでは、本稿で用いた COCA から検出できたデータを基に、語用論標識としての the fact is (that) および the fact is is that の談話機能を見ていく。まずは（22）を考察する。

(22) *You know*, in debating this thing in recent days, *people say*, other pundits will say, *you know*, ordinary people like us aren't represented in the debate. *Well*, *the fact is*, we're not ordinary, *you know*. We can write articles and get on TV any time we want.
「当り前だけど（you know）、最近この手のことを論じる時、噂では（people say）、専門家の中には、ほら（you know）、私たちのような一般大衆は議論に参加できないって人もいますよね。でも（well）、実際のところ（the fact is）、私たちは世間一般の人ではないでしょう（you know）。記事も書けば出たい時にテレビにも出られるしね」

(2001 COCA: SPOK, *CNN Reliable*)

　評言節や談話標識として知られる you know が 3 度登場し、それぞれ文頭・文中・文末といずれも統語的位置が異なっている。挿入節ともとれる people say も文中（あるいは、後続する主節の直前という点を考慮すると節頭）に現れている。談話標識あるいは語用論標識の well も文頭に生起しやすいようである（Aijmer 2013: 44）。こうした統語的自由度、あるいは、well や people say のように情報の特定化が難しい点を考慮すると（Schneider 2007: 27–28; cf. Dehé 2014: 10）、the fact is 以外は全て挿入節／挿入句とも判断できる。他方、the fact is は発話者の見解「私たちは世間一般の人ではない」を導入する機能を果たしており、その談話機能を鑑みるに、統語位置は全ての例で固定している。（23）は二重コピュラ構文の

例である。

> (23) COKIE-ROBERTS-1-A# (Off-camera): Right, *I mean* "The New York Time" endorsement referred to her repeatedly as brilliant, *you know*. And that was not nothing to get that endorsement. But *the fact is, is that* he's been a problem.
> 「そう、っていうか（I mean）、『ニューヨークタイムズ誌』は彼女を何度も素晴らしいって支持してますよね（you know）。ああいう支持を得るのに何も無いってことはないですね。でも実は（the fact is, is that）、あちらの方（ニューヨークタイムズ誌）が問題なんだ」
> (2008 COCA: SPOK, *THIS WEEK 10: 30 AM EST*)

　(23) でも同様に、二重コピュラ構文は最も重要な情報の直前に使用されている。逆接の接続詞 but との共起も情報構造の一翼を担っている。一方、you know は文末に用いられて同意を求める対人関係機能を担っている。

　他の挿入節／挿入句と連続して共起する場合もある。

> (24) BARACK OBAMA: *I think*, John, *the fact is, is that* I opposed this war from the start.
> 「今思えば（I think）、ジョン、実のところ（the fact is, is that）私はこの戦争に当初から反対だったんだ」(2007 COCA: SPOK, *NBC Today*)

> (25) TERRY TOLLIVER: *Right, but still, you're, you know, the fact is is that, as I said*, legislation can only go so far...
> 「そう、でもまだ、君は、ほらっ（you know）、実際のところ（the fact is is that）、私が言ったように（as I said）、事はその段階までしか行かないし」
> (1995 COCA: SPOK, *NPR Weekend*)

　(24) は、「実は戦争に反対だった」という大統領就任前のバラク・オバマ氏の発言であることを考慮すると、Tuggy (1996) の指摘するように、発話者の躊躇と二重コピュラの関係性が見えてくる。(25) の場合にも、連続して使用されている垣根表現（hedge）

からも明らかなように、発話者はことばを選んでいる。(25) では、as I said（私が言ったように）が the fact is is の補文内に生起はしているものの、「事はその段階までしか行かない」(legislation can only go so far) という発話者の見解の前に二重コピュラ構文が使用されている。

　こうした情報構造が全ての事例で確認されることから、以下の様にスキーマ化することが可能である。

(26) The fact is that および the fact is is that の談話における統語構造

$$\left[\left\{ \begin{array}{l} \textit{the fact is that} \\ \textit{the fact is is that} \end{array} \right\} + 発話者の見解 (\text{speaker statement}) \right]_{discourse}$$

　　　《情報・話題導入》　　　　　《主要情報》　　　　　　function

　(26) の構造から判断すると、the fact is that および the fact is is that は後節の主要情報を導入する機能を果たしており（'introductory' in Curzan 2012）、発話者のスタンス・マーカー (stance marker) としての役割も担っている。つまり、特定の談話構造において使用が確認できるという意味では Aijmer (2007) の「決まり文句」(formulaic) あるいは Tuggy (1996) の「焦点定型句」(focus formula) とも言え、更に、後続の主要情報を予期する機能に注目すると、Hopper and Thompson (2008) の指摘する「投射・先行機能」(projecting, anticipatory) とも解釈できる。いずれの用語を採用するにしても、その意味するところは構文の談話基盤性であり（柴﨑 2015）、SN 構文および二重コピュラ構文は良き事例となりうる。

　本節の最後として、SN 構文および二重コピュラ構文の談話基盤性を別の角度から考察する。(26) に提示したように、the fact is that および the fact is is that は情報・話題導入機能を果たしている。他方、表1に示したように前方照応型の SN 構文も存在し、例えば、(27) のように that's a fact はその一形態として「情報集約機能」を果たしている。尚、この構文に二重コピュラは確認できなかった。

第5章　現代アメリカ英語の二重コピュラ構文　　165

(27) GINGRICH: Well, let me say, first of all, Roger, I think that Bill Clinton is a terrific professional politician and maybe the most charming Democratic nominee since John F. Kennedy. But *the fact is*, he's promised the big-city mayors $50 billion more for the big cities. *That's a fact. The fact is*, he's talking specifically about raising taxes on people who've been successful. *That's a fact.* I'm not making any of this up. And *the fact is*, if you look at any pay-or-play plan that meets what Clinton has described, it's about a 9-percent payroll tax on small business.

「そうだね、ロジャー、まず、ビル・クリントンはズバ抜けて職業的な政治家で、ことによると、ジョン・F・ケネディ以来の最も魅力的な民主党指名者かもしれない。でも実際（the fact is）、彼は大都市の市長に大都市のためにと更に500億ドルを約束した。事実です（that's a fact）。実際（the fact is）、彼は富裕層に対する税金を上げると明言しているし、それも事実だ（that's a fact）。何も話を作ってはいない。実際（the fact is）、クリントンが説明してきた（健康保険に関する）'pay-or-play'計画を見れば、それが中小企業にとって約9％の賃金税って分かる」 (1992 COCA: SPOK, *CNN King*)

(27)には、the fact is で始まる情報が3つ盛り込まれており、うち最初の2例は that's a fact で締め括られている。視覚的にまとめ直すと以下のようになる。

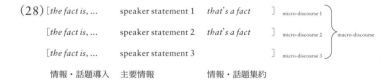

発話者は、ビル・クリントン元大統領の言動を事実として説明しており、談話の流れは主要な情報毎に the fact is と that's a fact で見事なまでに構造化されている。第2節で Ivanič（1991: 109）の

見解を紹介したが、主情報である発話者の見解は特定の発話状況下に関連する一時的なものである（Schmid 1999: 113）。その意味で、発話者は the SN is（that）と that's a/the SN という話題の前後に固定して配置される構文を使用し、刻々と変化する談話に応じて適切な構文連鎖を繰り返し、談話の流れを主体的に作り上げている。更に言えば、構文による情報のパッケージ化により、対話者への情報伝達がより効果的になっている。結果的に確認されうる（27）および（28）のような談話構造は、対人関係に根差した正に構文の談話基盤性を裏付けている*12。

4.4　構文再分析とその制約

SN 構文が主節から文副詞相当へ再分析される点は（19）で取り上げた。本節では、the fact is that が the fact is is that へと再分析されるプロセスを考察する。

二重コピュラ構文の表記には制限があることを第 3 節で指摘しておいた。確認可能な表記と確認不可能な表記を（29）にまとめてみる。「*」は確認不可能な表記を表す。

(29) the SN is is that/, ..., the SN is, is that/, ..., *the SN is is, that/, ..., *the SN, is is that/, ...

確認可能な 2 者の表記に共通するのは、the SN is が一つのチャンクになっている点である。表 3 からも分かるように、特に後者の the SN is, is that/, ..., は 21 世紀以降増加傾向にあり、the SN is の固定化のほどが窺われる。第 4.2 節でも取り上げたが、二重コピュラ構文には修飾要素がほとんど用いられない点も、チャンクとしての固定化を支持できる。逆に、確認不可能な表記からも、*the SN is is や *the SN をチャンク化できないことも推し量れる。

データに基づく解釈を図示すると以下のようになる。PM = pragmatic marker。まず、（30a）の構造を（30b）と解釈する。そして（30c）のように the fact is のチャンク化が始まり、NP（名詞句）としての解釈も始まる。そこで NP に一致する is が付加されて

(30d)の二重コピュラ構文が生起する。語用論標識を担うNPとして独立性の高いことから、直後にカンマを置いて後続部分と区切ることも可能である。(30d)の解釈はthe fact is is thatがデータ上確認可能な点を、そして（30e）の解釈は、the fact is, is thatがデータ上確認可能な点を支持する。他方、*the fact is is, that/, …および*the fact, is is that/, …というチャンクが確認できない点も（30）から示唆されている*13。

(30) SN構文から二重コピュラ構文への再分析―the fact is is thatの場合
 a. the fact is that S V…
 b. [the fact is]_{main clause} [that S V…]_{subordinate clause}
 c. [the fact is]_{NP} _{main clause} [that S V…]_{subordinate clause}
 d. [the fact is]_{NP} is _{main clause〜subordinate clause} [that S V…]_{subordinate clause〜main clause}
 e. [the fact is]_{NP}, is _{main/subordinate clause〜PM} [that S V…]_{subordinate clause〜main clause}
 f. [[the fact is]_{NP}, is]_{PM} [∅ S V…]_{main clause}
 g. [[the fact is]_{NP}, is]_{, PM} [∅ S V…]_{main clause}

更に、（30f）および（30g）を含めた理由を付記する。表3に示したように、僅かではあるが補文化辞thatを省略している二重コピュラ構文が存在する。(31)に例示する。尚、談話上の構文連鎖については（28）を思い起こされたい。

(31) MCINERNEY: The fact is–that's a good question. But *the fact is, is* they are developing a weapons program.
 「実際それは良い質問だ。でも本当のところ、彼らはある種の兵器計画を展開している」 （2006 COCA: SPOK, *Fox HC*）

（31）は（30f）の事例であり、主節部分が刷新されるにつれ、従属節部分も再解釈され、結果的に補文化辞thatの省略に至っている。では、（31g）はどうなのだろうか。つまり、the fact is, is, …という表記の下、定形節が後続する場合である。残念ながら今

回の調査では確認できなかったが、近い将来確認できる可能性が高いものと判断している。その理由として、以下に示す（32）のような事例が散見し始めているからである。

(32) ELIZABETH-MERTZ-U: There's about 170,000 dentists in the country. *The problem is, is*, they're not distributed evenly in relationship to the population.
「この国には約17万人の歯科医がいる。問題なのは、人口密度に均等に分布していないことだ」　　　(2011 COCA: SPOK, *PBS News Hour*)

　（32）では、二つ目のコピュラもカンマで区切られている。この現象は（31g）に相当しており、つまり、the problem is, is, 部分が語用論標識として独立するにつれて、後続部分も主節としての性質を更に高めていると言える。同様の例は the point is, is, ..., the reason is, is, ... 等にも確認できるが、fact の場合には（まだ）確認できない。尚、全ての二重コピュラ構文において the の省略は確認できなかった点も改めて付記しておく（表3）。

　一方、主節機能の the fact is that が独立した語用論標識 the fact is, ... を派生する再分析は（30）よりもシンプルである。あくまでデータに基づく帰納的解釈であるが、(33b) のように、補文化辞 that は後節の一部と見做す（cf. 大室 2005）。すると (33c) のように、後接との間にカンマが挿入される事実が説明可能となり、(33d) に例示されるように、最終的に語用論標識として the fact is が確立すると補文化辞 that は省略されうる。後接に注目するのも重要である。主節は刷新的（innovative）と指摘されることが多いが（e.g. Bybee 2001）、足並みを揃えて、従属節が主節化する事例も報告されている（Evans 2007）。(33) の事例では、元々主節機能の the fact is の従属節であったものが、主節の再分析に伴い従属節から主節化を果たしている（Higashiizumi 2015 も参照）。SN 構文と二重コピュラ構文は再分析のプロセスが類似しており、両プロセスともに主節を出発点としている。更に、コーパスから得られたデータに基づく結果であることを加味すると妥当性は高い。

第5章　現代アメリカ英語の二重コピュラ構文　　169

(33) SN 構文の主節から語用論標識への再分析―the fact is that の場合*14

    a. the fact is that S V...

    b. [the fact is] $_{\text{main clause}}$ [that S V...] $_{\text{subordinate clause}}$

    c. [the fact is,] $_{\text{main/subordinate~PM}}$ [that S V...] $_{\text{subordinate clause~main clause}}$

    d. [the fact is,] $_{\text{PM}}$ [∅ S V...] $_{\text{main clause}}$

　最後に、構文再分析に伴う制約を見る。SN 構文中の貝殻名詞には、単数形のものだけではなく複数形のものもある。例えば、the odds are that/, ..., the chances are that/, ..., the consequences are that/, ... などが挙げられる。こうした複数形名詞を含む SN 構文も (33) に示した再分析を伴う場合が広く確認される一方で、(31) や (32) の二重コピュラ構文化の事例が確認できない。構文の拡張が滞っている理由を明言することはできないが、恐らく、(30d) の段階で、チャンク化した the SN are を is で受けるか、それとも are を単に重複させるかで認知的制約が加わっているのではないだろうか。図示すると (34) のようになる。(30f) と (30g) に相当するものは省略した。

(34) 複数形名詞を含む SN 構文から二重コピュラ構文への再分析

    a. the SNs are that S V...

    b. [the SNs are]   [that S V...]

    c. [the SNs are] $_{\text{NP}}$ [that S V...]

    d. [the SNs are] $_{\text{NP}}$ is? are? [that S V...]

    e. [the SNs are] $_{\text{NP}}$, is? are? [that S V...]

　2014 年 8 月時点で、複数形名詞を含む二重コピュラ構文の事例が確認できないため即断は避けるが、今後、仮に the SNs are are... が確認可能となれば、[the SNs are] が単数扱いにもかかわらず複数形対応の are が生起する理由により (30) の再考をせねばならない。一方、仮に the SNs are is... が生起するとなれば、(30d) の考察と同じく数の一致が確認でき (30) の再分析を支持するこ

ととなる。近未来の言語変化に注目するしかない*15。

5. まとめ

　上掲議論のまとめとして構文拡張の過程を図示し、事例研究を総括する。時系列に沿った複雑な構文拡張を提示することも大切ではあるが（e.g. Shibasaki 2012）、本稿では多数の構文を同時に取り扱ったこともあり、簡潔にまとめることを優先して（35）を以下に提示する。MOD = modifier（修飾要素）。

（35）the fact is の機能・構文拡張プロセス

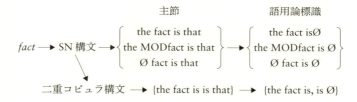

　（35）はSN構文と二重コピュラ構文を中心とし、主節機能から語用論標識へと機能・構文を拡張させていく過程を大筋で捉えたものである。「→」は拡張の方向を表している。第4.1節から第4.4節にかけて論じてきたため繰り返しは避けるが、the fact is は主節から語用論標識へと機能を拡張させ、構文拡張の過程で様々な下位構文を生み出してきた。そして、構文の発達には談話構造が密接に関係しており、とりわけ（26）および（28）に提示した構文連鎖を確認することにより、構文発達の背景にある談話基盤性を垣間見ることができた（第4.3節）。また、二重コピュラ構文の派生には発話者の心理的要因も関係している点も確認した。つまり、重要な見解を提示する際の躊躇、適切なことば選びのための時間稼ぎ等である（第4.3節）。使用頻度の面からも、SN構文から二重コピュラ構文への派生・再分析を裏付けることもでき（第4.1節）、また、二重コピュラ構文は情報・話題導入機能に特化している印象も受け、その根拠として修飾要素をほとんど確認することができない点も明

らかとなった（第4.2節）。二重コピュラ構文化した the fact is is が修飾要素を伴い難い点は、fact の名詞性喪失とも解釈できる。つまり、「脱カテゴリー化」（'decategorialization' in Brinton and Traugott 2005: 110）と見做すことができ、文法化の特徴を表している。一方、the fact is がチャンク化することにより再分析が起こり、もう一つのコピュラが重複される可能性を提示した（第4.4節）。元の SN 構文 the fact is は保持されつつ、新たに二重コピュラ構文が派生された点は Himmelmann（2004, 2005）の「ホストクラスの拡大」（'host-class expansion'）の好例と判断できる。下位構文の中には、the fact is that から Ø fact is that あるいは Ø fact is Ø へと変化する一見縮小と思われる事例もあるが、(35) に提示した構文拡張の全体像から見ると、談話レヴェルでの機能拡張を伴う中での形態統語レヴェルでの縮小と解釈でき、本事例に関しては「文法化拡大説」を裏付ける結果となった。

　歴史語用論が注目を集めている。過去の特定の時代における言語使用の実態を探るという意味では、本稿で取り上げた SN 構文および二重コピュラ構文も十分守備範囲におさまるものと判断できる。二重コピュラ構文の歴史は浅いため、直近の過去の発達経緯しか確認できないが、SN 構文の場合には、古いものでは後期中英語あるいは初期近代英語まで関連事例を遡ることが可能である（Shibasaki 2014b, 2014g）。今後の課題としては、ミクロのレヴェルでの分析可能性である。つまり、どのような対人関係の中で特定の SN 構文が使用され始めたのか、対話者同士の人間関係（e.g. 階級、年齢、ジェンダー、地域、etc.）はどのようなものか、あるいはより広い社会言語学的視点に立ち、増加傾向にある二重コピュラ構文を発達推進させているのはアメリカ英語の刷新（innovation）と捉えて良いのか、あるいは、世界英語レヴェルでの動向なのか、等である。第4.4節でも述べたが、構文拡張は過去だけではなく今この瞬間にも起こっている。過去から十分に学び、未来を見据えた研究に繋げていきたい。

＊　本稿は、日本学術振興会科学研究費基盤研究（C）「英語史に見る主要部と依存部の競合関係について」（研究代表：柴﨑礼士郎；課題番号：25370569）による補助を一部受けていることを明記しておく。また、本論集への執筆の機会を下さった編者の方々、および、本稿執筆の段階で貴重なコメントを下さった秋元実治先生へ御礼申し上げます。本稿の準備に当たって、ランカスター大学名誉教授ジェフリー・N・リーチ先生（1936–2014）と有益な意見交換ができましたことをここに記し、心より感謝申し上げます。2014年6月9日に明治大学中野キャンパスで開催された講演会後の個人談話の際に、イギリス英語、アメリカ英語、および、世界の諸英語における談話構造のお話で花を咲かせました。また、講演会の場に筆者が持ち込んだリーチ先生の御著書の数々に貴重なサインも頂くことができました。2014年8月19日のリーチ先生の御逝去は正に青天の霹靂であり、御冥福を心よりお祈り申し上げます。そして、拙稿の完成をここに御報告致します。

＊1　本章で用いるコーパスの略記は「コーパス」欄を参照されたい。

＊2　Mark Davies教授からも the bottom line is（that）および that's the bottom line はアメリカ英語であるとのコメントを頂いた（ICEHL-18「第18回国際英語歴史言語学会」、Leuven、Belgium、July 14–18、2014での個人談話）。Aijmer（2013: 3）は、アメリカ英語における語用論標識（pragmatic marker）の刷新（innovation）は、他の英語圏へ広まる傾向にあることを指摘している。一例としては、Mair（2009: 22）の指摘する be like というアメリカ英語の語法がオーストラリア英語やカナダ英語へ伝播している事例が挙げられる。

＊3　第4.4節で詳述するが、COCAおよびCOHAを用いた調査では（最終アクセス：2014年8月13日）、複数形名詞を伴う表現には二重コピュラが確認できない。例えば、先に紹介した（the）chances are（that）の場合には、*(the) chances are are/is（that）、*the chances are, are/is（that）はいずれも確認できない。換言すれば、構文全体が一様に変化するのではなく、恐らく複数形名詞が用いられる場合には構文内部において一定の制約が働いていると考えられる。更なる詳細は柴﨑（2014e）を参照のこと。

＊4　The fact is is（that）に関する考察の一部は Shibasaki（2014c）に基づいている。

＊5　ただし、通時的研究および通言語的研究は進んでいない。英語におけるSN構文の通時的研究としては Shibasaki（2014a, 2014b, 2014c, 2014g）および柴﨑（2015）、ドイツ語におけるSN構文の通時的研究としては Otsuka（2014）を参照されたい。尚、本稿で取り上げる二重コピュラ構文は口語ドイツ語でも確認可能ではあるが、ドイツ語コーパスでは確認できない（大塚瞳氏との私信による）。

＊6　Schneider（2007: 27–28）は、「挿入節／挿入句」（parenthetical）の特徴の一つとして明白なリンク先が無い点を挙げているが、SN構文に関しては shell content の存在する事実から（表1）挿入節／挿入句とは性質が異なる。また、「評言節」（comment clause）が、文頭・文中・文末のどの位置にも生起できるのに対し、SN構文は発話者の見解の直前に生起位置が限定されている点も特徴的である。こうした談話構造を鑑みると、SN構文は話者の見解に先

行して現れるスタンス・マーカーであり、語用論標識と機能を共有する構文と解釈できそうである（第4.1節も参照）。大室（2005）はBolinger（1972: 67）に基づきthe fact isが文中および文末にも生起すると述べるが、本稿で用いたコーパスでは確認できない（この点は第4.3節で言及する）。尚、Thompson（2002）では、補文化辞thatの有無に関わらず、いわゆる評言節に相当する表現は挿入節／挿入句機能を果たしていると説明されている。Traugott（1995: 38）でも、主節としてのI thinkは現在機能変化中であり、統語的自由度の高い挿入構文、そして発話者の認識的態度を表す固定句へと至るとある。

＊7　COCAでは、第4.1節の表3で提示した二重コピュラ構文の過去形（e.g. the/Ø fact was was that…, the/Ø fact was, was that…）は確認できなかった（最終アクセス：2014/08/21）。また、複数形の場合も確認できなかった（e.g. the/Ø facts were were that…, the/Ø facts were, were that…）。

＊8　以下、2種類の二重コピュラ構文に用いられている名詞を提示する。括弧内の数値は素頻度を表している。the SN is is that/, … の例として、advantage（1）、charge（1）、complaint（1）、concern（1）、consequence（1）、danger（1）、deal（1）、disagreement（1）、expectation（1）、fear（1）、gamble（1）、implication（1）、perception（1）、probability（1）、speculation（1）、thinking（1）、trouble（1）があり、the SN is, is that/, … の例として、fear（2）、idea（2）、answer（1）、catch（1）、challenge（1）、consistency（1）、danger（1）、difficulty（1）、explanation（1）、key（1）、irony（1）、law（1）、moral（1）、premise（1）、price（1）、report（1）、situation（1）、standard（1）、theory（1）、thought（1）、trouble（1）、worry（1）がある。

＊9　例えば、Schmid（1999: 128）の用いたコーパス（Bank of English）の場合、SN構文中に最も高い頻度で生起する貝殻名詞とその素頻度が、problem（2672）、thing（1532）、truth（1235）、fact（1218）、trouble（1034）となっている。COCAを用いた検索でも近い結果が出ている（最終アクセス：2014/03/04）。高頻度順に上位10例を挙げると、problem（1696）、fact（1671）、question（1041）、truth（963）、point（739）、reality（540）、thing（460）、esult（374）、difference（311）、trouble（300）である。いずれの場合にも、二重コピュラ構文の使用例とは頻度に雲泥の差がある。

＊10　名詞thingの語源も関係するかも知れない。thingの語源は「集会」（assembly）であり、「人々が意見を交わすところ」から「意見に対して耳を傾ける」などへの意味変化も可能であったと思われる（アリゾナ州立大学Lynn Sims教授との個人談話（2012年4月）による）。英語語源入門書の織田（2011: 118–121）でも、オランダ語のdingや現代ドイツ語のDingに言及しつつ英語のthingが紹介されている。

＊11　the＋X＋fact is that/, … に用いられている他の修飾要素は以下の通りである。括弧内の数値は素頻度である：grim（2）、other（2）、tragic（2）、undeniable（2）、unhappy（2）、astonishing（1）、basic（1）、bedrock（1）、biological（1）、brutal（1）、cold（1）、curious（1）、depressing（1）、disheartening（1）、disquieting（1）、disturbing（1）、extraordinary（1）、great（1）、historical（1）、humbling（1）、inconvenient（1）、indisputable（1）、inescapable（1）、interesting（1）、irrefutable（1）、ironical（1）、key（1）、overwhelming (1)、perverse (1)、practical (1)、real (1)、redeeming (1)、relevant (1)、remarkable (1)、stark (1)、scientific (1)、surprising (1)。

*12 構文の談話基盤性については Hopper (2011) が参考になり、Goldberg (2006: 5) も構文は意味だけではなく談話機能も有すると見做している。拡張に伴う主観化・間主観化については、Shibasaki (2014f) を参考にされたい。関連して、「談話の周辺部」という課題が重要性を増してきている (e.g. Onodera 2011、小野寺 2014)。しかし、談話の中の「何の」周辺部なのかは解釈に揺れがありそうである。また、小野寺 (2014: 18) は英語の副詞 anyway に関して「発話頭 (left periphery、LP) に現れることが必須の談話標識の例」と述べている。ところが、COCA を用いて用例を調べてみると、完全な発話頭に生起する anyway は 4063 例なのに対し、発話末に生起する anyway は 6803 例であった (最終アクセス：2014/08/20)。ただし、「発話末」の定義が正確に分からないため、仮に「文末」や「節末」の意味で捉え、Thanks anyway, So anyway のような事例を除くとなると 6803 例よりは少なくなると思われるが、控えめに見ても 6000 例は下らないと思われる。以下は発話末に用いられる一例である。

(i) GIFFORD: Plus, he's Canadian so he probably wouldn't sing it *anyway*.
「加えて、彼はカナダ人だから、歌わないんじゃないかな、どのみち (anyway)」　　　　　　　　(2012 COCA: SPOK, *NBC Today*)

*13 主節と従属節の連続性 (あるいは広く主要部と依存部)、従属度の度合い、および、再解釈と再分析については Evans (2007)、Shibasaki (2005, 2007, 2011) および Imo (2011) で事例報告がある。

*14 ただし、挿入節／語用論標識から主節への変化の可能性も否めず、Shibasaki (2014a, b) および柴﨑 (2014d) でその可能性を論じている。

*15 関連して藤井 (2007) も傾聴に値する。藤井 (2007: 218) は、文頭に生起する (the) chances are が probably「たぶん」として後節を修飾するのはアイルランド語法と指摘する。その理由として「アイルランド英語はゲール語の影響で名詞に接続詞の機能を担わせて使うのが特徴」(ibid.) と述べている。また、*chances* や *odds* は名詞性が低いため二重コピュラ化し難いのではないかとも考えられる (秋元実治先生との私信)。今後の課題として取り組みたい。

参考文献

Aijmer, Karin (1996) *Conversational Routines in English: Convention and Creativity*. London: Longman.

Aijmer, Karin (2007) "The Interface between Discourse and Grammar: *The fact is that*." In Agnès Celle and Ruth Huart (eds.), Connectives as Discourse Landmarks, 31–46. Amsterdam: John Benjamins.

Aijmer, Karin (2013) *Understanding Pragmatic Markers*. Edinburgh: Edinburgh University Press.

秋葉利治・森秀夫 (2010)『英単語・熟語ダイアローグ1800 改訂版』旺文社。

秋元実治（編）2010.『Comment clause の史的研究』英潮社フェニックス.

秋元実治（近刊）「文法化から構文化へ」（本書所収論文）

Aktas, Rahime N. and Viviana Cortes. 2008. "Shell Nouns as Cohesive Devices in Published and ESL Student Writing." *Journal of English for Academic Purposes* 7, 3–14.

安藤貞雄（編）（2011）『三省堂　英語イディオム・句動詞大辞典』三省堂.

Biber, Douglas, Stig Johansson, Geoffrey Leech, Susan Conrad and Edward Finegan (1999) *Longman Grammar of Spoken and Written English*. London: Longman.

Bolinger, Dwight. (1972) *That's that*. The Hague: Mouton.

Bolinger, Dwight L. (1987) "The remarkable double *is*". *English Today* 9, 39–40.

Brinton, Laurel J. and Elizabeth C. Traugott (2005) *Lexicalization and Grammaticalization*. Cambridge: Cambridge University Press.

Bybee, J. L. (2001) "Main Clause are Innovative, Subordinate Clauses are Conservative." In Joan L. Bybee and Michael Noonan (eds.), *Complex Sentences in Grammar and Discourse*, 1–17. Amsterdam: John Benjamins.

Bybee, Joan (2010) *Language, Usage and Cognition*. Cambridge: Cambridge University Press.

Coppock, Elizabeth, Jason Brenier, Laura Staum and Laura Michaelis. (forthcoming) "ISIS: It's not Disfluent, but How Do We Know That?" *Proceedings of the 32nd annual meeting of the Berkeley Linguistics Society*.

Curzan, Anne (2012) "Revisiting the Reduplicative Copula with Corpus-Based Evidence." In Terttu Nevalainen and Elizabeth C. Traugott (eds.), *The Oxford Handbook of the History of English*, 211–221. Oxford: Oxford University Press.

Dehé, Nichole. (2014) *Parentheticals in Spoken English: The Syntax-Prosody Relation*. Cambridge: Cambridge University Press.

Evans, Nicholas. (2007) "Insubordination and Its Use." In Irina Nikolaeva (ed.), *Finiteness: Theoretical and Empirical Foundations*, 366–431. Oxford: Oxford University Press.

Flowerdew, John (2003) "Signalling Nouns in Discourse." *English for Specific Purposes* 22, 329–346.

Flowerdew, John and Richard Forest (2014) *Signalling Nouns in English: Abstract Concepts in Syntax, Semantics and Discourse*. Cambridge: Cambridge University Press.

Francis, Gill 1986. *Anaphoric Nouns*. Birmingham: English Language Research, University of Birmingham.

藤井健三（2007）『アメリカ英語―語法と発音』南雲堂.

Goldberg, Adele E. 2006. *Constructions at Work*. Oxford: Oxford University Press.

Gray, Bethany (2010) "On the Use of Demonstrative Pronouns and Determiners as Cohesive Devices. *Journal of English for Academic*

Purposes 9, 167–183.
Halliday, Michael A. K. and Ruqaiya Hasan. 1976. *Cohesion in English*. London: Longman.
Higashiizumi, Yuko. (2015) "Periphery of Utterance and (Inter) subjectification in Modern Japanese: A Case Study of Competing Causal Conjunctions and Connective Particles." In Andrew D. M. Smith, Graeme Trousdale and Richard Waltereit (eds.), 135–155. *New Directions in Grammaticalization Research*. Amsterdam: John Benjamins.
Himmelmann, Nikolaus P. (2004) "Lexicalization and Grammaticalization: Opposite or Orthogonal?" In Walter Bisang, Nikolaus P. Himmelmann and Björn Wiemer (eds.) *What Makes Grammaticalization: A Look from its Fringes and Components*, 21–42. Berlin: Mouton de Gruyter.
Himmelmann, Nikolaus P. (2005) "Gram, Construction, and Class Formation." In Clemens Knobloch and Burkhard Schaeder (eds.), *Wortarten und Grammatikalisierung: Perspektiven and in System und Erwerb*, 79–93. Berlin: Mouton de Gruyter.
Hinkel, Eli (2001) "Matters of Cohesion in L2 Academic Texts." *Applied Language Learning* 12 (2), 111–132.
Hopper, Paul J. (2011) "Emergent Grammar and Temporality in Interactional Linguistics." In Auer, P. and S. Pfänder (eds.), *Constructions: Emerging and Emergent*, 22–44. Berlin and Boston: De Gruyte Mouton.
Hopper, Paul J. and Sandra A. Thompson. (2008) "Projectability and Clause Combining in Interaction." In Ritva Laury (ed.), *Crosslinguistic Studies of Clause Combining*, 99–123. Amsterdam: John Benjamins.
堀正弘 (2011)『例題で学ぶ英語コロケーション』研究社.
Horobin, Simon. (2012) "Editing Early English Texts." In Terttu Nevalainen and Elizabeth C. Traugott (eds.), *The Oxford Handbook of the History of English*, 53–62. Oxford: Oxford University Press.
Hunston, Susan and G. ill Francis. 1999. *Pattern Grammar*. Amsterdam: John Benjamins.
Imo, Wolfgang. (2011) "Clines of Subordination–Constructions with the German 'Complement-Taking Predicate' *glauben*. In Ritva Laury and Ryoko Suzuki (eds.), *Subordination in Conversation*, 165–190. Amsterdam: John Benjamins.
Ivanič, Roz (1991) "Nouns in Search of a Context." *International Review of Applied Linguistics* 29 (2), 93–114.
Lin, Ming-Chia (2012) "Shell Nouns on the Move: Expert and L2 Abstracts in Applied Linguistics." *Arab World English Journal* 3 (3), 223–245.
Mair, Christian. (2009) "Corpus Linguistics Meets Sociolinguistics." In Antoinette Renouf and Andrew Kehoe (eds.), *Corpus Linguistics: Refinements and Reassessments*, 7–32. Amsterdam: Rodopi.
Massam, Diane. (1999) "Thing is Constructions" *English Language and Linguistics* 3 (1), 335–352.

織田哲司（2011）『英語の語源探訪』大修館書店.

大室剛志（2005）「英語学と英語教育の乖離を埋める一つの可能性」『英語青年』第151巻, 第3号, 4–6.

Online Etymology Dictionary. 2001–2014（http://www.etymonline.com/）

大西泰斗・P. マクベイ（2011）『一億人の英文法』東進ブックス.

Onodera, Noriko O.（2011）"The Grammaticalization of Discourse Markers." In Heiko Narrog and Bernd Heine（eds.）*The Oxford Handbook of Grammaticalization*, 614–624. Oxford: Oxford University Press.

小野寺典子（2014）「談話標識の文法化をめぐる議論と「周辺部」という考え方」金水敏・高田博行・椎名美智（編）『歴史語用論の世界—文法化・待遇表現・発話行為』, 3–27. ひつじ書房.

Otsuka, Hitomi（2014）"Discourse Functions of Shell Noun Constructions in German: With a Focus on *das Problem ist,（dass）and das ist das Problem*." Paper to be given at *Workshop: Clauses on the Move: A Historical-Contrastive Approach to English and German at the 32nd Annual Meeting of the English Linguistic Society of Japan*, Gakushuuin University, Nov. 8–9, 2014.

Parkes, Malcolm B. 1992. *Pause and Effect: An Introduction to the History of Punctuation in the West*. Berkeley. CA: University of California Press.

リベラー, N.・根間弘海（2009）『インターネット社会に生きる総合英語』三修社.

佐藤誠司（2013）『英語教育村の真実』南雲堂.

Schmid, Hans-Jörg（1999）"Cognitive Effects of Shell Nouns." In Karen van Hoek, A. Kibrik and L. Noordman（eds.）*Discourse Studies in Cognitive Linguistics*, 111–132. Amsterdam: John Benjamins.

Schmid, Hans-Jörg 2000. *English Abstract Nouns as Conceptual Shells: From Corpus to Cognition*. Berlin and New York: Walter de Gruyter.

Schneider, Stefan（2007）*Reduced Parenthetical Clauses as Mitigators*. Amsterdam: John Benjamins.

Sellick, Anthony, John Barton and Ai Ogasawara（eds.）,（2013）*World of Wonders Shaping Tomorrow*. Tokyo: Seibido.

瀬戸賢一・投野由起夫（編）（2012）『プログレッシブ英和中辞典』第5版. 小学館.

Shapiro, M. and M. C. Haley（2002）"The Reduplicative Copula IS IS." *American Speech* 77（3）, 305–312.

Shibasaki, Reijirou（2005）"On the Grammaticalization of Verbal Reduplication in Japanese." In Bernhard Hurch（ed.）, *Studies on Reduplication*, 283–314. Berlin: Mouton de Gruyter.

Shibasaki, Reijirou（2007）"Ellipsis and Discourse-Syntactic Structures in Japanese Interview Discourse: The Emergence of the Evidential Marker TO." *LANGUAGE AND LINGUISTICS* 8（4）, 939–966. Institute of Linguistics, Academia Sinica（中央研究院語言學研究所, 台北）.

Shibasaki, Reijirou（2011）"From Nominalizer to Stance Marker in the

History of Okinawan." In Marcel den Dikken and William McClure (eds.), *Japanese/Korean Linguistics 18*, 101–113. Stanford: CSLI Publications.

Shibasaki, Reijirou (2012) "*Please Tilt Me-Ward by Return of Post*: On the Vicissitude of a Marginal Pronominal Construction in the History of English." In Irén Hegedűs, József Andor and Alexandra Fodor (eds.), *English Historical Linguistics 2010*, 289–309. Amsterdam: John Benjamins.

Shibasaki, Reijirou (2014a) "Functions of *The Thing is* in Spoken American English: With its Origin and Development." In Ken Nakagawa (ed.), *The Thirtieth Anniversary Publication of the Modern English Association*, 303–318. Tokyo: Eihosha.

Shibasaki, Reijirou (2014b) "On the Development of *The Point is* and Related Issues in the History of American English. *English Linguistics* 31 (1), 79–113.

Shibasaki, Reijirou (2014c) "On the Functions of *the fact is* (*that*) and *that's the fact* in American English: Projectability and Intersubjectivity." Paper given at *the 3rd Conference of the International Society for the Linguistics of English* (ISLE-3), Zürich, Switzerland, Aug. 24–27,2014.

柴﨑礼士郎 (2014d)「挿入節の分布から見る談話の周辺と情報連鎖について―*the question is* (*that*) と *that's the question* を事例として」『第15回日本認知言語学会予稿集』, 350–362

柴﨑礼士郎 (2014e)「アメリカ英語における (*the*) *chances are* (*that*) について」英語コーパス学会第40回大会における口頭発表, 熊本学園大学, 2014年10月4–5日.

Shibasaki, Reijirou (2014g) "On the Grammaticalization of *The Thing is* and Related Issues in the History of American English. In Michael Adams, Robert D. Fulk and Laurel J. Brinton (eds.), *Studies in the History of the English Language: Evidence and Method in Histories of English*, 99–122. Berlin: De Gruyter Mouton.

Shibasaki, Reijirou (2014f) "More Thoughts on the Grammaticalization of Personal Pronouns. In Sylvie Hancil and Ekkehard Konig (eds.), *Grammaticalization Theory and Data*, 129–156. Amsterdam: John Benjamins.

柴﨑礼士郎 (2015)「直近のアメリカ英語史における *the problem is* (*that*) の分析―構文の談話基盤性を中心に―」『語用論研究』第16号, 1–19.

鈴木寛次・三木千絵 (2011)『英語は将来こう変わる』大修館書店.

高橋潔・根岸雅史 (1999)『四訂版基礎からの新総合英語』数研出版.

滝沢直宏 (2006)『コーパスで一目瞭然【品詞別】本物の英語はこう使う!』小学館.

Thompson, Sandra A. (2002) ""Object Complements" and conversation: Towards a Realistic Account." *Studies in Language* 26 (1), 125–64.

Traugott, Elizabeth. C. (1995) "Subjectification in Grammaticalization." In

Stein, D. and S. Wright (eds.), *Subjectivity and Subjectification*, 31–54. Cambridge: Cambridge University Press.

Traugott, Elizabeth C. and Graeme Trousdale (2013) *Constructionalization and Constructional Changes*. Oxford: Oxford University Press.

Tuggy, David (1996) "The Thing is is That People Talk That Way." In Eugene H. Casad, *Cognitive Linguistics in the Redwoods*, 713–752. Berlin: Mouton de Gruyter.

塚本倫久（2012）『プログレッシブ英語コロケーション辞典』小学館.

内田聖二（2009）『英語談話表現辞典』三省堂.

コーパス

CLMETEV = A Corpus of Late Modern English Texts Extended Version 1710–1920.

COCA = The Corpus of Contemporary American English 1990–2012.

COHA = The Corpus of Historical American English 1810–2009.

OED = *The Oxford English Dictionary*. 2nd ed. on CD-ROM Version 4.0.

SBCSAE = Santa Barbara Corpus of Spoken American English.

第6章
「〜ない程度に」と「〜ない範囲で」に関わる構文研究*

秋元美晴

1. はじめに

　本研究は、「〜ない程度に」及び「〜ない範囲で」という2つの句を取り上げ、その構文的特徴を語用論及びコロケーションの観点から明らかにすることを目的とする。

　「程度」も「範囲」も程度名詞と呼ばれる名詞であり、「〜ない程度に」「〜ない範囲で」という構文においては、「ある限度内で〜する」という意味で類似している。これらの2つの程度名詞の例を『現代日本語書き言葉均衡コーパス』(BCCWJ)から収集したデータを基に、実証的に分析し、その類似性及び相違点を浮き彫りにしたい。

2. 先行研究

　本稿で取り上げる「程度」「範囲」も度合いを示すという点において、程度名詞の範疇に入ると考えられる*1。程度名詞については、国広 (1982: 90–95) で論じられており、そこには程度名詞として「印象」「可能性」「傾向」「公算」「率」などを例として挙げている。また、秋元 (1999) では、「密度」「比重」「公算」「確率」「可能性」の5語の程度名詞がその度合いを示すのに、どのような形容詞が、どのように用いられているかを連語性（コロケーション）の面から論じている。しかしながら、本稿で論じる「〜ない程度に」や「〜ない範囲で」といった構文との関連での研究はない。

　構文に関する先行研究には、畠山 (2012)、益岡 (2013)、高見・久野 (2014) などがある。畠山 (2012) 及び高見・久野 (2014) には特に構文の定義はなく、前者は生成文法や認知文法か

らの日・英語の分析であり、後者は「〜てある」や「〜させてくれる／〜させてもらう」の例を機能文法の立場から分析したものである。益岡（2013）に関しては次節を参照。

3. 構文と構文的イディオム

益岡（2013: 1–2）は、構文（construction）を文を構成する基幹的部分と定義し、文を構成する諸単位の中で基幹をなすのが構文であるとしているが、何をもって基幹的部分と呼ぶのか、また逆に文を構成しないものは構文とは呼ばないのかが明確でない。そうなると、文の定義が重要になってくるだろう。

最近出版された『日本語文法事典』（2014）には「構文」は扱われていない。また、益岡他（2014）には構文に関わる論文が数多く載っているが、特に構文についての定義はなく、既に構文について共通概念があるという前提で論が進められている。ただこれらの論文を通して、共通して言えることは、単語以上のレベルでの構造上のまとまりのある構造体を扱っていることである。澤田（編）（2012: xix）は「構文（あるいは構成体）が、意味（命題的、談話的、語用論的）や外界に対する話し手の認知や推論、さらには、人間の行為のありようと密接に結びついた存在である」と述べている。本稿で扱う構文事例は、Fillmore et al.（1988）や Goldberg and Casenhiser（2006）の定義に近いものである。前者に関しては、秋元・前田（2013：第 1 章）参照。

Goldberg and Casenhiser（2006: 349）は構文に関して次のように述べている。

> ... any linguistic pattern is recognized as a construction as long as some aspect of its form or function is not strictly predictable from its component parts or from other constructions recognized to exist.
> （構文とは、どんな言語的パターンであれ、その形式、あるいは機能のある面がその構成成分、あるいは存在すると認められている他の構文からは

厳密には予測できないものである。)

　Goldberg and Casenhiser（2006: 344）によれば、構文とはある程度文法的パターンに沿っているが、形式的特徴や意味解釈において、一般的原理から説明できないものであるとしている。従って、構文として扱うものとしては、いわゆるイディオムをはじめ、普通ではないが、生産的な句のパターン、例えば、'sleep the days away'（日々を寝て過ごす）や 'The more chips you eat, the more you want'（チップスを食べれば食べるほど、欲しくなる）などのパターンもそこに含まれる。これらのパターンを Culicover and Jackendoff（2005: 32–37）は、構文的イディオム（constructional idiom）と呼んで、動詞句内である程度自由に結合する句のイディオムを扱っている。例えば、Elmer hobbled/laughed/joked his way to the bank.（エルマーは脚を引きずりながら／笑いながら／冗談をいいながら土手［銀行］に向かった）である。本稿で扱う「〜ない程度に」と「〜ない範囲で」の句は、「ない」の前の動詞をある程度自由に替えることができることなどから、この範疇に属する事例であると考えられる。従って、「〜ない程度に」も「〜ない範囲で」も広い意味で構文的イディオムと考えることができる。
　そのような構文的イディオムのパターンは、次のような特徴を持つ。

　①型がある程度決まっている。
　②従って、あまり生産的ではないが、頻度上決して少なくない。
　③意味上、各成分からその構文の意味を推論できるが、その意味は必ずしも文字通りの意味ではない。
　④すなわち、そのような構文的イディオムのパターンは語用論的解釈を受けやすい。

　ここで、イディオム、構文的イディオム及びコロケーションの関係を考えてみる。
　イディオムは統語上、意味上の制約が強く、句全体がひとつの単

位として機能する。少し古いが、簡潔にイディオムの特徴を述べている Chafe（1968）を引用すると、彼は次の4つの点をイディオムの特徴としてあげている。

① イディオムの意味は各成分の総和から出てこない。
② 文法上の制約がある。
③ 統語上適格性を欠くイディオムがある。
④ イディオムの意味と文字通りの意味がある場合、前者の意味の方が頻度は高い。

英語のイディオムの例としてよくあげられる 'kick the bucket'（死ぬ）は③の特徴を除いてすべてあてはまる。「死ぬ」という意味は各成分、kick、the、bucket からは出てこない。またこの句は受身形は不可である：*The bucket was kicked by Sam。さらに、「死ぬ」という意味の方が「バケツを蹴飛ばす」よりあらわれる頻度が高い。なお、③の例として、'by and large'（全般的に）*2 などがあげられる。

上の特徴にはあげられていないが、名詞性の問題も関係する（7節の議論参照）。一般的に言って、イディオムを構成する名詞は主語になりづらかったり、代名詞化されづらいなど、名詞性が低い。日本語のイディオム「地団駄を踏む」や「意表をつく」などは以下の例のように不自然である。

? 彼の地団駄は空しかった。（主語）
? 彼は意表をつく発言をしたが、私はそれをつくのは不可能だった。（代名詞化）

しかしながら、最近では、制約の強いイディオム（kick the bucket）に対して、制約のゆるいイディオム 'pull strings'（裏工作をする）を区別し、前者をイディオム句、後者をイディオム的結合表現と呼ぶ（Nunberg et al. 1994）。Fillmore et al.（1988）はこれらの句をそれぞれ、実質的イディオム、形式的イディオムと呼んで

いる（秋元・前田（編）2013: 6–10 参照）。

構文的イディオムは、イディオム的結合表現及び形式的イディオムに近い。ただし、前述した構文的イディオムの特徴が加わることになる。

コロケーション（collocation）とは、Crystal（2008: 86）によれば、'the habitual co-occurrence of individual lexical items'（個々の語彙項目の習慣的共起関係）であり、英語では auspicious occasion/event/sign（縁起の良い場合／出来事／前兆）、日本語では「不退転の決意」などがあげられよう。なお、小池（編）（2003: 658）では、コロケーションを「一般的な文法規則に則って共起する語と語の慣用的な結びつき、またはその語句のことを言う。連語とも呼ばれ、文法的コロケーション（grammatical collocation）（例：adherence + to）と、以下のような語彙的コロケーション（lexical collocation）に分類される。」と定義している。以下、本稿では「連語」という用語を用いず、「コロケーション」という用語を使用する。

以上から、本稿で取り上げる「～ない程度に」及び「～ない範囲で」という句は構文的イディオムに属することになる。

イディオム、構文的イディオム及びコロケーションの特徴をまとめると以下のようになる。

表1　イディオム、構文的イディオム及びコロケーション

	イディオム	構文的イディオム	コロケーション
生産性	−	+	+／−
頻度	+／−	+	+
バリエーション	+／−	+	+／−
意味の解読性	−	+／−	+

（'+'はその性質があること、'−'はその性質がないこと、'+／−'はその性質が両方みられることを示す。）

生産性に関しては、イディオムは低いが、「～ない程度に」及び「～ない範囲で」のような構文的イディオムは、「～」の部分に語彙項目をある程度自由に挿入できる点で生産的であるといえる。コロケーションは語彙項目による。頻度に関していえば、「頭にくる」

のようにイディオムによってはよくあらわれるものもある。後述するように構文的イディオムである「～ない程度に」及び「～ない範囲で」はデータ中、一定数の割合で現れており、頻度があると言える。なお、コロケーションも頻度が高いと考えられる。バリエーション（異体）は、イディオムには「口を合わせる」と「口裏を合わせる」のように、また、コロケーションも「電話をかける」「電話を入れる」「電話をする」のようにある程度存在する。構文的イディオムは「～ない程度に」及び「～ない範囲で」の「～」の語彙項目を挿入することにより、種々のバリエーションが生じる。意味の解読性に関しては、イディオムは各成分の総和からその意味が出てこないのに対して、構文的イディオムは、その解読が比較的容易であるが、概して構文内においては、その意味は文字通り（その語彙的な意味）の意味より句全体の意味で使われるため、文法的意味（抽象的意味）に解釈されやすい。またコロケーションの意味の解読は原則的には可能である。

4. 語用論的考察

益岡（2013: 295）は、語用論（談話語用論）の重要性を文法論との関係で述べている。そこでは、詳しく述べられていないが、談話（有意味な文の集まり）を重視する姿勢がうかがわれる。

Crystal（2008: 379）は、語用論（pragmatics）を次のように定義している。

> … the study of language from the point of view of the users, especially of the choices they make, the constraints they encounter in using language in social interaction, and the effects their use of language has on the other participants in an act of communication.
> （使用者側からの言語研究であり、特に使用者が行う選択、社会交流において言語使用の際直面する制約、そして伝達行為において言語使用が他の参加者に与える効果［を研究する］）

この定義を踏まえて、ここでいう語用論的考察とは、「〜ない程度に」と「〜ない範囲で」がどのような意味を持つ文のパターンと共起して使われるかということであり、文脈中における実際の使用を含めた語用論的分析が必要である。従って、統語的、コロケーション的特徴を述べるだけでは十分な説明とは言えない。Fillmore et al.（1988）も述べているが、語用論的説明が加わってこそ、十分な説明がなされると言えよう。
　本稿の立場は、談話的語用論という立場で、文の中で「〜ない程度に」と「〜ない範囲で」がどのように振る舞うかを考察することである。分析の詳細は8節を参照。

5. データ

　2011年に公開された『現代日本語書き言葉均衡コーパス』(Balanced Corpus of Contemporary Written Japanese、BCCWJ)は、書き言葉を対象とした約1億語の大規模均衡コーパスであるが、このコーパス専用のオンライン検索システム「中納言」を用いて、まず「程度」「範囲」を検索した。その結果、「程度」は20,968例あり、そのうち「〜ない程度に」は247例（全体の1.2%）あった。また、「範囲」は9,233例あり、「〜ない範囲で」は119例（全体の1.3%）であった。

6.「〜ない程度」と「〜ない範囲」の文法的バリエーション

6.1 「〜ない程度」

　「〜ない程度」は498件あり、「程度」全体の2.4%である。このうち、「〜ない程度」に「に」を後接するものが247例、「の」を後接するものが159例であった。上位5位までの内訳は以下のとおりである。数字は頻度数で、（　）内は全体に占める割合を示している。

表2 「〜ない程度」の文法的バリエーション

1. 〜に	247	(49.6)
2. 〜の	159	(31.9)
3. 〜で	29	(5.8)
4. 〜です	12	(2.4)
5. 〜まで	8	(1.6)
その他	43	(8.6)
	498	(100)

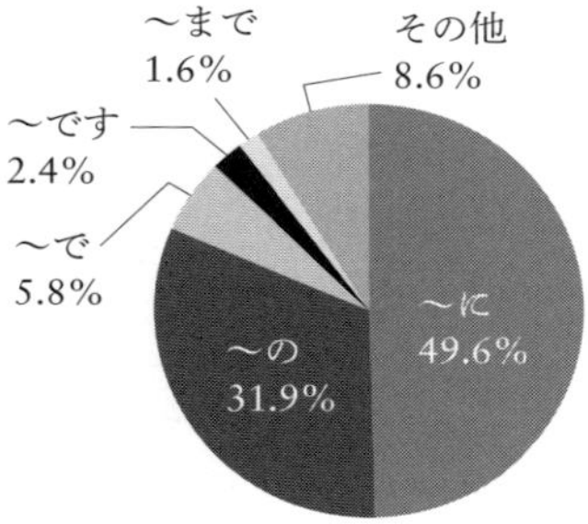

図1 「〜ない程度」の文法的バリエーションの割合

以下に例を示す。

（1）一応失礼のない程度に挨拶しておきましょう。
（2）くどすぎない程度のこってり感。
（3）読むのがつまらなくならない程度で話の内容を教えてください。
（4）よく見ないとわからない程度ですが、病気かと気になります。
（5）腰に触れない程度までもどしたら、すぐに繰り返す。

　（1）「失礼のない程度に」は「挨拶しておきましょう」を、（3）「つまらなくならない程度で」は「教えてください」を、そして（5）「触れない程度まで」は「もどしたら」を修飾している。つまり、連用修飾成分である。これらは「〜ない程度」に格助詞「に」

「で」「まで」が付いたものであるが、それぞれの意味の違いは、格助詞の用法の違いによるだろう。このうち「〜ない程度に」が全体の50%、連用修飾成分としての用法の88%を占めるが、これは「に」が多少抽象的な「程度」という名詞と両立しやすいためだろう。

(2)「くどすぎない程度の」は「こってり感」を修飾しており、連体修飾成分となっており、全体の32%を占める。これは「〜ない程度」が連用修飾成分としても、また連体修飾成分としても可能であるという文法的柔軟性を示していると言えよう。

(4)「わからない程度です」は述語的に用いられている。

1位の「〜ない程度に」の例として、さらに以下のようなものがある。

(6) 自然はお前らを死なせない程度に食わしてくれる。
(7) 体を壊さない程度に頑張ってください。

6.2 「〜ない範囲」

「〜ない範囲」の文法的バリエーションを調べてみると、9,233例中325例あり、「範囲」全体の3.5%である。1位は「〜ない範囲内」で153例あり47%を占める。「〜ない範囲で」は2位で119例あり、37%を占める。以下5位までの内訳は次の通りである。

表3　「〜ない範囲」の文法的バリエーション（上位5位）

1. 〜内	153	(47.1)
2. 〜で	119	(36.6)
3. 〜の	10	(3.1)
4. 〜において	9	(2.7)
5. 〜を	5	(1.5)
〜に	5	(1.5)
その他	24	(7.4)
	325	(100)

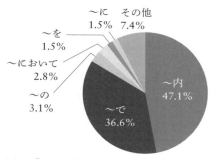

図2 「〜ない範囲」の文法的バリエーションの割合

以下はそれらの例である。

(8) 第2は、やむを得ない範囲内の国債の発行については、、、
(9) …国旗の品格を損なわない範囲で活用が認められている。
(10) …臨床が科学として示しえない範囲の多大な影響を持っている。
(11) …不当な顧客誘引とならない範囲において、新規参入を容易にする。
(12) …家庭生活にしわ寄せがない範囲を考えて、週3回くらいのスケジュール。
(13) …他人の意向にわずらわされない範囲に限って街づくりを試みるなら…。

「〜ない範囲」は「〜ない程度」と異なり、すぐ後に助詞や複合辞が付くだけでなく、いわゆる漢語接尾辞のように使われている「内」が付き、「範囲」の名詞性をより顕在化している。これは「程度」と比べた場合、「範囲」の方が名詞性が高いことを示しているといえよう*3。「範囲」の方が「程度」に比べて、名詞的特徴を有するということは、「〜ない範囲で」が意味的にもより具体的な意味を多く持っているということである。

(9)「損なわない範囲で」は「認められている」を、(11)「顧客誘引とならない範囲において」は「容易にする」を、(12)「しわ

寄せがない範囲を」は「考えて」を、(13)「わずらわせない範囲に」は「限って」を修飾しており、これらは連用修飾成分となっている。6.1で述べたことと同じように、これらは「〜ない範囲」に格助詞「で」「を」「に」及び格助詞相当の複合辞「において」が付いたもので、それぞれの意味の違いは、格助詞及び複合辞の用法の違いに依拠すると言えよう。このような連用修飾成分として用いられる場合は、全体の42％を占める。

「〜ない程度に」が全体の約50％、連用修飾成分としての用法の88％を占めるのに対して、「〜ない程度で」はそのうちの10％を占める。これに対して「〜ない範囲で」は全体の約37％、連用修飾成分の用法の86％を占めるが、「〜ない範囲に」は約4％を占めるに過ぎない。このことから「〜ない程度に」と「〜ない範囲で」の「に」と「で」の格助詞の使い方は相補的であると言えよう。

7.「〜ない程度に」と「〜ない範囲で」のコロケーション

7.1 「〜ない程度に」

次に「〜ない程度に」構文において、「程度」の前の否定「ない」を含む部分にどのような語彙項目が来るかを見てみることにする。次の表はそれらの項目を頻度順に並べ、使用例数を示したものである。

表4 「程度」の前に現れる語彙項目（上位5位）

1. 無理（を）しない、無理（の）ない	15
2. 失わない、失わせない	6
3. 壊さない、壊れない	6
4. じゃまにならない	6
5. 痛くない、痛がらない	5
6. 疲れない	5
	43

以下はそれらの例である。

(14) 無理をしない程度に仕事をしているという。
(15) この運動も少しずつ無理のない程度にすることが、長続きの秘訣である。
(16) 元の形を失わない程度に、半径のスライドをドラッグして…。
(17) 体壊さない程度に頑張ってください。
(18) メンテナンスの邪魔にならない程度に入れるのをおすすめします。
(19) 片足を曲げて痛くない程度に引きつけ、呼吸を止めましょう。
(20) 1〜2分間で筋肉が疲れない程度に何回かに分けて行う。

　上の例から「〜ない程度に」の句においては、「程度」の前の否定「ない」を含む部分には、否定的な意味を持つ語彙項目が来ることが多いことがわかる。

7.2 「〜ない範囲で」

　次に「〜ない範囲で」の句において「範囲」の前の否定「ない」を含む部分にどのような語彙項目が来るのかを見てみることにする。

表5 「範囲」の前に現れる語彙項目（上位5位）

1. 超えない、越えない	16
2. 無理（を）しない、無理のない、無理ない	16
3. 支障のない、支障がない、支障が生じない、支障を及ぼさない	12
4. 差支えない、お差支えない	10
5. 影響を与えない、影響しない、影響は出ない	6
	60

以下はそれらの例である。

(21) 通常は二十歳に達するまでであるが、二十六歳を超えない範囲で例外が認められる。
(22) あっせん額は上記の額を超えない範囲で、一万円単位。

(23)監督が取材も張り合いになると言うので、体に無理のない範囲で取材を受けた。
(24)無理しない範囲で、善処してくださいね。
(25)…物品を行政目的に支障のない範囲で貸し付ける場合は、使用料としてではなく財産収入に含めて計上すべきである。
(26)…本来業務に支障が生じない範囲で、いかに実習生のニーズに対応…。
(27)よくわかりますけども、差し支えない範囲で御説明を願えればと思います。
(28)「…の塔のなかを、お差し支えない範囲で見せていただくことにするかな」
(29)直轄区間においても治水上著しく影響を与えない範囲で河川工事を行うことができるようにしようとするものでございまして…。
(30)おそらく生活に影響はでない範囲ではないでしょうか?

　上の例から「範囲」の前の否定「ない」を含む部分には、「無理」「支障」「差し支える」のように否定的な意味を持つ語彙項目だけでなく、「超える・越える」や「影響／影響する」のような否定も肯定も含意しない語彙項目が来る。
　「～ない程度に」と「～ない範囲で」の共通点としては、共に否定的な意味を持つ語彙項目と共起することが多いことが挙げられる。しかしながら「～ない程度に」構文においては、否定的な語彙項目が圧倒的であるのに対して、「～ない範囲で」構文では中立的な語彙項目もかなりの数あることがわかる。このことは、「～ない程度に」における「程度」よりも、「～ない範囲で」における「範囲」のほうが幅の広い語彙項目をとると言えよう。この語彙項目のバリエーションの違いがこの二つの構文の相違点を示していると言えよう。
　なお、後述するように、これらの例から「～ない程度に」と「～ない範囲で」における「～」の語彙項目（無理、支障、壊すなど）は否定的な意味を持っており、その否定的意味の語をさらに「な

い」で否定することにより、婉曲的否定になるわけであるが、この否定表現こそ、後続する文の意味（提案、依頼など）を効果的にしていると言える。すなわち、婉曲的に言うことにより、文の内容とともに丁寧さを同時に表わすことになる。*4

8.「～ない程度に」と「～ない範囲で」の談話的語用論の立場からの考察

「～ない程度に」と「～ない範囲で」はどのような文の形が後に続くのであろうか。森田・松木（1992 [1989]: 177–318）は、助動詞と同様の働きをする表現として、14 のタイプを示している。*5 これを参考に本稿では、次の 12 の意味のタイプを設けた。*6

1. 主張
2. 意志
3. 推量・推定
4. 依頼・要求
5. 提案・勧告
6. 命令
7. 義務・必然
8. 許可
9. 可能・不可能
10. 願望
11. 疑問
12. その他

8.1 「～ない程度に」
「～ない程度に」の 247 例を分類したところ内訳は表 6 のようになった。

表6 「～ない程度に」の後続表現の意味タイプ

1.	主張	135	(54.6)
2.	提案・勧告	32	(12.9)
3.	疑問	14	(5.7)
4.	意志	13	(5.3)
5.	願望	13	(5.3)
6.	推量・推定	8	(3.2)
7.	依頼・要求	6	(2.4)
8.	義務・必然	6	(2.4)
9.	命令	5	(2.0)
10.	可能・不可能	4	(1.6)
	その他	11	(4.5)
		247	(100)

以下は上の例である。

(31) 限界越えない程度に頑張ります。(主張)

(32) あなたにストレスのない程度に、ふぅんって聞いて、聞き流しちゃえばいいんです。(提案)

(33) 一週間で、身体を壊さない程度に痩せられるのは、何gからkgでしょうか。(疑問)

(34) 苦痛にならない程度に頑張ろうと思ってます。(意志)

(35) リーズナブルに、しかし行き倒れしない程度に、旅を楽しみたい。(願望)

(36) 公安も死者が出ない程度に、デモや日本人への攻撃を容認するでしょう。(推量)

(37) 無理のない程度にやれる方法を教えてください。(依頼)

(38)「リストラと並行して会社が進める実力主義重視の制度導入については、行き過ぎない程度に進めるべきだ。」(義務)

(39) ダンナにバレない程度に家計を切り詰めて、月千円でもよいから貴方名義のへそくりを作りなさい。(命令)

(40) …日常生活に不自由しない程度に日本語がしゃべれる。(可能)

(41)「裂け目が目立たない程度には」ラナは安心して息をついた。(その他)

8.2 「～ない範囲で」

「～ない範囲で」の119例の内訳は表7のとおりである。

表7 「～ない範囲に」の後続表現の意味タイプ

1.	主張	55	(46.2)
2.	提案・勧告	12	(10.0)
3.	可能・不可能	10	(8.4)
4.	依頼・要求	9	(7.6)
5.	意志	6	(5.0)
6.	義務・必然	6	(5.0)
7.	願望	4	(3.7)
8.	推量・推定	3	(2.5)
9.	疑問	3	(2.5)
10.	許可	1	(0.8)
	その他	10	(8.4)
		119	(100)

(42) また、負担のかかりすぎない範囲で筋力低下防止のリハビリテーションをすすめていく。(主張)

(43) ゴトン、ゴトンと大きな振動をさせない範囲で速くした方がよろしい。(提案)

(44) 日本銀行は公序良俗に反しない範囲で自由に活動できるという考え方に結びつきやすいこととなる。(可能)

(45) そしてまた、先生のサジェッションを差し支えのない範囲でお話し願えますか。(依頼)

(46) ご家族のプライバシーを侵害しない範囲で簡単に説明しましょう。まず、3カ月の男児の双子ちゃんですが…。(意志)

(47) …再生計画で定められた債務の最終の期限から二年を超えない範囲で定めなければならない。(義務)

(48) 当面の景気対策と矛盾しない範囲でなおできる限りの増収努力を尽くしたいということにあったわけでございますが…。(願望)

(49) 「無責任なボランティア」といわれない範囲で、卑怯でない、素直な引き際も心得のひとつと思うのです。(推量)

(50) 「…その辺を当面の経済運営の方向に背馳しない範囲で」、

中身としてどうお考えになったのか。(疑問)
(51) 山手やサレジオに支障のない範囲でお手伝いさせていただくことになった。(許可)
(52) もちろん、話してもかまわない範囲でだけど。おばあちゃんはようやくうなずくと、オリバーにほほえみかけた。(その他)

　表6と表7から分かることは、「〜ない程度に」も「〜ない範囲で」も共に、〈主張〉において使われることが多いことである。〈主張〉とは、平叙文における最もニュートラルな文のタイプであり、ここでこれらの句が使われている意味は、はっきり明言することを抑えた言い方であると言えよう。実は、この抑制的意味こそ、その他の表現、〈提案〉、〈依頼〉などに表れる際、相手に対しての配慮の結果、緩和的な意味になることになる。*7 ただし、「〜ない程度に」も「〜ない範囲で」も文法的には副詞的役割を担っており、上記の抑制的意味はそれほど強くない。これらの句は、種々の後続表現と共起しうるが、「〜ない程度に」は「〜ない範囲で」に比べて、その名詞の文字通りの意味が薄れ、それだけ抽象的な文法要素になっており、〈主張〉、〈提案・勧告〉と共起することが多い。一方「〜ない範囲で」における名詞は文字通りの意味を有しており、その分後続表現については、ニュートラルであると言えよう。
　なお、次の例のように双方に終助詞が比較的多く現れる。

(53) ただし家計に響かない程度にね。
(54) 無理をしない範囲で、善処してくださいね。

　これらも緩和機能を有しており、*8 また、先に述べた理由で、「〜ない程度に」に多く現れる。これらの2つの句の特徴をまとめると、次のようになる。

表8　「〜ない程度に」と「〜ない範囲で」の特徴

	〜ない程度に	〜ない範囲で
1. 生産性	＋	＋
2. 頻度	＋	＋
3. バリエーション	＋	＋
4. 意味の透明性	＋／−	＋
5. 文字通りの意味	＋／−	＋

「〜ない程度に」も「〜ない範囲で」も「〜ない」の「〜」に来る語彙項目が種々である点で生産的であると言える。さらにこの2つの句は「程度」という名詞全体の1.2％と「範囲」の1.3％であり、ある程度の頻度性は窺える。バリエーションは語彙項目の多様性や助詞の多様性などから、あると言える。意味の透明性は次の文字通りの意味と関連する。すなわち、透明性があればあるほど文字通りの意味が強いということである。逆に透明性が低いということは文字通りの意味が弱いということである。「〜ない程度に」と「〜ない範囲で」の中で、「程度」と「範囲」を比べた場合、それが句として使われた時、前者の名詞の方が透明性が低いといえる。別の言い方をすれば、全体がそれだけ構文化している。それに対して、「〜ない範囲で」はある程度構文化しているが、「範囲」の文字通りの意味が強いことを考えると、十分構文化しているとは言えない。

9. おわりに

本稿において、「〜ない程度に」と「〜ない範囲で」及びそれらのバリエーションの構文的パターンをBCCWJのデータを基に考察してきた。

2節では先行研究を紹介し、この分野はほとんど研究されていないことを指摘した。3節では、いわゆる構文とは何か及び構文的イディオムについて論じた。これらの特徴は文法的な型をしているが、意味・用法においてユニークであることを述べた。4節では、これらのパターンは語用論的解釈を受けやすいという点で語用論的考察の重要性を述べた。6節では、「〜ない程度」と「〜ない範囲」に

ついて、データに基づき、その文法的バリエーションの記述を試みた。7節では、「〜ない範囲で」のバリエーション及びコロケーション（連語性）の記述を同様に行った。8節では、「〜ない程度に」と「〜ない範囲で」の談話的語用論の立場からの考察を行い、特にこれらの構文的イディオムに後続する意味タイプについて詳しく論じた。

以上の考察を踏まえ、これら2つの構文には次のような共通点および相違点を持つことを明らかにした。

1. 共に「ない」を伴った形で使われている。
2. これらは副詞的に使われ、ある上限を超えないという意味を持つが、「〜ない程度に」のほうが「〜ない範囲で」より、より文法的／構文的である。
3. 「〜ない程度に」及び「〜ない範囲で」の句は、共に主張文、ついで提案・勧告文において多く現れるが、疑問文においては「〜ない程度に」のほうが多いなど、細かい用法においては差異がみられる。
4. 語用論的には、「〜ない程度に」と「〜ない範囲で」を含めた談話において、緩和的意味、すなわち、相手に対して提案や依頼をするという意味を持つことが多い。
5. コロケーション上、「無理をしない程度に」、「無理のない範囲で」が共に多いが、一方「〜ない範囲で」においては、「超えない、越えない」が多い。その理由として、「〜ない範囲で」のほうが文字通りの意味が強く、その限度を超（越）えないという意味を表すからであろう。

今後の課題としては、データを通時的側面にまで広げて、その発達過程を掘り下げることであり、そのことが同時に共時的研究を豊かにすることになるだろう。

* 　青木博史氏に多くの有益なコメントをいただきました。感謝申し上げます。
*1 　国語学会（編）(1972: 859–860) は名詞の性質について、程度名詞については触れていない。
*2 　and という接続詞は同じ品詞のものを結び付けるのが原則であるが、この場合、by は前置詞で large は形容詞であり、統語上適格性を欠いている。
*3 　名詞性の高低を見る他の手がかりとしては、以下のことが挙げられよう。例えば、「5度程度下がります」と言うが、「*5度範囲下がります」は不可である。これは「程度」が副助詞的であるが、「範囲」は副助詞的には使われず、その分「範囲」のほうが名詞性が高いことを意味している。さらに、次の例からも分かるように、「に」がつくほうが抽象的で、「で」がつくほうが具体的である。

　　　　　{ 愛に生きる。　　　{ 公園で遊ぶ。
　　　　　{ *愛で生きる。　　 { *公園に遊ぶ。

その結果、「程度」のほうが名詞性が低く、「範囲」の方が名詞性が高いと言えよう。

*4 　否定の語彙項目を「ない」で否定するのは、いわゆる二重否定（double negation）に通じる。山口・秋本（編）(2001: 594) では『『不都合なことはない』のような否定的意味の語に否定を重ねる場合も二重否定相当の表現になる」と述べている。その意味合いに関して、Jespersen (1917: 63)：

"the psychological reason being that detour through the two mutually destroying negatives weakens the mental energy of the hearer and implies on the part of the speaker a certain hesitation absent from the blunt, outspoken common or handsome."（下線は原著）（心理的理由としては、2つのお互いに相殺する否定語をわざわざ遠回しに使うことは聞き手の心的エネルギーを弱め、また話し手側にぶっきらぼうな、かつあけすけな common や handsome ［という表現］にはないある程度ためらいを含意する。）

*5 　同書 (177–318) には、以下のような表現のタイプが示されている。

1. 禁止：てはいけない、ものではない、など
2. 義務・当然・当為・必然・必要・勧告・主張およびその否定：なければならない、など
3. 可能・不可能：ことができる、など
4. 許容・許可：て（も）いい、など
5. 意志・超意志：（よ）うとする、など
6. 推量・推測・推定：のだろう、など
7. 適当・願望・提案・勧誘・勧告：（たい）ものだ；たらどう、など
8. 要求・依頼：てくださいますか、てほしい、など
9. 限定：までだ、など
10. 程度：に過ぎない、など
11. 経験・回想・習慣：ことがある、など
12. 伝聞：とのことだ、など
13. 行為の授受：てやる、など
14. アスペクト：ている、など

*6 この分類はモダリティの意味・用法と重なり合う。モダリティに関しては仁田他（2014: 627-635）等を参照。

*7 これらの意味は語用論的には、いわゆるポライトネスの範疇に属する。ポライトネスの研究はきわめて多く、その代表的研究書として、Brown and Levinson（1987［1978］）（日本語訳『ポライトネス：言語使用における、ある普遍的現象』）がある。そこで強調されていることは「フェイス（face）」という概念である。詳しくは同書参照。

*8 終助詞の意味・用法に関しては、仁田他（2014: 265-266）等を参照。

データ

『現代日本語書き言葉均衡コーパス』（BCCWJ）中納言．

辞典・事典類

小池生夫（編）（2003）『応用言語学事典』研究社．
松井栄一（監修）（2005）『現代国語例解辞典　第四版』小学館．
日本国語大辞典第2版編集委員会（編）（2001）『日本国語大辞典　第二版　第9巻』、『日本国語大辞典　第二版　第11巻』小学館．
仁田義雄、尾上圭介、影山太郎、鈴木泰、村木新次郎、杉本武（編）（2014）『日本語文法事典』大修館書店．
山口明穂・秋本守英（編）（2001）『日本語文法大辞典』明治書院．

参考文献

秋元美晴（1999）「程度名詞と形容詞の連語性」『日本語教育』102号、日本語教育学会．
秋元実治・前田満（編）（2013）『文法化と構文化』ひつじ書房．
天野みどり（2015）「書評：『日本語構文意味論』」『日本語の研究』第11巻1号．42-47 日本語学会．
Brown, Penelope and Stephen C. Levinson（1987［1978］）*Politeness: Some Universals in Language Usage*. Cambridge: Cambridge University Press.（田中典子監訳（2011）『ポライトネス：言語使用における、ある普遍現象』研究社．）
Chafe, Wallace, L.（1968）"Idiomaticity as an Anomaly in the Chomskyan Paradigm." *Foundations of Language* 4, 107-127.
Crystal, David（2008）*A Dictionary of Linguistics and Phonetics*. Oxford: Blackwell Publishing.
Culicover, Peter W. and Ray Jackendoff（2005）*Simpler Syntax*. Oxford: Oxford University Press.

Fillmore, Charles J., Paul Kay and Mary Catherine O'Connor (1988) "Regularity and Idiomaticity in Grammatical Constructions." *Language* 63: 3, 501–538.

Goldberg, Adele E. and Devin Casenhiser (2006) "English Constructions" In Bas Aarts and April McMahon (eds.), *The Handbook of English Linguistics*, 343–355. Oxford: Blackwell Publishing.

畠山雄二（編）（2012）『日英語の構文研究から探る理論言語学の可能性』開拓社.

Jespersen, Otto (1917) *Negation in English and Other Languages*. Copenhagen: BIANCO LUNOU BOGTRYKKERI.

国広哲弥（1982）『意味論の方法』大修館書店.

益岡隆志（2013）『日本語構文意味論』くろしお出版.

益岡隆志、大島資生、橋本修、堀江薫、前田直子、丸山岳彦（編）（2014）『日本語複文構文の研究』ひつじ書房.

宮地裕（1988）『慣用句の意味と用法』明治書院.

森田良行・松木正恵（1992 [1989]）『日本語表現文型』アルク.

Nunberg, Geoffrey, Ian A. Sag and Thomas Wasow (1994) "Idioms." *Language* 70: 491–538.

澤田治美（編）（2012）『ひつじ意味論講座　構文と意味』ひつじ書房.

高見健一・久野暲（2014）『日本語構文の意味と機能を探る』くろしお出版.

第7章
複合動詞における文法化の一考察
「〜切る」「〜過ぎる」「〜出す」を例に*

志賀里美

1. はじめに

　本稿は「食べ切る」、「通り過ぎる」、「見つけ出す」のような、いわゆる「動詞の連用形＋V」の複合動詞を、文法化の枠組みで論じることを目的とする。

　文法化は語彙項目が機能語へと変化する過程であり、通時的研究で扱われることが多いが、三宅（2005）が提唱するように、共時的観点から文法化の枠組みで複合動詞を扱うことも可能である。具体的には、文法化に見られる語彙項目から機能語に変化する際、元々の意味が、その機能語化した意味に残っていること（保持化）、それらの意味が重なり合っていること（重層化）、さらには語彙項目から機能語への変化には連続性が観察されることなどである（詳しくは秋元 2014: 8–9 参照）。

　本稿では『現代日本語書き言葉コーパスオンライン版 1.1.0』*1 のコアデータ（以下、『BCCWJ　コア』）から抽出した「〜切る」、「〜過ぎる」、「〜出す」の後項動詞（以下、V2）について、①その意味およびその変化過程、②その機能変化の過程、③それらの現代語における頻度、を中心に考察を行い、共時的観点から複合動詞の文法化の過程を連続的に示していく。

　手順としては、まず、2節で文法化とは何か、そして複合動詞における文法化について述べ、共時的に考察する意義、及び本稿の枠組みとなる意味の連続性と変化について述べる。次に、3節で「〜切る」、「〜過ぎる」、「〜出す」の本動詞とV2の意味定義をしたのち、2.2の図1「文法化内における意味変化」を用い、V2における意味変化の連続性を示しつつ、意味が「重層化」「保持化」「漂白化」されていることを確認する。そして、4節で『BCCWJ　コア』

に出現したV2の前接する前項動詞（以下、V1）の異なり語数と述べ語数を考察し、V1のバリエーションと機能語化の関係性について述べる。その後、5節において、現在の複合動詞の使用頻度と文法化の関係性について検討をする。

2. 文法化と連続性について

2.1 文法化

文法化については研究者により若干の違いがあるが、三宅（2005）は、文法化を「内容語だったものが、機能語としての性格を持つものに変化する現象（p.62）」であり、それを日本語において具体的に考えると、「内容語はいわゆる動詞や名詞などに相当し、機能語はいわゆる助詞、助動詞ということになるので、動詞や名詞などの語が助詞／助動詞的な機能を有するようになる現象、と言い換えることができる。（p.62）」と定義している。

また、ホッパー・トラウゴット（2003: x–vi）は「語彙の項目や語彙構造が、ある言語の文脈の中で文法的な機能を果たすようになる過程で、いったん文法化が進むと、一層文法的な機能を果たす語に変化しつづける過程である」と述べ、ある語が機能語化していくと、個別の意味を担っていくことを示唆している。本稿でもこれらの定義に従う。

2.2 漂白化・保持化・重層化

文法化とは、先ほど定義したように、「内容語だったものが、機能語としての性格を持つものに変化する現象（三宅 2005: 62）」であるが、その文法化の一現象として、「漂白化」（bleaching）というものがある。ホッパー・トラウゴット（2003）は、「漂白化」とは、「意味内容の喪失を伴う過程（p.109）」のことで、「漂白化」の結果、「語彙的な意味がなくなり他の意味が加わる過程が文法化の典型である、と仮説を立てることができる（p.114）」と述べている。複合動詞の場合、本動詞の元々の意味、本義がなくなっていくのは「漂白化」にあたるが、意味の消失は通常統語的変化の結果

生じたものである。例えば、V1 + V2 で2つの動詞が対等であったが、そのうち、V2 が V1 に従属するようになり、その結果、本来 V2 が持っていた意味が弱くなり、文法的意味に推移していったと考えられる。これは、V2 の要素が機能語化した（＝文法的要素になったということ）ということである。

また、秋元（2014）によると、「語彙的機能から文法的機能へ文法化する際、その語彙の元々の意味が残っており、それが文法的分布に制約を与える（Hopper 1991: 22）。'will' 'shall' 'be going to' における未来用法の相違は元来の語彙的意味の相違に起因する（shall は元々の意味は「義務」、will は「希望、意志」、be going to 「予測」である（Bybee and Pagliuca 1985: 74–5））(p.8)」という「保持化」と言われている現象があると言う。

そして、「新しい層（layer）が現れた時、古い層は無くなるのではなく、相互に共存して存在する（p.8）」とし、これは「重層化」と呼ばれている現象で、文法化したからと言って、突然新しい意味や機能が生まれてくるわけではなく、ある時期は新しい層（意味）が古い層（意味）と共存するという。そして、その結果、意味も変化し、漂白化されていくのである。

詳しくは、3節において実例を見ながら詳しく述べるが、複合動詞においても、本動詞の元々の意味は保持されており、意味のバリエーションを連続的に示すと、「保持化」および「重層化」が見て取れる。

そして、秋元（本書：6）は、以下の図1を示し、Heine（2002）が文法化内において意味変化が図1のように3段階あると指摘していることを挙げ、「これらの変化は進行している文法化の度合いを知る手がかりになる」と述べている。

```
     A         →      A/B        →        B
  元々の意味         元々の意味＋新しい意味      文法化した意味
                                        （秋元 本書: 6）
```
図1　文法化内における意味変化

文法化における意味変化では、まず、語の元々の意味（A）があ

り、その後、漂白化が起こっていく過程において「保持化」「重層化」が見られるため、元々の意味と新しい意味（A/B）の段階が見られる。その後、元々の意味とは全く異なる新しい文法化した意味（B）が出現するというのである。もちろん、上記の図1は、意味の史的変化を述べているものだが、本稿のような共時的観点にも援用できよう。

2.3 複合動詞における文法化

ここで少し、複合動詞における文法化における研究について見ておきたい。

複合動詞の研究は、主に「断ち切る」「思い切る」などのV1に直接結合する語彙的複合動詞と「食べ切る」「疲れ切る」などのV1に直接結合するのではなく、補助動詞的に結合する統語的複合動詞の二者を区別し、研究されることが多い。

しかし、青木（2013: 60）が「まず、「語彙的」なものから「統語的」なものへという歴史変化があることに鑑みると（その逆もありうる）、両者は連続的であると考えざるをえない」と指摘しているように、この語彙的複合動詞と統語的複合動詞を別々に捉えるのではなく、連続的に捉える必要性を述べる研究も出てきている（陳2013など）。

そして、「「語彙的」から「統語的」への変化は、文法化（機能語化）として位置づけられることになる（青木2013: 60）」とあるように、複合動詞がどのように機能語化していったのか語彙的複合動詞と統語的複合動詞を連続的に捉え、文法化の様相について考察する研究もされるようになってきた。

だが、文法化というと通常は通時的研究で扱われることが多い。確かに、ある語、例えば「肉を切る」のように「切断」の意味を持った「切る」という本動詞が、どのように「肉を食べ切る」と「完遂」の意味に機能語化していったのかということ考えるにあたっては、通時的視点が必要であろう。しかし、共時的視点から「文法化」について考察することも可能であると考える。

例えば、「打ち出す」を『BCCWJ　コア』で抽出すると、(1)

(2) (3) (4) の意味が出現する。また、『BCCWJ　コア』には出現しなかったが、(5) のような例も考えられる。

(1)　ライン上にボールを打ち出した。
(2)　資料が打ち出される。
(3)　独自色を打ち出そうと。
(4)　和平路線を打ち出した。
(5)　キーボードを突然打ち出した。（作例）

(1) は、本動詞「出す」の本義である「移動」の意味であるが、(2)、(3) は「出現・顕在」の意味、(4) は「方針や考えをはっきり示す」、(5) は「開始」と、同じ語であっても文脈によりそれぞれ意味が異なる。前接する V1 により意味が変わるということも勿論あるのだが、同じ V1 であっても意味が変わることがある。それは、意味が連続しているためであり、文法化が進んでいくうちに、文法的制約も無くなっていくため、以前は持ち得なかった意味が発生していくためなのである。

このように意味を連続して並べると、意味変化が見て取れ、同時に、内容語と機能語の変化も見て取れる。そして、保持化、重層化しているために、共時的にみると、(1)－(5) のように種々の意味が見られるのである。

三宅 (2005) は、現代日本語において、「文法化」として共時的に研究することが有効である現象を取り上げ、内容語と機能語の連続性について考察している。この中で、文法化を共時的に扱う意義が 2 点挙げられている。

①同一の形式における内容語的な用法と機能語的な用法との連続性、及び両者の有機的な関連性を捉えることが可能になること、②文法化後の機能語としての意味・文法機能を説明する際に、文法化前の内容語としての意味からの類推が可能になること

（三宅 2005: 61）

つまり、同じ形式を持つ複合動詞についても、連続的に示すことにより、意味変化の方向性を説明することが可能である。そして、通時的観点からだけではなく共時的観点からでも、文法化の枠組みを使用し、複合動詞と関連する本動詞の意味をふまえ考察することにより、どのように意味変化していったかが類推可能である。これについては三宅（2005: 67–68）が「〜あう」を例に実証している。

本稿においても、三宅が指摘する2点は大変有意義であると考え、共時的観点から複合動詞を文法化の枠組みを使用し考察する。

2.4　本稿における複合動詞の文法化

ここで、これらの点を踏まえ、本稿で扱う複合動詞の文法化を規定しておきたい。

文法化とは、内容語であったものが機能語化していく現象であるため、複合動詞においては、意味的側面と統語的側面において変化が見られる。

　①意味的側面＝V2の意味変化
　②統語的側面＝前接するV1のバリエーションの変化

なぜ、統語的側面の変化において前接するV1のバリエーションが関係しているのか、2.2においても少し説明したが、更に補足して説明しておきたい。

青木（2004: 39–40）は、「断ちきる」のように、V2に本動詞「切る」の意味が色濃く残っている段階では、V1が表す動作（断つ）によりV2は「切断」の意味を表すが、「言いきる」のような場合にはV1の行為（言う）を「区切る」という終結の意味になる。しかし、その際にはV1にはかなりの制限があり、語彙的レベルであるのに対し、「澄みきる」や動作の完遂の意味の際には、文法化を果たし、V2はあらゆる動詞に接続することが理論上には可能になったと述べている。

つまり、複合動詞が機能語化していない内容語の場合は、V2に前接できるV1が限られているが、機能語化、文法化していくに従

い、その制約が緩んでいき、種々のV1を取ることができるようになり、結果、接辞化していき、助詞、助動詞のようなふるまいをしていく。このように考えた場合、内容語の場合には共起制約があるため、V1のバリエーションが少ないが、文法化していくに従い、共起制限がなくなっていくため、V1のバリエーションが多くなると考えられる。したがって、V1のバリエーションを考察することにより、統語的側面から機能語化しているかどうか判断ができると言えよう。

　そこで、本稿では、まず3節で、漂白化が起こっている意味を特定し、意味的に機能語化しているものとそうでないものとを確認する。だが、意味の面からだけでは文法化しているかどうかということは言えないため、4節において、3節で漂白化していた意味の場合には、V2は種々の語と共起もするようなっており、接尾辞化しているということを見て、意味的側面と統語的側面から文法化がどのように起こっているかを考察していきたい。

3. 複合動詞における文法化　意味的側面

　ここでは、本動詞と複合動詞の意味を考察し、どのように本動詞から複合動詞が意味変化しているかを追うことにより、文法化しているかを見ていく。

　「切る」「過ぎる」「出す」は辞書を引くと様々な意味が立項されており、多義性を持っていることが分かる。そのため、機能語化している意味を捉える際に、そもそものコアの意味が何か、どの意味を本義と設定するかが難しい。そのため、本稿では、『基礎日本語辞典』と『新明解国語辞典　第七版』『大辞林　第三版』などの辞書を参照し、本義を確定する。

　そして、複合動詞の意味規定にあたっては、「V＋切る」「V＋出す」は先行研究が多数あるため、その先行研究の意味を使用する。しかし、「V＋過ぎる」については先行研究はあるが、統語的複合動詞と語彙的複合動詞を連続的に捉えたものは見当たらないため、本動詞の意味規定同様、辞書を参照し、規定を行うこととする。

3.1 「〜切る」

ここでは、本動詞「切る」(以下「切る」)と複合動詞「〜切る」(以下「V＋切る」)の意味を、辞書の意味記述と『BCCWJ　コア』の用例から定義し、「漂白化」や「保持化」、「重層化」がどのように起こっているのかを見ていく。

3.1.1 「切る」と「V＋切る」の意味

まず、意味分類するにあたり、本動詞「切る」について意味規定を行いたい。

森田 (1989: 377) において、「切る」は「一続きにくっついて全体を分離・分断させる」と記述されている。また、他の辞書にも同様に、「分離させる」「分断」という記述があるため、本稿では「切断」と定義する。

次に複合動詞の意味を見てみる。

複合動詞「V＋切る」の研究は姫野 (1999)、青木 (2004)、杉村 (2008) など多々あり、「V＋切る」の意味分類もおおむね、①「切断」②「終結」③「完遂」④「極度」の4つが立項されている[2]。なお、語彙的複合動詞と統語的複合動詞という区別では、①②が語彙的複合動詞、③④が統語的複合動詞である。

では、実際の用例ではどのような意味での使用が見られるのか。『BCCWJ　コア』から抽出した例を見ていくと、

(6) それから舌を、磨り減らない青銅が根本からすっぽり断ち切り、その鉈は顎の底のわきから外へつき出たのに、

(7) うしろ髪をひかれる思いがあったが、それをたちきるように、ふりかえることなく、途中から駆けるように歩いた。

のように切り離す行為を意味する「切断」の意味と、

(8) 館を変えながらロングラン上映されるし、逆に客入りが悪かったら、早々と打ち切られることもあります。

(9) 衆参補選、統一地方選ともに原則として午後八時に締め切

られ、都内の一部の区を除き即日開票される。

のように「上映を打つことを終結させる」「受付することをやめる、その行為の継続を切断する」という「終結」の意味がある。
　また、

(10) カジキマグロの切り身があります。今日あたり食べきらないとまずそうです。
(11) 再録する雑誌「ジョー＆飛雄馬」が登場、創刊号は四十三万部を売り切った。

のような「V1を最後までする」という「完遂」の意味や、

(12) 元大統領は長期間にわたる逃亡生活の末の拘束で、疲れきった表情だ。
(13) カジキなどの大物がかかった時にはロープが全部のびきって次の漁の余裕がなくなってしまう。

という「V1が限界まで達した」という「限度」の意味も見られる。
　だが、この「完遂」と「限度」の意味を明確に区別できない例も見られた。

(14) 一方的に好意を寄せ、同年末ごろ、交際を求めて断られた。あきらめきらず、女性の自宅で待ち伏せや見張りの行為を繰り返したほか、
(15) アルフィーになりきったコピーバンドや、自作のアルフィーグッズを持参した人、

(14)(15)のような動作に時間的幅のない瞬間動詞の場合、「V1を最後までする」がいいのか、「V1が限界まで達した」と考えた方がいいのか判断が難しい*3。
　さらに、

(16) 会社は利潤を上げるための存在ではなく、運営さえできればいいと割り切る。
(17) 中一の子供ですが、部活に入って張り切っています。

のように、「個人的な心情をまじえずに、原則に基づいて考える」、「いきごむ」といったV1、V2の本義からは意味予測できない、V＋Vで新たな意味になっているものもあった。

以上のことから、今回本稿では、「V＋切る」は以下の6つの意味に分類する。だが、一語化したものについては、機能語化とは異なるもののため、今回の考察対象から除外することとする。

表1 「V＋切る」の意味

分類	意味	複合動詞　V＋切る　例
①切断	物を切る	(6) 舌を、磨り減らない青銅が根本からすっぽり断ち切り、
②終結	事態の継続の切断	(8) 早々と打ち切られることもあります。
③完遂	行為が最後まで行われた	(10) 今日あたり食べきらないとまずそうです。
↓		(14) あきらめきらず、 (15) アルフィーになりきったコピーバンド
④極限	状態や行為が極限まで達し、それ以上は進まない	(12) 疲れきった表情だ。
一語化	新たな意味になっているもの	(17) 部活に入って張り切っています。

3.1.2 「V＋切る」に見られる漂白化・保持化・重層化

次に、「V＋切る」において、文法化の一現象として起こると言われている「漂白化」「保持化」「重層化」がどのように起きているのかを考察する。その際に、2.2で示した図1を援用する。図1のように意味を連続的に示すことにより、どのように漂白化、保持化、重層化しているのかが見て取れるためであり、なぜ機能語化した用法が出現してきたのかが推測できるためである。

まず、「(6) それから舌を、磨り減らない青銅が根本からすっぽり断ち切り、」「(7) うしろ髪をひかれる思いがあったが、それをたちきるように、」のような「①切断」は、V1の動作によって対象物を切断する、という意味であり、「豚肉をひと口大に切り」の本

動詞「切る」の本義である「切断」同様、何か対象物である物を切断するという点で、本動詞「切る」の本義である「切断」の意を色濃く残している。このことから、前に動詞の連用形を取るという形式的変化を有していると言っても、元々の本動詞の意味を持つ点で内容語に近く、この時点ではまだ機能語化していないため、図1に当てはめると、「A元々の意味」であると言えよう。

　しかし、「(8) 館を変えながらロングラン上映されるし、逆に客入りが悪かったら、早々と打ち切られることもあります。」「(9) 衆参補選、統一地方選ともに原則として午後8時に締め切られ、」のように「②終結」の意味になってくると、対象物が「上映すること」「選挙の受け付けすること」のような動作に変化し、その動作の切断の意味となる。つまり、どのように「切断」するかという意味から、動作を「終結」するという意味へと変化している。動作の「切断」という意味では、「切る」の本義を残していると言えるが、切断する対象物が物から動作へと変わり、新しい意味も付与されている。その意味で、「切断」という元々の意味を残しながらも、対象物が動作へと変化し、「②終結」という意味になっており、意味の漂白化が起こり始めていることが分かる。だが、本動詞「切る」の意味が完全に消失したわけではないことから、図1の「A/B元々の意味＋新しい意味」に位置付けることができ、まだ完全に機能語化してはいないと考えられる。

　そして、「(10) 今日あたり食べきらないとまずそうです。」「(11) 再録する雑誌「ジョー＆飛雄馬」が登場、創刊号は43万部を売り切った。」のようになると、もはや「切る」の本義の「切断」という意味が薄れてきて、つまり、「漂白化」され、「V＋切る」の意味にしかない「～しおえた」という「③完遂」の意味に変化する。だが、ここでも「切る」の本義「切断」の意味が全くなくなったわけではなく、ニュアンスとしては残っている。森田（1989: 380-381）は、「継続する行為にけりをつけて終結する行為」を表すことから、「完全にその事柄を終える。"完了"の意味となる」と述べている。「②終結」のときには対象は動作で、その動作の切断し終わらせるという意味であったが、そこから、時間的にその行為を終

了するという点だけに焦点が移り、時間的にその行為を終了するという「③完遂」の意味となり、「〜しおえた」というアスペクト的意味が生じたと考えられる。

　そして、図1で考えると、この意味は「切断」のニュアンスを残しつつも新しい意味が付与されているため「A/B　元々の意味＋新しい意味」、さらには、「③完遂」のアスペクトという文法的意味を担うことから「B　文法化した意味」でもあると考えられる。

　このように「B　文法化した意味」という新しい層（layer）が現れた時、「A　元々の意味」の古い層は無くなるのではなく、「A/B　元々の意味＋新しい意味」のように相互に共存して存在するという「重層化」が起り、更に、定着し、「B　文法化した意味」へと漂白化されていく。

　また、ここでは「保持化」も見られる。「保持化」とは、2.2でみたように、「語彙的機能から文法的機能へ文法化する際、その語彙の元々の意味が残っており、それが文法的分布に制約を与える（Hopper 1991: 22、秋元 2014: 8)」ことである。「V＋切る」の場合にも、「切る」の語彙の元々の意味「切断」は「③完遂」になっても、まだニュアンスとして残っている。そして、青木（2004: 39–40）でもV1の制限があると述べられているように、「③完遂」の意味のときには、V1になれる動詞は動作性が強い動詞のみで、「疲れる」のような状態性の動詞は複合動詞「V＋切る」には前接することができない。それは、「元々の意味が文法的分布に制約を与える」からであると考えられる。「切る」が持つ元々の意である「切断」は、「肉を切る」のように対象物を切断する意味であるため、複合動詞になった際にも「肉を噛み切る」「(7)　うしろ髪をひかれる思いがあったが、それをたちきるように、」のようにどのように切るか、という動作を詳しく説明する動作性の強い動詞は前接できても、状態性の強い動詞は前接できないのである。

　だが、「V＋切る」には「疲れ切る」のような状態性の強い動詞も前接することができる。しかし、この際には「④極限」という全く新しい意味になる。この「④極限」の意味にはもう「切断」のニュアンスは全く感じられない。「文法化内における意味変化」で

考えると、全くの新しい意味であるため、「B文法化した意味」である。このように意味的にも文法的制約にも「保持化」が見られる。

では、この「④極限」の意味は、元々の「切断」の意味や「③完遂」の意味と全く連続性がなく出現したのかと言えば、そうではなく、「③完遂」と「④極限」には、次のような連続性が見出せる。杉村（2008: 72）は下記の図2を示し、「「行為の完遂」は当該の事態を最後までやり残しなく完全に行うことを表す表現で、対象物を100パーセント消費するということを含意する。それが文脈によって物事を諦めずにやり通すという意味を付随させる。」と述べている。

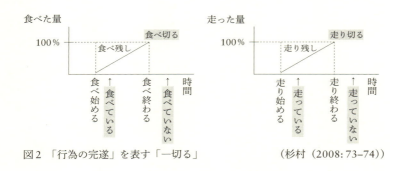

図2　「行為の完遂」を表す「—切る」　　　　　　（杉村（2008: 73-74））

つまり、「③完遂」の意味のときには、行為が終了する時間に焦点が当たっておりアスペクト的意味を表しているが、実はその行為の結果、対象物を100パーセント消費したことが含意されている。文脈によってだが、「ご飯を食べ終わった」と「ご飯を食べ切った」いう複合動詞を比較した際、「食べ切った」のほうには「達成感・満足感」が含意されていると感じる場合がある。これは、横軸のV1の動作をすることにより、縦軸の「対象物を全て消費」し、その結果、「達成感・満足感」というニュアンスを伴うようになるためだと考えられる。

そして、この量を消費するという意味に焦点が移った結果、「V＋切る」は「対象物を消費する」という用法があることから、「100％の量に達する」という意味があると類推され、疲れが100％まで達成した場合は、「疲れ切った」、つまり、疲れが100パーセントに達し、その結果、「疲れが十二分に・とてもある」と

いう表現、「④極限」の意味が発生したと考えられるのである。

「③完遂」のときの「保持化」に見られた「V1：動作性が強い動詞のみである」という文法的制約も、この「対象物をすべて消費する」という意味に焦点が移った結果、「V1した結果、もう（その対象物は）存在しない」と結果状態を表す言い方ができるようになったことから制約がなくなり、状態性の強い動詞も前接できるようになったと考えられる。

このように文法的制約が外れた結果、動作性の強い動詞でも、状態性が強い動詞でも種々の動詞に接続が可能となり、機能語化、つまり文法化が進んでいく*4。

以上、「V＋切る」がどのように意味変化し、機能語化していったのか、「文法化内における意味変化」の図を用い、共時的に考察を行った。「文法化内における意味変化」と意味の関係を示すと図3のようになる。

A 元々の意味			
	A/B 元々の意味＋新しい意味		
		B 文法化した意味	
①切断	②終結	③完遂 ──▶	④極限

図3 「V＋切る」における意味変化*5

3.2 「〜過ぎる」

次に、「〜過ぎる」についても同様に、本動詞「過ぎる」（以下「過ぎる」）と複合動詞「〜過ぎる」（以下「V＋過ぎる」）の意味を定義し、「漂白化」や「保持化」、「重層化」がどのように起こっているのかを見ていく。

3.2.1 「過ぎる」と「V＋過ぎる」

森田（1989: 546）において、「過ぎる」は「主体（A）と対象（B）との対応関係において、一方が他方に対し場所的、時間的、価値的にずれを生じ、差が生まれる。また、一方が<u>移動し、経過し</u>

て、その差が開いていく。」と記述されている。また、他の辞書にも同様に、「移る」「通過する」という記述があるため、本稿では「通過」と定義する。

　次に複合動詞の意味を見てみる。

　「V＋過ぎる」は、由本（1997）、山川（2000）などの研究があるが、統語的複合動詞の意味のみを検討しているため、本動詞「過ぎる」同様、辞書記述から、意味を定義したい。

　辞書には「度を超す」「限度を超える」とあり、森田（1989: 549）においても""過度""の意を先行語に添えるようになる。」「自動詞に付けば、その動作を"極端に…する"という動作の程度表現になる。」「他動詞に付くと、(3)"たくさん…する"、(4)"不適当なくらい…する"意も生じる。」のように辞書同様「極度」という意味があると規定している。だが、森田（1989: 549）にはそれ以外にも、移動動詞の場合には「過ぎる」の本義と同様の移動の「過ぎる」、つまり「通過」の意味もあると書かれている。

　では、実際の用例ではどのような意味での使用が見られるのか。『BCCWJ　コア』から抽出した例を見ていくと、

(18) ある日、私は廊下を歩いていて、B先生の教室の前を<u>通り過ぎよう</u>としました。
(19) 山道を上った。途中、母が、そして妻が転落したカーヴを<u>行き過ぎた</u>が、特別な感慨はない。

のような、「人が向こうへ去っていく」「通過する」という意味が見られる。

　そして、その他に、

(20) 百姓にコメが<u>取れすぎて</u>困るとか減反政策を行ってきた。
(21) 工業化製品で造られた住まいなので、メンテナンスやリフォームに高いコストが<u>かかりすぎて</u>います。

のような、「コメが必要以上に取れてしまう」「コストがある基準よ

第7章　複合動詞における文法化の一考察　　217

りはるかに上回る」「極度」の意味の用例も見られる。

以上、辞書の記述や『BCCWJ コア』から抽出した例の結果より、本稿では、「V＋過ぎる」の意味を表2の2つに設定した。

表2 「V＋過ぎる」の意味

分類	意味	複合動詞　V＋過ぎる　例
①通過	人、物、時などが近づいて来て、向こうへ去って行く	(18) 教室の前を通り過ぎようとしました。
②極度	物事が、ある数量や程度を越える	(21) コストがかかりすぎています。

3.2.2 「V＋過ぎる」に見られる漂白化・保持化・重層化

次に、「V＋過ぎる」においても、「V＋切る」同様、「漂白化」「保持化」「重層化」がどのように起きているのかを考察する。

「(18) ある日、私は廊下を歩いていて、B先生の教室の前を通り過ぎようとしました。」のような「①通過」は、「湊川を渡り終えたあとは、坂本村、走水村、二ツ茶屋村と過ぎて」「軍が旧ユーゴスラビア（現セルビア・モンテネグロ）を空爆してから5年が過ぎた。」のように本動詞「過ぎる」の本義が強く残っており、V1はどのように過ぎたのか、という修飾を行っている。つまり、まだ本動詞の元々の意味である「通過」の意味で、内容語としての意味しかない。このことから、「文法化内における意味変化」においては「A元々の意味」を有していると言える。

しかし、「(20) 百姓にコメが取れすぎて困るとか減反政策を行ってきた。」のような「②極度」の意味になると、ある基準点（値）を上回る、という意味になり、新しい意味が付加されている。

なぜ、この意味が生じてきたのかという点について、森田（1989: 549）では、「"価値的に一般基準をはるかに上回る"意から、"過度"の意を先行語に添えるようになる」とあり、「過ぎる」に「彼女は私には過ぎた嫁だ」のような価値的な「過ぎる」という意味があることから、複合動詞の「極度」のような意味が生じたと述べられている。確かにそのような解釈も可能だが、本動詞「通過」の意味からの類推として取れなくもない。

なぜならば、「①通過」のときには「場所や時間を通過する」のように場所や時間が基準点となりそこを通過する、という意味であったのが、「②極度」になると、その基準点を通過したあとの部分に焦点が変わり、その基準点を超えた、上回ったという「価値観」へ変化し、「ある基準点（値）を上回る」という新しい意味が付与されたとも考えられるからである。

この点については通時的研究などにより検討しなければならない課題でははあるが、「②極度」の意味には、元々の意味である「ある基準点を通過する」という意味も有しつつ、「ある基準点（値）を上回る」という新しい意味が付与されている。このことから、「文法化内における意味変化」ということで考えてみると、「A/B 元々の意味＋新しい意味」と言えよう。

このように、「V＋過ぎる」においても、「②極度」の意味には元の意味が残っている点で「保持化」しており、更にその意味に新しい意味も付与されている点で「重層化」が起きていることが分かる。

以上のことを「文法化内における意味変化」と意味の関係を示すと図4のようになる。

A 元々の意味	
	A/B 元々の意味＋新しい意味
①通過	②極度

図4　「V＋過ぎる」における意味変化

だが、「V＋切る」のように「V＋過ぎる」のみが有している完全に文法化した意味は見られない。「V＋過ぎる」は「V＋切る」のときとは異なり、完全に文法化し、アスペクト的意味を持つということがないため、典型的な機能語化まで進んだとは言えないが、その過程は見て取れる＊6。

3.3　「〜出す」

最後に「〜出す」についても考えてみる。

3.3.1 「出す」と「V + 出す」

現代語において、本動詞「出す」の意味は、森田（1989）には記述が見られなかったが、他の辞書には「内部・中から、外部・外へ移す」、つまり「移動」の意味記述がある。このことから、本稿では「出す」の本義は「移動」と定義する。

次に複合動詞の意味を見てみる。

複合動詞「V + 出す」についても多くの先行研究があり、姫野（1999: 101）では、①「移動」②「（表だった場への）出現」③「顕在」④「開始」の意味を挙げ、影山（1993）の分類に従い、①②③を語彙的複合動詞、④を統語的複合動詞としている。

では、実際の用例はどうだろうか。『BCCWJ　コア』から抽出した例を見ていくと、

(22) 仕方がない―ややもしてそう思い直すと、気持を改めて便箋を取り出した。
(23) 三村はそれを手に入れると、家でそのチューブの中身を少し押しだしてみたのだった。

のような本動詞「出す」の本義の意味の、「外に出す「移動」」の意味が見られる。

また、

(24) バンドとも掛け合い、観客にも呼びかけてライブならではの一体感を作り出す。
(25) 重さを感じさせず食べやすいパンを作るために、職人が半年かけて考えだしたレシピです」と教えてくれた。

「今までなかったものや、見えなかったものを、出現させる」という「出現」「顕在」の意味のほか、

(26) かけっこをすれば、一等になりたくてグラウンドをななめに走りだす。

(27) 避難したくないと、言いだすお年寄りもいた

のような「V1の動作を始める」という「開始」の意味も現れる。
また、以下のような例も見られた。

(28) 機構（JICA）は二千年から5カ年計画で、ミャンマーのハンセン病対策プロジェクトに乗り出した。
(29) 週末には思いきりお洒落をして、パブに繰り出したものだ。

(28) は、「新たな事を始める」意味であり、(29) は、「出掛ける」意味であるため、V1の意味（「乗る」「繰る」）もV2の意味（「出す」の本義「移動」）も喪失し、新たな意味を創出している。
　以上のことから、本稿では、「V＋出す」の意味を表3のように4つに分類*7した。なお、「V＋切る」同様、一語化したものについては、機能語化とは異なるもののため、今回の考察対象から除外することとする。

表3 「V＋出す」の意味

分類	意味	複合動詞　V＋出す　例
①移動	中から外の方へと移動	(22) 便箋を取り出した。
②出現・顕在	今までみえなかったもの、なかったものを外に現わす	(24) ライブならではの一体感を作り出す。
③開始	その動作を始める	(26) グラウンドをななめに走りだす。
一語化	新たな意味になっているもの	(28) ハンセン病対策プロジェクトに乗り出した。

3.3.2 「V＋出す」に見られる漂白化・保持化・重層化
　では、「V＋出す」がどのように意味変化していったのかを見ながら、「漂白化」「保持化」「重層化」についても見ていく。
　まず、「(22) 仕方がない―ややもしてそう思い直すと、気持を改めて便箋を取り出した。」のような「①移動」の意味は、「ソラマメはサヤから出してゆでる。」のような「出す」の本義である「移動」と同じく、元々あった場所から他の場所への移動である。元々

の意味である「移動」という意味があることから、「文法化内における意味変化」でいうと、「A 元々の意味」になり、この時点ではまだ、内容語である。

　そして、「(24) バンドとも掛け合い、観客にも呼びかけてライブならではの一体感を作り出す。」のような「②出現・顕在」の意味になると、「元々あった場所から他の場所へ」という意味が喪失し、V1することにより、新しいものを出現させたり、現したりするという新しい意味が付与されている。だが、元々の意味である「移動」という意味が全く無くなったわけではない。森田（1989: 643）に「中にある事物を外側へ、表面のほうへと移し現れるようにする意から、新たな状態を発生させる意へと転じていく。」とあるように、「移動」の意味では、その場所になかったものが中から外へ「移動」させることにより出現するため、元々何もない場合であっても出現する場合には「出す」を使用し、「作り出す」のような「②出現・顕在」の意が生じたと考えられる。目に見えない、元にはなかったものがどこかから出てくるという、突然出現したようなイメージである。そのため、「②出現・顕在」にはまだ移動の意味が強く感じられる。姫野（1999: 97-98）にもあるように、おそらく、「雨が降り始めた」と「雨が降り出した」を比べた際、文脈にもよるのだろうが、「降り出した」のほうが「急に」という意味を含意するのも、無かったものが突如現れるイメージからだと思われる。このように「出す」の元々の意味がありながら、新しい意味が発生しているため、「A/B　元々の意味＋新しい意味」だと考えられる。ここでもまだ、元々の意味は強く残っているため、機能語化はしていない。

　そして、「(26) かけっこをすれば、一等になりたくてグラウンドをななめに走りだす。」のように「③開始」の意味だと、もはや「出す」の本義である「移動」の意味は無くなる。だが、全く連続性やニュアンスがないわけではない。森田（1989: 643）などの指摘にあるように、どこかからか「②出現・顕在」した物が現れ始めた結果、継続してその場にあるということから、物ではなくある動作を「〜し始める」という「③開始」の用法へと変化したと考えら

れるためである。これは、元々の「①移動」の意味はなくなり、開始というアスペクト的意味を有するため、「B　文法化した意味」となる。

　そして、ここにも「重層化」と「保持化」が見られる。「出す」の本義である「移動」の意味が保持され、徐々に新しい意味、機能語化した意味へと層をなしていく。また、「出す」の元々の意味は、何か内から外へと移動させるという意味であるため、「①移動」や「②出現・顕在」の意味のときには、このような意味を有さない「食べる」のような動詞は前接できない。だが、「③開始」の意味になると新たな意味、文法化した意味を有するため、語の元の意味にあった文法的制約がなくなり、開始という意味を持つ動詞であれば前接できるようになったのである。

　以上、図1と意味の関係を示すと、図5のようになる。

A 元々の意味		
	A/B 元々の意味＋新しい意味	
		B 文法化した意味
①移動	②出現・顕在	③開始

図5　「V＋出す」文法化内における意味変化

4.　複合動詞における文法化　統語的側面

　前節まで複合動詞「V＋切る」「V＋過ぎる」「V＋出す」について、意味の面からどのように文法化しているか、内容語から機能語化へと連続している様を考察してきた。次に、統語的面から文法化している様子を考察していきたい。

　機能語化しているということは、内容語のときとは異なり、様々な制約がなくなってくる。例えば、「V＋切る」の場合であれば、機能語化していくと、前接するV1は、動作性の強い動詞でも、状態性の強い動詞でも前接できるようになる。

　これをV1の頻度（どの意味のときにV1の異なり語数が多いか）

において考えてみると、内容語の場合にはV1との結びつきが制限されているためV1のバリエーション（異なり語数）が少ないが、機能語化していくと制限が緩くなり種々のV1との接続が可能となるため、V1のバリエーションが多くなると考えられる。「V＋切る」であれば、内容語の「①切断」の意味の場合は、「書き切る」「話し切る」のようなV1は前接しないが、機能語化した「③完遂」の意味では「書き切る」「話し切る」と使える。つまり、意味別にV1の異なり語数を比較していくと、内容語の意味の場合よりも、機能語化している時の意味の方が、V1の異なり語数が増えると推測できる。

　以下では、この仮説に基づき、『BCCWJ　コア』に出現した複合動詞を意味別に検討し、その際のV1のバリエーション（異なり語数）がどのように異なるのか見ていく。むろん、複合動詞の出現頻度が少なければ、V1の異なり語数が少なくなるため、出現した述べ語数とV1の異なり語数両方を見ながら考察を行っていく。

　なお、今回はそれぞれの単語のみの判断ではなく、文脈の中で意味分類を行った。なぜ、単語のみではなく、文脈での意味分類を行ったかというと、同じ語であっても、2.3で触れたような（1）–（5）のように文脈により意味が異なることがあるためである。

4.1　「V＋切る」

　『BCCWJ　コア』において、「V＋切る」という語は、107語出現した。それを意味語ごとに分類し、図にしたのが下記の図6である。棒グラフ左は、『BCCWJ　コア』に出現した「V＋切る」の出現数であり、棒グラフ右は、「V＋切る」に前接するV1の異なり語数を示したものである。また、下記の表4に、「V＋切る」に出現したV1を意味別に上位5つまで示す。

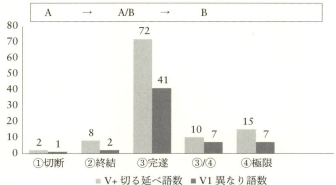

図6 「V＋切る」意味別　出現頻度とV2に前接するV1の異なり語数

表4　「V＋切る」各意味に出現したV1の上位5つ

	①切断	出現数	②終結	出現数	③完遂	出現数	③／④	出現数	④極限	出現数
1	断ち切る	2	打ち切る	6	言い切る	11	掴み切る	2	耐え切る	4
2			締め切る	2	逃げきる	7	乾き切る	2	疲れ切る	3
3					出し切る	4	成り切る	2	腐り切る	3
4					押し切る	4	諦め切る	1	閉め切る	2
5					食べ切る	3	分かり切る	1	伸び切る	1

　「①切断」の意味のときは、「V＋切る」の出現が2例あるが、V1は一種類のみで「断ち切る」の使用しかなく、「V1て切る」のような修飾関係のため、V1は動作性が強い動詞であった。そして、「②終結」のときには、出現数は8例に増えるが、V1のバリエーションは2種類のみで、「うち切る」「締め切る」の2例しかなく、「上映をうつ」「受け付けを締める」のような動作性を表す動詞である。

　だが、「③完遂」「③／④」「④極限」の場合は、V1のバリエーションが増える。「③完遂」のときには、72例の出現中、V1は41種類あり、「③／④」のときは、10例の出現中V1は7種類見られる。また、「④極限」のときも15例の出現に対し、V1は7種類ある。つまり、「①切断」「②終結」のときとは異なり、様々なV1と共起していることが分かる。

　そして、共起しているV1の動詞の特徴を見てみると、先行研究

の指摘同様、「③完遂」のときは「食べる」「書く」などの動作性の高い動詞であり、「④極限」のときには「耐える」「疲れる」などの状態性の強い動詞である。また、「③／④」に分類されているのは「分かる」「諦める」などの状態性もあり瞬間的である動詞が多い。

以上のことから、「①切断」「②終結」のときは機能語化しておらず、内容語に近いため、共起できるV1には制約があり、V1の異なり語数も少ないが、「③完遂」「③／④」「④極限」の場合には、機能語化し、助動詞のように接辞のようになっているため種々の動詞との結合が可能になっていることが分かる。

古語の先行研究を見ても、元々複合動詞は語の結合性が薄く、「V1てV2する」のようにV2には「切る」という語自体の意味が色濃く残っている。それが、次第に機能語化し、文法化していくことにより、漂白化が起こり、その際「保持化」とともに付随して起こる文法的制約も緩み、種々の語との結合が可能になったと考えられる。

4.2 「V＋過ぎる」

『BCCWJ　コア』に出現した「V＋過ぎる」は、76語であった。以下の図7に述べ語数と異なり語数を示す。棒グラフ左が「V＋過ぎる」の出現数であり、棒グラフ右がV1の異なり語数である。

また、表5は、「V＋過ぎる」に出現したV1を、意味別に上位5つ示したものである。

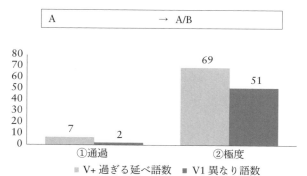

図7　「V＋過ぎる」意味別出現頻度とV2に前接するV1の異なり語数

表5 「V+過ぎる」各意味に出現したV1の上位5つ

	①通過	出現数	②極度	出現数
1	通り過ぎる	6	成り過ぎる	10
2	行き過ぎる	1	食べ過ぎる	8
3			し過ぎる	8
4			有り過ぎる	4
5			無理し過ぎる	4

　「V+過ぎる」も、内容語の「①通過」の意味は、7例の出現があったが、V1は「通り過ぎる」「行き過ぎる」の2種類しかなかった。機能語化していない意味の場合は、やはりV1にくるのは「V1て、過ぎる」という修飾関係のような意味で、動作性の強い動詞であった。

　しかし、「②極度」の場合には、69例の出現に対し、V1のバリエーションは51例見られた。そして前接するV1も、「飲み過ぎる」「食べ過ぎる」のような動作性の強い動詞との共起だけではなく、「ある」「違う」のような状態性の強い語との共起もあり、内容語のときに共起していたV1と性質が異なってくる。

　やはり「V+切る」同様、機能語化している意味に近づいて行くほど、V1のバリエーションが多くなっているのが分かる。この「②極度」の意味が本義の「①通過」の意味よりもV1の異なり語数が多いということは、文法化していく過程でV1との共起制約が緩み、V1のバリエーションが増えた可能性があるということが伺える。実際、動詞以外にも「〜+過ぎる」は「優しすぎる人」のように共起する。これは、文法化していっているため、共起する品詞の制約まで広がっていっている事例であり、V1の共起制約が緩んでいる証左であろう。

4.3 「V+出す」

　最後に「V+出す」を見る。
　「V+出す」は、『BCCWJ　コア』に460語出現した。

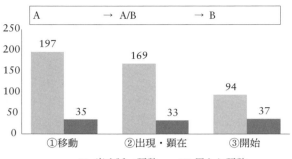

図8 「V+出す」意味別　出現頻度とV2に前接するV1の異なり語数

表6 「V+出す」各意味に出現したV1の上位5つ

	①移動		出現数	②出現・顕在		出現数	③開始		出現数
1	取り	出す	28	生み	出す	27	言い	出す	15
2	引き	出す	18	作り	出す	23	動き	出す	13
3	飛び	出す	17	呼び	出す	21	歩き	出す	9
4	抜け	出す	15	醸し	出す	8	走り	出す	7
5	逃げ	出す	12	捜し	出す	8	持ち	出す	6

　「V+出す」も本動詞の意味に近い「①移動」は197例と、一番出現数が多い意味であるにもかかわらず、V1は35種類と少なく、決まったV1との共起が見て取れる。実際に共起しているV1を見てみると（表6）、「取る」28例、「引く」18例、のように、「V1て、出す」のような語との共起関係しかない。

　そして、少し意味が漂白化している「②出現・顕在」の場合は、169例中、V1は33例しかなく、「①移動」のとき同様、かなり決まった語との共起であるということがうかがえる。

　しかし、「③開始」は94例中、37種類のV1が使用されており、種々のV1との共起が見られる。共起しているV1も、「言う」や「動く」などの動作性が強い動詞だけではなく、「なる」のように瞬間的な動詞や、動作主が人でないような「流れる」といった動詞とも共起する。

　このように「V+出す」についても機能語化している意味のほうがV1のバリエーションが多く、内容語に近いものはV1のバリ

エーションが少ない。

4.4 まとめ

以上、各V2に前接するV1の異なり語数を意味ごとに考察した。その結果、異なり語数が一番多かった意味は、「B　新しい意味」である文法化した意味、もしくは、その前段階である「A/B　元々の意味＋新しい意味」であった。このことより、種々のV1が前接するということは、V2が機能語化・接尾辞化していて、より文法化している可能性が高いと考えられる。

確かに、「V＋切る」というのは、「断ち切る」「打ち切る」「食べ切る」のように「切る」の前に種々の語が前接する。しかし、「V＋貯める」は「*断ち貯める」「*打ち貯める」とは言えず、「食べ貯める」のように「食べる」などのわずかな語としか共起せず、V1のバリエーションが少ない。これは、「V＋貯める」の意味が本動詞「貯める」の本義「使わないで、そこにとどめておく」という意味しか有さず、機能語化していないためである。

以上のように、V1の共起関係と文法化には、相関性があることが伺える。

5. 文法化と使用頻度の関係性

ここまで、「V＋切る」「V＋過ぎる」「V＋出す」について、本動詞からの意味変化の過程やそれが連続的であること、また機能語化していくとV1のバリエーションも異なり、機能語化していくとV1のバリエーションが多くなることを見てきた。では、最後に、実際に機能語化している複合動詞は使用頻度も高いか考察していきたい。なぜなら、文法化をし、機能語化し、助詞や助動詞と同等の働きを有しているならば、実際の使用頻度も内容語と比較した場合、多いと考えられるためである。

5.1 「V＋切る」

『BCCWJ　コア』に出現した「V＋切る」の延べ語数を以下の図

9に示す。

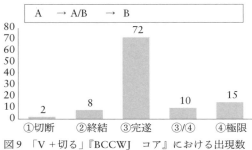

図9 「V＋切る」『BCCWJ コア』における出現数

『BCCWJ コア』において「V＋切る」は107例抽出された。その中で、一番よく使用されていた意味は、「③完遂」72例で、「B 文法化した意味」であった。次に多かったのは「B 文法化した意味」の「④極限」15例、同じく「B 文法化した意味」で「③／④」10例であった。そして、「A/B 元々の意味＋新しい意味」である「②終結」は8例、「A 元々の意味」である「①切断」は2例と一番少ない。

この結果を見ると、「V＋切る」は、「B 文法化した意味」がよく使用されており、「A 元々の意味」や「A/B 元々の意味＋新しい意味」の使用頻度は低いことが分かる。

5.2 「V＋過ぎる」

次に、『BCCWJ コア』に出現した「V＋過ぎる」の延べ語数を以下の図10に示す。

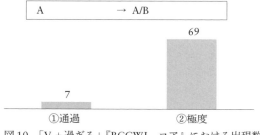

図10 「V＋過ぎる」『BCCWJ コア』における出現数

『BCCWJ コア』において、「V＋過ぎる」は76例抽出され、「A/B　元々の意味＋新しい意味」である「②極度」の例が69例と9割近く、「A　元々の意味」の「①通過」は7例のわずか1割であった。
　つまり、「V＋切る」同様、機能語化している意味のほうが使用頻度が高い。

5.3　「V＋出す」

　最後に、『BCCWJ　コア』に出現した「V＋出す」の延べ語数（図11）を見てみる。

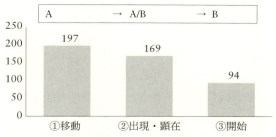

図11　「V＋出す」『BCCWJ　コア』における出現数

　『BCCWJ　コア』に出現した「V＋出す」は、460例であった。そのうち、一番使用が多く見られたのは、「A　元々の意味」である「①移動」の意味197例であった。次いで多かったのが「A/B　元々の意味＋新しい意味」の「②出現・顕在」169例で、「B　文法化した意味」の「③開始」は94例と一番少なかった。つまり、「V＋出す」については、「V＋切る」「V＋過ぎる」と異なり、文法化している意味のほうが使用頻度が少なかった。

5.4　まとめ

　以上、「V＋切る」「V＋過ぎる」「V＋出す」の3語の意味の使用頻度について、考察を行ってきた。機能語化しているのであれば、内容語の意味よりも使用頻度が高くなると考えられたが、実際は、「V＋出す」は内容語の使用頻度のほうが高く、必ずしも文法化し

ていれば使用頻度が高くなるとは言えないことが分かる。

　以上のことから、文法化している複合動詞と言っても、その意味や頻度の現れ方が異なるようである。この要因については、動詞の意味などによると考えられ、パターン化ができそうであるが、それについては今後の課題としたい。

6. おわりに

　以上、本稿では、「V＋切る」「V＋過ぎる」「V＋出す」の複合動詞について、共時的視点から文法化の枠組みで論じた。その結果、3語とも「保持化」「重層化」「漂白化」が起こっていること分かった。そして、『BCCWJ　コア』から抽出した結果から、V1のバリエーションと機能語化には相関性があることが判明した。このように連続的に示すことにより、共時的観点から文法化の枠組みで複合動詞を扱うことも有効であると考えられる。

　しかし、機能語化と出現数については相関性が見られないものもあり、一律に文法化しているとされる複合動詞だが、動詞の性質などにより、文法化と出現の仕方に違いがある可能性がうかがえたが、その要因までは明確にはできなかった。また、今回は形式面についてはあまり深く触れることができなかった。これらは今後の課題としたい。

＊　本論文の執筆にあたり、編者の青木博史先生、秋元実治先生には理論面や構成面など様々なご指摘をいただき、完成することができました。心から感謝申し上げます。
＊1　現代日本語書き言葉均衡コーパス』（BCCWJ）とは、国立国語研究所が開発した現代日本語の書き言葉の全体像を把握するために構築されたコーパスで、約1億語のデータが格納されており、現在日本語について入手可能な唯一の大規模な均衡コーパスである。
＊2　杉村（2008）では①「切断」②「終結」③「行為の完遂」④「変化の達

成」⑤「極限状態」の 5 つに意味分類している。
*3　詳しくは、志賀（2014）を参照されたい。
*4　「V＋切る」には、「張り切る」のように一語化したものがある。これを文法化の拡大すなわち、「意味的・語用論的拡大」と捉えた場合、以下のような仮説も考えられる。

　文法化が進むと、「(12) 中一の子供ですが、部活に入って張り切っています。」の「張り切って」（物事に積極的にあたろうという意欲に満ちる。いきごむ。）のように「張る」という意味もなく、また、「①切断」の意味も喪失し、V1、V2 両方の動詞から意味の類推不可能な、'V＋V' 1 語で新たな意味を作っている「一語化」したものが生まれてくる。そのため、もはや文法化内における意味変化のみならず、一語化した意味として新たな語も創出している。そして、他の複合動詞と異なり、文末に「V＋切る」が出現するのではなく、副詞的に「張り切って」（「彼は張り切って仕事をしている。」のように）と用いられることも可能になっていくのである。秋元（本書: 15–16）に文法化拡大説が挙げられ、Himmelmann（2004）が述べる拡大の特徴の 1 つとして、以下の特徴を載せている。

　　c. 意味的・語用論的拡大（semantic-pragmatic expansion）：文法化する項目が新しい意味を発展させることで、時間的接続詞である 'as long as' が条件法の意味にも使われるようになった 'As long as you leave by noon you will get there in time'（秋元 本書: 15）。

　副詞的に用いられる「張り切って」も、この文法化の拡大「意味的・語用論的拡大」と捉えられる。
　しかし、本稿では文法化のみに焦点を当てているため、文法化の拡大に当たる例は今回、除外した。
*5　青木（2004: 39）では、「～切る」の意味用法の歴史的展開を、「A　物の切断」→「A'　空間の遮断」→「B　終結」→「C　極度の状態」→「D　動作の完遂」としているが、本稿では、共時的側面から意味特徴を連続的に捉え、分類しているため、通時的な発生とは順序が異なっている。
*6　しかし、1 つ注目したいのが、「過ぎる」は、「～に過ぎない」と「に＋過ぎる＋否定形式」で「程度が低い」意味で用いられることが多い点である。
　　(i)　　house とはそれを入れるための容器にすぎないのだ。
　　(ii)　　肉眼で見ることができる星の数は数千個にすぎない。
今回の『BCCWJ　コア』から「過ぎる」は 105 例抽出できたが、その 105 例中 42 例、約 4 割近くがこの用例であった。今回の意味分類からは除外したが、これは、文法化ではなく、構文化、もしくは、イディオム化した例と言えよう。現に日本語教育でも 1 つの文型として教えられている。これについての詳細な検討は、今後の課題としたい。
*7　なお、姫野（1999）では、「（表だった場への）出現」のように具象物である場合と抽象物の「顕在」とを分けているが、本稿では、「今までみえなかったもの、なかったものを外に現わす」という意味で 1 つにまとめられるため、区別せず「出現・顕在」にした。

参考文献

秋元実治(2014)『増補 文法化とイディオム化』ひつじ書房
秋元実治(本書)「文法化から構文化へ」『日英語の文法化と構文化』ひつじ書房.
青木博史(2004)「複合動詞「～キル」の展開」『国語国文』73-9 京都大学.
青木博史(2011)「日本語における文法化と主観化」『ひつじ意味論講座第5巻 主観性と主体性』ひつじ書房.
青木博史(2013)「文法史研究の方法―複合動詞を例として―」『日本語学』32-12
陳劼懌(2013)「語彙的複合動詞と統語的複合動詞の連続性について―「～出す」を対象として―」『複合動詞研究の最先端―謎の解明にむけて―』ひつじ書房.
姫野昌子(1999)『複合動詞の構造と意味用法』ひつじ書房.
何志明(2010)『現代日本語における複合動詞の組み合わせ―日本語教育の観点から―』笠間書院.
百留康晴(2002)「複合動詞後項「一出す」における意味の歴史的変遷」『文化』66 東北大学文学会.
井本亮(2002)「複合動詞「V―すぎる」の意味解釈について」『言語科学研究』第8号 神田外語大学大学院
影山太郎(1993)『文法と語形成』ひつじ書房.
影山太郎(2013)「語彙的複合動詞の新体系―その論理的・応用的意味合い―」『複合動詞研究の最先端―謎の解明にむけて―』ひつじ書房.
林翠芳(1993)「日本語複合動詞研究の現在」『同志社国文学』37巻 同志社大学国文学会，37.
松田文子(2004)『日本語複合動詞の習得研究 認知意味論による意味分析を通して』ひつじ書房.
三宅知宏(2005)「現代日本語における文法化―内容語と機能語の連続性をめぐって―」『日本語の研究』第1巻3号 日本語学会.
森田良行(1989)『基礎日本語辞典』角川書店.
中村嗣郎(2005)「「すぎる」構文：書き言葉における実例の分析」『コミュニケーション科学』22 東京経済大学.
P. J. ホッパー・E. C. トラウゴット(2003)『文法化』(日野資成訳)九州大学出版会.
志賀里美(2014)「複合動詞「～切る」における文法化の過程についての一試案」『人文科学論集』23 学習院大学.
杉村泰(2008)「複合動詞「一切る」の意味について」『言語文化研究叢書』V7 名古屋大学大学院交際言語文化研究科.
田辺和子(1996)「日本語の複合動詞の後項動詞にみる文法化」『日本女子大学紀要』(文学部)、第45号.
寺村秀夫(1984)『日本語のシンタクスと意味 Ⅱ』くろしお出版.
山川太(2000)「複合動詞「～すぎる」について」『日本語・日本文化』大阪外国語大学.

由本陽子（1997）「動詞から動詞を作る」『語形成と概念構造』研究社.
由本陽子（2005）『複合動詞・派生動詞の意味と統語　モジュール形態論から見た日英語の動詞形成』ひつじ書房.
『大辞林　第三版』（2006）三省堂.
『新明解国語辞典　第七版』（2012）三省堂.

第8章
日本語の「補助動詞」と「文法化」・「構文」

三宅知宏

1. はじめに

　本章は、日本語における「補助動詞」をめぐって、「文法化」および「構文」の観点から考察することを目的とする。
　ここで言う「補助動詞」とは、詳細は後述するが、本来、動詞である"いる"や"おく"等が、"〜ている"、"〜ておく"のように、他の動詞のいわゆる「テ形」に後接し、意味を抽象化させて機能語的にふるまうようになったもののことを指す。
　具体的には、次のような点について議論する。
　まず、日本語の「補助動詞」について、「文法化」の観点から考察し、次の2点を示す。

　①「補助動詞」の音韻的、形態的・統語的特性を観察し、それが自立語としての資質を喪失しつつある(機能語化しつつある)こと。換言すると、「文法化」の過程にあること。
　②「補助動詞」は、本動詞の場合に比べて意味が抽象化し、また複数の用法を持つ場合、用法間に連続性が認められることからも、「補助動詞」には「文法化」に基づく分析が有効であること。

次に、「補助動詞」を「構文」の観点から考察し、次の2点示す。

　③「補助動詞」は、それが述語になる構造体が持つ「構文スキーマ」の形成に重要な役割を担うこと。そしてその「構文スキーマ」は、言語外の文脈情報をふまえて適合性を判断することがあること。

④「構文スキーマ」の適合性以前に、補助動詞の形態・統語的要因により、「構文」の形成が阻害されることがあること。

　本章は、次のような構成をとって、論を展開する。
　2. において、本章の考察の対象である「補助動詞」というカテゴリーについて明確にした後、3. において、「文法化」の観点から、4. において、「構文」の観点から、それぞれ考察する。5. において、まとめを行う。

2.「補助動詞」について

　本章において、「補助動詞」とは、"いる"等の特定の動詞が、他の動詞のいわゆる「テ形」に後接し、意味を抽象化して、機能語的にふるまうようになったもののことを指す。ただし、次節以降で観察するが、意味の抽象化には「段階性」「連続性」が認められ、また、機能語的にふるまうと言っても、完全に機能語化しているわけではない。

　重要な点として、本章における「補助動詞」は、あくまでいわゆる「テ形」に後接したものに限るということがあげられる。先行研究の中には、いわゆる「複合動詞」における一部の後項動詞にまで、この概念を適用しているものがあるが、そのような「補助動詞」という概念の使用法を、本章はとらない*1。本章の「補助動詞」は、形態的な限定を行わずに、機能語的になった要素全般に対して与えられる概念としての、それではない。

　「補助動詞」は、日本語ではほぼ10語に限られる*2。次はそのリストである。

(1) ～て + "いる"、"ある"、"いく"、"くる"、"やる（あげる）"、"くれる（くださる）"、"もらう（いただく）"、"おく"、"しまう"、"みる"

　なお、「補助動詞」は、「テ形」に後接する動詞のみを指すので

あって、"ている"、"てある"のように"テ"も含めて一つの形式と認めて、それ全体を指すものではない。次節以降の考察で明らかになるが、"テ"と後接の動詞は完全に一語化しているわけでない（したがって完全に機能語化しているわけではない）からである。"ている"のような"て"と後接動詞の構造体は、複雑述語ではあるが、複合語ではないということである。これは、"飛び上がる"や"歌い始める"のような、いわゆる「複合動詞」が動詞同士の複合による複合語であることとの対比を考える上でも重要である。

3.「補助動詞」と「文法化」

3.1　補助動詞の音韻的、形態・統語的特徴

前節で、「補助動詞」は、機能語的なふるまいを示すが、完全に機能語化しているわけではないということを述べた。これは、「補助動詞」とそれに前接する「テ形動詞」が一体化しているように見える側面もあるが、完全に一体化しているわけではない、と言い換えることができる。完全に機能語化していれば、当然、自立性を喪失しているはずだからである。

そのような性質を、以下で具体的に見てみよう。

まずは音韻的な特徴としてのアクセントについてである。以下の例において、「'」はアクセントの核を示すものとする（したがって無印はいわゆる平板型）。

(2)　閉めている／やる／おく／…
(3)　開けている／やる／おく／…

"閉める"は［しめ'る］のように起伏型（テ形にした場合は［し'めて］）、"開ける"は［あける］のように平板型（テ形も同）であることを前提とすると、上の(2)(3)にみられるように、原則的に補助動詞は、テ形動詞のアクセント型が起伏型か平板型かを問わず、独自のアクセント型を失う。その点では、テ形動詞と一体化しているように見える。

ただし、補助動詞の中でも、もともと起伏型の動詞（"ある"、"くる"、"くださる"、"みる"の4語）は、次の（4）ように、テ形動詞が起伏型の場合はやはり独自の型を失うが、（5）のように、テ形動詞が平板型の場合に限って、独自のアクセント型を保存すると言える*3。

　　（4）　閉めてある／くる／くださる／みる
　　（5）　開けてあ'る／く'る／くださ'る／み'る

この（5）のような場合は、テ形動詞と一体化しているとは言いにくいことになる。
　次に、形態・統語的特徴についてである。

　　（6）　食べては／も／さえいる

よく知られていることだが、上の（6）にみられるように、テ形動詞と補助動詞の間には、助詞の挿入が可能である（ただし"しまう"は不可）。これは、テ形動詞と補助動詞が一体化していない、すなわち、補助動詞が自立性を保ち、完全に機能語化しているわけではない、ということの最も強い証拠である。
　しかし次例のように、副詞（句）などの助詞以外の要素では、挿入は不可能であり、完全な自立性を持っているとも言えない。

　　（7）　a.　ちゃんと食べている／ある／おく
　　　　　b.　*食べて、ちゃんといる／ある／おく
　　（8）　a.　食堂で食べている／ある／おく
　　　　　b.　*食べて、食堂でいる／ある／おく

　また、あまり議論されることがないが、"テ"自体の性質にも注目しておく必要がある。

　　（9）　書いた／書いて，指した／指して，立った／立って，走っ

た／走って，言った／言って
(10) 死んだ／死んで，読んだ／読んで，嗅いだ／嗅いで，飛んだ／飛んで
(11) 行った／行って，問うた／問うて

いわゆる「子音語幹動詞」（五段動詞、I類動詞）は「タ形」を形成する場合、語幹の子音に応じて異なった語形変化をみせるが、上の（9）のように、「テ形」は「タ形」と全く同じ形態をとる。また（10）のように、「タ形」が異形態の"ダ"になる場合、「テ形」も連動して"デ"になる。そして（11）のように、「子音語幹動詞」の「タ形」において、極めて少ない不規則変化の動詞である"行く"、"問う"の場合でも、「テ形」は「タ形」と全く同じ変化をする*4。

　上のような事実は、"ーて"を"ーた"と同種のものとしない合理的な理由がないということを示している。そして、広く認められているように、"ーた"が「屈折辞」（活用語尾）であるなら、"ーて"も同じく「屈折辞」（活用語尾）ということになる。すなわち「屈折辞」（活用語尾）としての「タ形」および「テ形」ということである。

　さて、「テ形動詞＋補助動詞」という構造体は、「テ形」という「屈折辞」（活用語尾）が介在する以上、ひとまとまりの「語」ではあり得ないということになる。この点も、前述の助詞の挿入と同じく、テ形動詞と補助動詞が一体化していない、すなわち、補助動詞が自立性を保ち、完全に機能語化しているわけではない、ということの証拠となる。

　しかしながら、逆に、統語的に、テ形動詞と補助動詞が一体化し、ひとまとまりの「語」となっていると考えた方が都合のよい現象もないわけではない。

(12) a. 太郎が部屋（から／を）出た
　　 b. 太郎が部屋（から／*を）庭に出た

(13) 太郎が自分の部屋を出て、花子の部屋に行った
(14) 太郎が自分の部屋（から／*を）花子の部屋に出ていった

上の（12a）にみられるように、日本語において移動の「起点」の格標示は"から"と"を"の交替を許すことがあるが、（12b）にみられるように、「起点」とともに「着点」も同時に生起した場合は、「起点」を"を"で標示することはできなくなる*5。このことを前提にして、（13）と（14）の対比を観察すると、（13）のように複文にして、「起点」と「着点」をそれぞれ別の述語が認可する構造なら、"を"で標示することができるが、（14）のように補助動詞ではそれが不可能であることが分かる。

このような現象では、テ形動詞と補助動詞が、統語的に、ひとまとまりの「語」であるようにふるまっているとすれば、したがって複文ではないとすれば、簡単に説明がつくことになる。

以上、音韻的、そして形態・統語的な特徴を見てきたが、いずれも、補助動詞はたしかに機能語的な性質を持つが、しかし完全に機能語化しているわけではないということを示していた。

言うまでもなく、テ形に後接して補助動詞としてふるまうことのできる動詞は、自立した本動詞としての用法も持っているのであり、そのことをふまえると、補助動詞は、いわゆる「文法化」の過程にあると考えられる。補助動詞は「文法化」の過程にあるとする仮説は次節で考察する、意味の抽象化の分析においても、その有効性が示される。

3.2　補助動詞の意味の抽象化

補助動詞は、本動詞の場合と比べて、意味が抽象化する、換言すると、実質的な意味を喪失すると言える。ただし、そこには「段階性」「連続性」が存在する。

"てくる"の場合で、確認してみよう*6。

(15) 彼は待ち合わせの場所に歩いてきた

(16) 彼は近ごろ記憶力が弱くなってきた

上の (15) では"来る"が本来持つ「項」(この場合は「着点」) である"待ち合わせの場所に"が生起しているため、補助動詞とは言え、本動詞としての意味を大きくは失っていないことが分かるが、(16) ではそのような項が生起しておらず、また本来的な「移動」としての意味から、アスペクト的な漸次性とでもいうような意味に抽象化されていることがわかる。それでは、次例のような"てくる"はどうであろうか。

(17) 彼はコンビニで雑誌を買ってきた

この例では、着点を表す項は生起しておらず、また"コンビニで"は"コンビニで買う"／"*コンビニで来る"の対比からも分かるように"買う"により認可されたものであり、"来る"によるものではない。このため、(17) の"てくる"は、(15) よりも本動詞としての意味を失っているとみなされるが、しかし一方で、「移動」という本来の意味は多少なりとも残しており、(16) ほど意味の抽象化が進んでいるとは思えない。(15) と (16) の中間的な性格を持っていると言える。

　すなわち、(15) → (17) → (16) の順で、意味の抽象度が高くなっている（実質的な意味を失っている）と分析できる。これはまさに「文法化」として分析するということである。
　ここで「文法化」について改めて振り返っておこう。以下は三宅 (2005) からの引用である。

> 実質的な意味を持ち，自立した要素になり得る語のことを「内容語」(content word) と呼び，逆に，実質的な意味，および自立性が希薄で，専ら文法機能を担う要素になる語のことを「機能語」(function word/grammatical word) と呼ぶことにすると，「文法化」(grammaticalization) とは，概ね「内容語だったものが，機能語としての性格を持つものに変化する現

象」と言えるであろう。　　　　　　　　　　（三宅 2005: 62）

> 文法化には，二つの異なった側面が存在する。一つは，実質的な意味が抽象化，希薄化，あるいは消失する，という意味的な側面である。この意味的な変化は「漂白化」（bleaching）と呼ばれることもある。他の一つは，自立性を失い，専ら文法機能を担う要素になる，という形態・統語的な側面である。この形態・統語的な変化は，名詞や動詞などの本来的なカテゴリーへの帰属度が希薄になるという点で，「脱範疇化」（decategorization）と呼ばれることがある。文法化は，少なくとも典型的には，このような意味的な側面と形態・統語的な側面を合わせ持つ現象である。
> 　　　　　　　　　　　　　　　　　　　　（三宅 2005: 63）

文法化の研究の対象は、その「変化」の過程を文献資料によって通時的に観察・検証できる現象に限定すべきとする考え方がある。これに従えば、必然的に文法化に関する研究は通時的な研究に限られることになる。しかしながら、三宅（2005）では、現代日本語という共時態において文法化に関する研究を行うこと、換言すると、共時的研究において文法化という観点を導入するということにも、十分な有効性があることを主張している。そして共時的研究における文法化研究の意義として、次のような2つをあげている。

> 文法化に関する共時的な研究の意義を、同一の形式における内容語的な用法と機能語的な用法との連続性、及び両者の有機的な関連性を捉えることが可能になること、文法化後の機能語としての意味・文法機能を説明する際に、文法化前の内容語としての意味からの類推が可能になること、の2点（ただし後者は前者の帰結）に求める*7
> 　　　　　　　　　　　　　　　　　　　　（三宅 2005: 61）

以上のような、「文法化」の概念規定と、その共時的な研究への導入の意義をふまえると、補助動詞の分析のために、「文法化」の観点は、非常に重要、かつ有効であると言える。

例えば、益岡（1987）で議論されている"てある"を取り上げてみよう。

益岡（1987）によれば、"てある"は4つの用法を持ち、それぞれ、行為の結果としての事物の存在を表す「A1型」、行為の結果もたらされる事物の状態が視覚可能な形で存在していることを表す「A2型」、基準時における行為の結果の存続性を表す「B1型」、基準時以後における行為の結果の有効性を表す「B2型」、と記述されている。

(18) A1型：リビングテーブルには花が飾ってある。
(19) A2型：入口に近い片すみが一畳余りの広さだけあけてある。
(20) B1型：荷物も所持金も一切をレイクサンドのホテルに残してあった。
(21) B2型：京都府警に鑑定をたのんである。

（以上、益岡（1987）より抜粋）

そして、A1型を基本的な意味とし、そこから意味が拡張していき、A2型、B1型を経て、B2型に至る連続体をなすものと分析されている。単なる用法の分類にとどまらない動的な分析である点に注目される。ただし、なぜ意味変化の方向がA1型からB2型へなのか、なぜ連続体をなすのか、という理由については必ずしも明確ではない。

「文法化」という観点を用いると、ここで言われているA1型からB2型へという意味変化の方向性と用法間の連続性について、さらに明確化できると思われる。

存在の場所を表す項（"〜に"）が生起していることからも明らかなように、A1型は、存在の意味を表す本動詞としての"ある"の性質を色濃く保持していると言える。これに対し、B型（B1とB2の違いは大きくないので無視する）は、存在の意味が抽象化され、アスペクト的な意味を表す機能語的な性質を持つに至っているとみなせる。そしてA2型はその中間段階である。そうすると、A1型からA2型そしてB型へという意味変化の方向性は、内容語から機能

語へという文法化の一般的な方向性に一致し、かつ用法間の連続性も文法化の特徴から説明されることになる。

　別の言い方をすれば、「文法化」の研究に対して、日本語の補助動詞は、非常に興味深いデータを供出するものである。前述の"てある"のような既存の研究の再解釈も含めて、「文法化」の観点を積極的に取り込んだ研究が、補助動詞に対して進められることが期待される。

4.「補助動詞」と「構文」

4.1 「構文的意味」の形態的有標性に関する仮説

　英語には、特定の文型と直接対応する意味（文型内の要素の意味に還元できない意味）を持つ「構文」が数多くあることが指摘されている。そのような「構文」としての意味を「構文的意味」と呼ぶことにすると、日本語では、英語における「構文的意味」に相当するものを、文型だけで表すことは非常に困難で、専用の形態を用意し、その形態に担わせることが多いと言える*8。三宅（2011, 2015b）は、それを「形態的有標性の仮説」と称して次のように述べている*9。

(22) 構文的な意味を表示するために、日本語は形態的に有標であることを強く志向する傾向があるが、英語は形態的に無標であってもかまわない傾向が強い。

　これは、日本語は、特定の形態という要素の意味に還元できる割合が高いということであり、狭義の「構文」の必要性が低いということを意味する。

　具体例を見ていこう。英語における「構文的意味」を担う日本語の形態は、いくつかのレベルに分類することができる。

　まずは、動詞の形態素レベルのものである。

(23) This car sells well.／この車はよく *売る（[OK]売れる）

(24) The general marched the soldiers into the tents.
／将軍は兵士達をテントまで＊行進した（^{OK} 行進さ<u>せた</u>）

　上の（23）は一般に「中間構文」とされるもので、（24）は「移動使役構文」とでも呼ぶべきものであるが、いずれも、英語では、「構文的意味」は文型によって表され、要素の意味に還元することはできない（動詞"sell"、"march"に特別な形態の付加はない）。それに対し、対応する日本語を見ると、文型だけで表現することはできず（"売る"、"行進する"のままでは不可）、動詞に特定の形態を付加する必要があることが分かる＊10。
　次に、いわゆる「終助詞」レベルのものである。いわゆる「終助詞」が英語には存在しないことをふまえると、このタイプは日本語の「形態的有標性」をとらえやすいと言える。三宅（2010）で指摘されている「疑似条件文」の例を見てみよう。

(25) If you are hungry, (*then) there is a flan in the fridge.／お腹が空いているなら、冷蔵庫にプリンがある<u>よ</u>
(26) If you want to know, ten isn't a prime number.／お知りになりたいのなら、<u>お教えしますが</u>、10は素数ではありません

「疑似条件文」についての詳細をここで述べることは避けるが、（25）のように、日本語ではこのタイプの文には「終助詞」（典型的には"よ"）の生起が必要とされるか、あるいは、（26）のように、単純な条件文であることを放棄してしまわざるを得ない。なお、三宅（2010）では、（25）のような理由を、終助詞"よ"の意味・機能が、疑似条件文が持つ構文的特性の一部を担うためということに求めている。いずれにしても、日本語では、型だけではこの構文を表すことができないことを示している。
　また、「終助詞」レベルのものとしては他にも、神尾（1990）で議論された「情報のなわ張り理論」における、聞き手の「なわ張り」内の情報に言及する際の"ね"の問題があげられる。

(27) Your home is very close to the campus.／君の家は大学にずいぶん近い<u>ね</u>

(28) You seem to have forgotten that.／あなた、あのこと忘れてるみたい<u>ね</u>

　神尾（1990）では、聞き手の「なわ張り」内の情報に言及する際、英語は無標でよいが、日本語では終助詞の"ね"を付加することが必要であることが記述されている。「なわ張り理論」は語用論的条件を整理したものであって、それだけでは「(構文的)意味」の表示ということにはならない。しかしながら、三宅（2011）で論じられているように、このような"ね"の生起した文は、「同意要求」（詳細は三宅（2011）を参照）と呼ばれるタイプの意味を表すものであり、そうであれば、日本語ではそのような意味を"ね"という形態に担わせていると言える。一方、英語は特定の形態の付与は不要である。

　最後に、日本語において、「構文的意味」を担う形態のレベルとして、最も生産的なものをあげる。それが他でもない「補助動詞」である。

　以下、(29) が「移動様態構文」、(30) が「受益構文」、(31) が「位置格倒置構文」、(32) が「結果構文」の例である。なお、便宜的にこれらの構文名（英語に基づくもの）を用いたが、例えば「位置格倒置」のように、明らかに日本語では不適切なものもある。

(29) He walked to the station.／彼 は 駅 に *歩いた (^OK 歩い<u>て</u><u>いった</u>)

(30) John baked Mary a cake.／太郎は花子にケーキを *焼いた (^OK 焼い<u>てやった</u>)

(31) On the third floor worked two young women.／三階には二人の若い女性が *働いた (^OK 働い<u>ていた</u>)

(32) John pounded the metal flat.／太郎はその金属を平らに *叩いた (*叩い<u>てした</u>)

いずれも、英語では型として表されている「構文的意味」が日本語では、補助動詞という形態に担わされていることが分かる。詳細は次節で述べるが、最後の「結果構文」は適当な補助動詞（"てする"）が存在しないため、日本語では構文自体が不可能ということである。

　上にあげたものはすべて、補助動詞が主文末に生起する場合であったが、主文末以外にも可能性は存在する。次例は、早瀬（2012）で「懸垂分詞構文」として議論されているものである。この構文は、英語においては多少、破格ではあるが、実例も多く観察できるものであり、(34)のような「構文的意味」を持つということが述べられている。

　　(33) Leaving the bathroom, the lobby is fitted with a pair of walnut wall cabinets.
　　(34) 概念化者が、懸垂分詞節の描く動作主的移動を行った結果、主節内容を知覚経験する。

このような「構文」に相当する日本語は、典型的には、接続助詞の"と"（あるいは"たら"）による、「『発見』用法」（前田2009）の条件文になると思われる。

　　(35) 封筒から内容物を取り出してみると、十五、六枚の便せんに細かいペン字で、ぎっしり書き込まれてある。
　　(36) 検温を済ませて起き出してみると、細かい雪が降り出していた。

上のような例をあげた上で、前田（2009: 81）は次のような指摘をする。

　　「発見」用法の前件についてもう一つ重要なのは、前節に「てみる」という補助動詞が来る場合である。（中略）「てみる」がつくことも多く見られる。

"てみる"なしでも成立するため、"てみる"が必須であるとは言えないが、この用法の特有の特徴として、"てみる"の生起があげられているのである。

付け加えるならば、この用法における"てみる"には、後件の内容を知覚／認識するというような、"見る"自体が本来持っている意味が色濃く表れている。主文末で一般に表される「試しに〜を行う」のような意味は薄い。

これは、この構文の持つ「構文的な意味」の一部を"てみる"が担っていると考えることができよう*11。

以上、この節では、「構文的意味」の形態的有標性について述べてきた。日本語では、「構文的意味」を表示するために、形態的に有標であることが強く志向されることを見た。そして、そのために用いられる形態として、最も生産的なのが、補助動詞であった。

繰り返しになるが、これは、日本語は特定の形態という要素の意味に還元できる割合が高いということであり、狭義の「構文」の必要性が低いということを意味している。

それでは、日本語においては本当に「構文」という概念は不要なのであろうか。

日本語においても、文脈情報を参照する「構文スキーマ」というレベルにおいて、やはり「構文」という概念は重要であること、そしてその「構文スキーマ」の形成にあたって、やはり補助動詞が重要な役割を担うことを、次節以降で検証する。

4.2 「受益構文」をめぐって 「構文スキーマ」と文脈情報

英語の二重目的語構文には、いわゆる間接目的語を前置詞句と交替させた場合、(37)–(40)のように、その前置詞が"to"ではなく、"for"になるタイプのものが存在する。そしてこの構文に相当すると思われる日本語の例が(41)–(44)である。

(37) John baked Mary a cake.　／John baked a cake for Mary.
(38) John painted Mary a picture.
　　　　　　　　　　　／John painted a picture for Mary.

(39) John made Mary a doll.　　/John made a doll for Mary.
(40) John built Mary a house.　　/John built a house for Mary.
(41) 太郎は花子（*に／のために）ケーキを焼いた
(42) 太郎は花子（*に／のために）絵を描いた
(43) 太郎は花子（*に／のために）人形を作った
(44) 太郎は花子（*に／のために）家を建てた

上の日本語において、"〜に"のタイプが英語の二重目的語タイプ、"〜のために"が"for"タイプであると言える*12。日本語は"〜に"のタイプが不自然であり、完全な文法性を示さない。これは、述語動詞"焼く"、"描く"、"作る"、"建てる"が本来、"[人]に"をとらない動詞であることによるものと思われるが*13、重要なのは、英語が、特定の形態に依存せず、二重目的語という文型で表現している「構文的意味」を、日本語では、文型だけでは表せないということである。

　日本語で、"〜に"の形で文法的にするためには、補助動詞"やる"の後接が必要である。もちろん謙譲語形である"あげる"でも同じであるが、以下では"やる"を代表させる。

(45) 太郎は花子にケーキを焼いてやった
(46) 太郎は花子に絵を描いてやった
(47) 太郎は花子に人形を作ってやった
(48) 太郎は花子に家を建ててやった

この事実は、前節でみた「形態的有標性の仮説」に従うものである。ただし、(45)–(48)のような例は実は特殊であり、次の(49)のように、通常は"てやる（あげる）"を後接させても、"〜に"を生起させることはできない。

(49) *花子は太郎に服を洗濯してやった
(50) ᴼᴷ花子は（太郎のために）服を洗濯してやった

（49）のような例は、（50）のように、"～に"を、削除してしまうか、"～のために"にかえてやれば、何も問題はなくなる。
　したがって重要なのは、"～に"すなわち「与格（ニ格）名詞句」の生起可能性をどのように説明するかということである。

（51）太郎は花子に夕食を作ってやった

本章では、（51）のようなタイプを「与格生起型受益構文」と呼ぶことにし、この節で検討する。主たる論点は、三宅（2011）に述べられていることを踏襲する。詳細は三宅（2011）を参照されたい。
　なお、"話す"、"渡す"、"貸す"等のような本来的に与格名詞句をとる動詞は、この構文においても、与格名詞句を生起させることができるが、これは当然なので考察の対象とはしない。次例を参照されたい。

（52）母親は娘に『白雪姫』の話を話した／ぬいぐるみを渡した
（53）母親は娘に『白雪姫』の話を話してやった／ぬいぐるみを渡してやった

　それでは、本来的に与格名詞句をとらない動詞の場合をもう少し詳細に見てみよう。

（54）*花子は太郎に踊ってやった／ゆっくり歩いてやった／黙ってやった
（55）*花子は太郎に神を信じてやった／結婚を考えてやった／幸せを願ってやった
（56）*花子は太郎にドアを叩いてやった／背中を押してやった／机を拭いてやった
（57）*花子は太郎に部屋から出てやった／会社に行ってやった／橋を渡ってやった
（58）*花子は太郎に飲物を冷やしてやった／部屋を暖めてやっ

た／髪を切ってやった

　上の（54）は動作動詞、（55）は（精神的）働きかけ動詞、（56）は（物理的）働きかけ動詞、（57）は移動動詞、（58）は対象変化動詞の例である。これらは、話者により文法性判断のゆれはあるが、基本的に非文法的とみてよい*14。

　繰り返しになるが、これらは全て与格名詞句である"太郎に"を削除するか、または"太郎のために"の形にすれば、文法的になる。したがって、いわゆる「非対格動詞」のような、そもそも"てやる"の後接自体を許さない動詞とは区別される。次例を参照されたい。b. が「非対格動詞」の場合である。

(59) a. 太郎がドアを開けてやった
　　　b.*ドアが開いてやった
(60) a. 太郎が部屋に入ってやった
　　　b.*ボールがゴールに入ってやった

　それでは、どのような動詞が「与格生起型受益構文」に適格なのであろうか。完全な文法性を示すのは次のようなものだと思われる。

(61) 太郎は花子に絵を描いてやった／セーターを編んでやった／湯を沸かしてやった

　上のような"（絵を）描く"、"（セーターを）編む"、"（湯を）沸かす"等は、何かを生産することを表す動詞（対格名詞句がその生産物）であることがわかる。これを「作成動詞」と呼ぶことにする。他に、"（ご飯を）炊く"、"（家を）建てる"、"（小説を）書く"等があげられる。次のような対比を参照されたい。

(62) 太郎は花子にケーキを焼いてやった／*ゴミを焼いてやった
(63) 太郎は花子に色紙で鶴を折ってやった／*ズボンの裾を折ってやった

(64) 梅さんはひろしに寿司を握ってやった／*手を握ってやった
(65) ペーターはハイジに山羊の乳をしぼってやった／*雑巾をしぼってやった

　同じ"焼く""折る"、"握る"、"しぼる"でも、"ケーキを／鶴を／寿司を／山羊の乳を"の場合は「作成動詞」であるが、"ゴミを／ズボンの裾を／手を／雑巾を"の場合はそうではない。結果として、前者の場合のみが、与格名詞句の生起を許す(「与格生起型受益構文」として適格)となっている。
　次のような仮説が成り立つと思われる。

(66) テ形動詞が作成動詞の場合、与格生起型受益構文が可能になる。

　この仮説は次のような説明が可能であろう。
　まず、「作成動詞」は、対格(ヲ格)名詞句によって表されるモノが[存在するようになる]という事態を、主格(ガ格)名詞句が引き起こす、ということが表されると考えられる。換言すると、「作成動詞」の特性は、事態の最終状態において、対格名詞句によってあらわされるモノが存在していることが表されるということである。
　次に、本動詞としての"やる（あげる）"は、対格名詞句によって表されるモノが与格名詞句へ移動することを表すものである（それに伴って「恩恵」も与格名詞句に与えられる）。
　この本動詞としての"やる"の性質が、補助動詞としての"やる"にも色濃く残されている場合（「文法化」の程度が浅い場合）、「作成動詞」であるテ形動詞によって作成され、存在しているモノ（対格名詞句）が、"やる"の移動物とみなされ、「移動」が表される*15。結果として、与格名詞句が生起できる。

(67) 太郎は花子に夕食を作ってやった

上例で言うと、"夕食を作る"という「作成動詞」であるテ形動詞によって、作成され、存在している"夕食"が与格名詞句である"花子"に移動することが、補助動詞"やる"によって表される。したがって「与格生起型受益構文」では、何らかモノの移動がなければならないことになる。実際、上例で"夕食"は"花子"のものになっていなければならず、単に"太郎が夕食を作る"ということによる「恩恵」のみを"花子"が受けるという解釈は成り立たない。なお、"花子に"を"花子のために"してやればそのような解釈も可能になることに注意されたい。

(68) 花子は *太郎に／（太郎のために）服を洗濯してやった

上例は「非作成動詞」の場合である。「非作成動詞」は、何かを作成することを表すものではないため、モノが存在するようになることが積極的には表されない。そのため、"やる"の移動物がないため、「移動」が表されず、「恩恵」の意味のみが表される（"やる"の意味の抽象化）。結果として、与格名詞句は生起できない（「恩恵」の意味は残されるので"～のために"なら生起可能）。

さて、ここまでなら、「与格生起型受益構文」は、「作成動詞」と"やる（あげる）"のそれぞれの特性の和によって説明できるということになり、特別な「構文」を仮定する必要はないことになる。そしてそれは、前述した「形態的有標性の仮説」により予測されることでもある。

それでは次のような例は、どのように考えたらよいのであろうか。

(69) 花子は太郎に本を読んでやった

上例のテ形動詞"（本を）読む"は一般に「作成動詞」とみなされるものではない。しかしながら、上例は完全に文法的であると思われる。

ただし、よく観察すると、この文が文法的であるためには、朗読、すなわち声を出していなければならず、単に黙読しているだけでは

だめであるということに気付く。言うなれば、「声」が一種の生産物であり、それが与格名詞句に「移動」するというような解釈である。似たようなことは次のような例においても見られる。

(70) 牧師は新郎新婦に祝福の祈りを祈ってやった
(71) 花子は太郎に『4月の雨』を歌ってやった
(72) 花子は太郎にピアノを弾いてやった／ハーモニカをふいてやった

これらは、「声」または「音」が与格名詞句に移動するという解釈が可能な場合にのみ文法的である。ちなみに与格名詞句ではなく、"〜のために"であれば、そのような解釈は不要で、単に"〜のために"で表される"〜"に何らかの「恩恵」があればよい。

(73) 花子は太郎に布団を敷いてやった
(74) 花子は太郎にドアを開けてやった

上のような例はどのように考えたらよいであろうか。やはり通常の意味での「作成動詞」ではないが、文法的であると思われる。一般的な通念に従うと、"布団を敷く"と「寝床」が、"ドアを開ける"と「通路」ができるのがふつうであるが、その「寝床」「通路」が与格名詞句に「移動」するという解釈が成り立つ（もちろんこの場合は物理的な移動ではなく、所有権の移動。注15を参照）。

　上のような現象は、次のように一般化できる。
　語彙的には（レキシコンに登録されている意味としては）作成を表さない動詞、したがって対格名詞句が生産物を表さない動詞であっても、対応する外界の状況において、何らかの生産物のあることが含意されるものがある。そしてそのような動詞が"てやる（あげる）"と共起した場合、その外界の状況における生産物が移動するモノとみなされ、結果として意味の抽象化が起こらず、与格名詞句の生起が可能になることがある。
　上のような例は、言語外の文脈情報に依存してはじめて適格性を

得るものであって、レキシコンに登録されている意味だけで、すなわち、言語外の文脈情報を参照しなくても成立する作成動詞の場合とは、明らかにレベルが異なると言える。

　ここで、「構文スキーマ」という概念を導入しよう。これは、当該の「構文」自体が持つ抽象的な成立条件であり、当該の「構文」が成立するための「鋳型」のようなものである。これに適合する表現はその「構文」として成立する（文法的になる）が、適合しない場合は成立しない（非文法的である）ということになる。

　重要なことは、この「構文スキーマ」は、その適合性の判断のために、言語外の文脈情報を参照できるとする点である。そして、この「構文スキーマ」の形成に関して、日本語では、補助動詞が重要な働きを持っていると考えられる。

　さて、問題の「与格生起型受益構文」の「構文スキーマ」を次のように仮定する。

(75) テ形動詞によって存在するようになったモノが与格名詞句に移動する

テ形動詞が「作成動詞」の場合は、その語彙的特性から、言語外の文脈情報を参照しなくても「構文スキーマ」と適合し、「与格生起型受益構文」として成立する。一方、テ形動詞が「作成動詞」以外の場合、通常は「構文スキーマ」に適合しないので、「与格生起型受益構文」としては成立しないが、言語外の文脈情報を参照することにより「構文スキーマ」と適合する場合（何らかの生産物が含意される場合等）があり、その場合は、構文として成立する。

　このような、「言語外の文脈情報を参照する」というレベルにおいては、日本語にもやはり「構文」（部分の総和では説明できない意味を持つ構造体）という概念が重要になることを示している。

　簡単にだが、他の「構文」への応用を示唆しておく。
　1つは、"てある"によって表される「存在型状態化構文」と仮称するものである。これは次のような構造と、構文スキーマを持つ

ものである。

(76) [場所] に [モノ] が〜てある
　　構文スキーマ：テ形動詞によって存在するようになったモノが与格名詞句によって表される場所に存在している

ただし、(76)における"[場所]に"はテ形動詞によって認可されているものでない（益岡(1987)のテアルの分類におけるA1型ではない）。したがって、次の(77)のような例はこの構文ではない*16。

(77) テーブルの上に食器が置いてある／並べてある／飾ってある
　　(^OK テーブルの上に食器を置く／並べる／飾る)

この構文の具体例としては次のようなものである。

(78) テーブルの上に朝食が作ってある（*テーブルの上に朝食を作った）
(79) 皿の上にケーキが焼いてある／寿司が握ってある

「与格生起型受益構文」の場合と同じく、(78)、(79)のように、テ形動詞が「作成動詞」の場合は、構文スキーマに適合することから文法的になっているとみなされる。
　ここではこのような示唆にとどめ、この構文の詳細については、稿を改めて論じることとしたい。

　他の1つには、補助動詞によるものではないが、「与格生起型受益構文」と極めて類似のふるまいを見せる、「謙譲構文」と仮称するものである。これは、"お〜する"といういわゆる「謙譲語」を形成する文法的な形式によるものである。補助動詞によるものではないので、本章において詳しく論じることは避けるが、興味深い点

が多く、この構文について専ら論じる別稿を用意している。ここではごく簡単な示唆にとどめる。

(80)［敬意の対象］に……お～する
(81) 先生に名刺をお渡しした　　（^{OK}先生に名刺を渡した）
(82) 先生にスーツをお作りした　（*先生にスーツを作った）
(83) 先生にその本をお読みした　（声を出していなければならない）
(84) 先生に飲み物をお持ちした　（"持つ"の意味が"運ぶ"のような意味に変わる）
(85) 先生にカバンをお持ちした　（"持つ"の意味が、単に"手に取る"のような意味のままであれば、"～に"は不可）*17

この構文は、(80) のような構造を持つが、(81) のように、"お～する"の"～"に入る動詞がそもそも与格名詞句を認可するようなものは含まれない。(82) のような"～"に入る動詞だけでは与格名詞句を認可できないものを指す。その際、「与格生起型受益構文」と同じく、「作成動詞」の場合、典型的にこの構文の構文スキーマに適合する。そして、(83) のように言語外の文脈情報も参照できる。興味深いのは、(84) にみられるように、"持つ"という動詞の意味がこの構文に生起することで（構文スキーマに適合させることで）、変容するということである。

なお、この考え方に立てば、菊地（1994）の「謙譲語」の定義の不適切な点（謙譲語の敬意の対象に"～のために"を含めていること）を解消でき、文法としての敬語論に新たな光をあてることができると思われるが、この点についても詳細は別稿で論じることとしたい。

4.3 「結果構文」をめぐって
補助動詞の形態・統語的性質と構文

この節では、「補助動詞」自体が持つ形態・統語的性質により、

「構文」の形成が阻害されることがあるということを観察する。

　日英語の対照研究ではよく知られていることだが、いわゆる「結果構文」において、英語においては、主動詞が「非変化動詞」（語彙的意味として、対象あるいは主体が変化することを含意しない動詞）であっても、この構文の形成が可能であるのに対し、日本語ではそれが不可能であるという事実がある。

　次の(86)は『聖書』の一節であるが、"beat"という非変化動詞がいわゆる「結果構文」を形成している。(87)のように、この一節に基づくイディオムも存在する。

(86) they shall beat their swords into plowshares, and their spears into pruning hooks
（英訳聖書（旧約）『イザヤ書』第2章（Revised Standard Version））

(87) beat swords into plowshares：剣を鍛えてすきを作る。（戦争をやめて）武器を平和のために使う（『ジーニアス英和大辞典』大修館書店）

この箇所の日本語訳は、(88)のようになっている。(89)のように直訳した場合、日本語としては不自然だからである。

(88) 彼らは剣を打ち直して鋤とし槍を打ち直して鎌とする。
（『新共同訳』日本聖書協会）

(89) *剣を鋤に打つ

日本語においても、動詞が「変化動詞」（語彙的意味として、対象あるいは主体が変化することが含意されるもの）の場合であれば、英語に相当する「結果構文」が可能である。

(90) 太郎はその窓を粉々に壊した／John broke the window into pieces.

(91) 太郎はその車を赤く塗った／John painted the car red.

しかしながら、(92)のように非変化動詞であれば、日本語は不可能であるし、とりわけ(93)のような、本来的に対格名詞句をとらない動詞の場合など、解釈不可能なほど全く非文法的である。それに対し、英語はいずれも可能である。

(92) *太郎はその金属を<u>平らに</u>叩いた／John pounded the metal flat.
(93) *太郎はその運動靴を<u>ボロボロに</u>走った／John ran his sneakers threadbare.

　この現象は、理論的にも興味深い点を多く含んでいるため、様々な言語理論の枠組みで、多くの研究者によって、議論されてきたものである。現在も盛んに議論されている。例えば、語彙意味論の立場では、影山(1996, 2001)等、認知言語学の立場では、西村(1996)、谷口(2005)等、統語論(生成文法)の立場では、三原(2000, 2003)、Hasegawa(1999)等、意味・統語論の立場では、中村(2003)等、枚挙にいとまがない。
　依拠する理論の枠組みは異なっても、これらの研究にはある種の共通性がみられる。それは、(92)、(93)のような「構文」が英語は可能であるが、日本語は不可能であるということを、直接、説明しようとしている点である。
　本章は、数多くある先行研究の分析とは少し異なった視点から、この構文について分析を試みたいと考える。予告的に結論を述べると、日本語では、この「構文」自体が不可能なのではなく、この「構文」を形成するために必要な形態、すなわち補助動詞に固有の問題があるため、「構文」としての形成が阻まれているということを主張する。
　前述した「形態的有標性の仮説」に従えば、日本語で、(92)、(93)のようなタイプが結果状態を表すためには(結果述語を生起させるためには)、「構文的意味」としての「変化」を表す形態が必要ということになる。一方、英語では、「型」だけで「構文的意味」を表すことができるので、特定の形態は不要である。すなわち、日

本語でも、「変化」を表す適切な形態が存在すれば、(92)、(93)のようなタイプも可能だということである。

　それでは、日本語において、「変化」を表す適切な形態とは、どのようなものであろうか。「構文的意味」を担う形態として最も生産的であった補助動詞で、その可能性を考えてみよう。

　日本語において、「主体」の「変化」を表す基本的な動詞は"なる"、「対象」の「変化」を表す基本的な動詞は"する"であると言える。

(94) 窓が粉々になった（主体変化）
(95) 太郎が窓を粉々にした（対象変化）

　他動性の調和を考えると、(92)、(93)のようなタイプは「対象変化」なので、"する"が選択される。すなわち、補助動詞として、"てする"が後接できれば、(92)、(93)のようなタイプも可能になるはず、という予測が立てられる。

　しかしながら、この予測は成り立たないことがすぐに分かる。

(96) ＊太郎はその金属を平らに叩いてした
(97) ＊太郎はその運動靴をボロボロに走ってした
(98) ＊窓を粉々に殴った／＊窓を粉々に殴ってした

そもそも"てする"という補助動詞が不可能なのである。これはなぜであろうか。

　まず、"する"という動詞自体に直接、「(対象の) 変化」の意味はあるかを確認してみよう。"する"は専ら「(対象の) 変化」を表す動詞でないからである。ちなみに"なる"が「(主体の) 変化」を専ら表す動詞であることには疑いの余地はない。

(99) 太郎は息子を立派な医者に育てた
(100) 太郎は立派な医者に息子を育てた
(101) 太郎は髪を赤く染めた

(102) 太郎は赤く髪を染めた

上例にみられるように、"育てる""染める"のような、実質的な意味を持つ「対象変化動詞」であれば、対格名詞句と結果述語の語順を入れ替えても文法性に変化はないと言える。
　しかしながら、本動詞としての"する"によって対象変化を表す場合は、事情が異なる。

（103）　太郎は息子を立派な医者にした
（104）＊太郎は立派な医者に息子をした
（105）　太郎は髪を赤くした
（106）＊太郎は赤く髪をした

"する"の場合、語順に大きな制約がみられるのである。結果述語を対格名詞句に前置した場合、非文法的になってしまうのである。これはどのように説明できるであろうか。
　そもそも、"息子をする"とは言えないので、(103)において"息子を"は"する"単独で認可してはいないと言える。"立派な医者にする"という句で認可している可能性が高い＊18。
　これは、次のような現象を想起させる。益岡（1984）で分析されている、「認識動詞」における対格名詞句の認可の問題である。

（107）　太郎は花子を美人だと思った
（108）＊太郎は美人だと花子を思った
（109）　太郎は花子を危険だと感じた
（110）＊太郎は危険だと花子を感じた

上例にみられるように、"思う""感じる"等のいわゆる「認識動詞」には、語順の制約が存在する。益岡（1984）は上例の"美人だと""危険だと"のような要素を「叙述性補足語」と呼ぶが、その「叙述性補足語」は対格名詞句に前置できないという制約である。この制約を、益岡（1984）は、[「叙述性補足語」＋「認識動詞」]

はイディオム的なまとまりを持つため、隣接していなければならないということで説明している。イディオム的なまとまりを持つので、対格名詞句（"花子を"）は「認識動詞」単独ではなく、[「叙述性補足語」+「認識動詞」]全体で認可していると仮定されている。

たしかに、いわゆるイディオムには一般に隣接条件が課されるものが多い。次例のような対比を参照されたい。

(111)その問題を棚にあげた／*棚にその問題をあげた
(112)絶景に息をのんだ／*息を絶景にのんだ
(113)彼と馬があった／*馬が彼とあった

益岡（1984）の「認識動詞」の分析が正しいとすると、本章で議論している[「結果述語」+"する"]も、[「叙述性補足語」+「認識動詞」]と同じく、イディオム的なまとまりを持つことによる隣接性条件があるとすれば、(103)–(106)は説明できることになる。すなわち、"する"は単独で対格名詞句を認可しているのではなく、[「結果述語」+"する"]というまとまりで認可しているということである。

以上のような"する"が持つ隣接性条件の問題は、通常の「結果構文」とは異なった構文においても見られる。

(114)太郎がその窓を粉々に壊した／した　　：他動詞
(115)その窓が粉々に壊れた／なった　　　　：自動詞

上例のように、本来、自動詞型（主格名詞句が変化）は"なる"で表される。しかしながら、以下のような例は自動詞型でありながら、"する"が用いられる。

(116)太郎がおとなしく／子どもらしく／しずかに／楽しそうにした
(117)太郎が花子にやさしく／厳しく／冷たく／親切にした（cf.

太郎は花子に厳しい）
　（118）太郎が忙しく／明るく／元気に／不潔にしている（＊した）

上例のうち、(116)、(117)のタイプは、「意図性」があり、以下のような「再帰構造」が仮定できるが、(118)のタイプは「意図性」もなく、"している"のように状態性述語にならねばならないことからも、「形容詞」的になっている（いわゆる「第四種の動詞」）。

　（119）太郎$_i$が［e$_i$］ヲおとなしくした
　（120）太郎$_i$が花子に［e$_i$］ヲやさしくした

「意図性」の有無は次のような命令文の可否ではかることができる。

　（121）　おとなしくしろ！／もっとやさしくしろ！／静かにしろ！
　（122）＊忙しくしろ！／＊明るくしろ！／＊元気にしろ！（他者ではなく自身を、の意味で）

これらの構文の詳細な研究は、稿を改めて行うこととしたいが、いずれにしても、典型的な「結果構文」とは異なる。しかし、次例にみられるように、隣接性条件は存在する。

　（123）＊おとなしく、太郎がした。／＊しずかに、太郎がした。
　（124）＊花子にやさしく、太郎がした。／＊花子に親切に、太郎がした。
　（125）＊忙しく、太郎がしている。／＊元気に、太郎がしている。

異なった構文であっても、共通にみられることから、この隣接性条件は、"する"という動詞自体が持つ、固有の形態・統語的な問題であると言える。
　さて、以上のことをふまえた上で、本題の「(対象の)変化」を

表す補助動詞としての"てする"が不可能な理由の説明に戻ろう。

　前述のように、"する"は「結果述語」には隣接性条件が課せられた。しかしながら、"する"を補助動詞として用いた場合、前接するテ形動詞により必ず、この条件が破られてしまう。テ形動詞が「結果述語」と"する"を必ず分断してしまうからである。

　（126）＊太郎が窓を<u>粉々に</u>殴って<u>した</u>

次例のように、隣接させてやれば可能になるが、これはもはや複文構造であり、ここで議論している構文とは異質なものである。

　（127）太郎が窓を殴って、<u>粉々にした</u>

　「（対象の）変化」を付加することを表示するのに最もふさわしいと思われる"てする"は、この構文自体の問題ではなく、"する"という動詞自体が持つ形態・統語的条件（「結果述語」との隣接性条件）により、補助動詞として成立しないのである。

　結果として、(92)、(93)のようなタイプの非文法性は、日本語では「変化」を形態的に付加する必要があるにもかかわらず、それを可能にする適当な補助動詞がないため、と説明できることになる。

5．おわりに

　本章は、日本語の「補助動詞」について、「文法化」および「構文」の観点から考察を試み、以下のことを主張した。

　日本語の「補助動詞」は、「文法化」の過程にあると言え、そしてその分析には「文法化」の観点が有効である。

　また、「補助動詞」は、日本語において、「構文的意味」を表す形態として最も生産的なものであると同時に、それが述語になる構造体が持つ「構文スキーマ」の形成に重要な役割を担う。そしてその「構文スキーマ」は、言語外の文脈情報をふまえて適合性を判断することがある。

さらに、「構文スキーマ」の適合性以前に、「補助動詞」の形態・統語的要因により、「構文」の形成が阻害されることがある。

　本章では示唆にとどめた、「発見構文」「謙譲構文」「存在型状態化構文」「主体変化の"する"構文」等の詳細な考察は、今後の課題として残されている。本章内で予告したように、稿を改めて論じたいと考えている。

　本章は、このような新たな日本語の「構文」の分析を行うための、基礎的な研究という側面もある、ということを最後に付記しておきたい。

＊1　「補助動詞」を「テ形」に後接するもののみに限定すべきであることの詳細は、三宅（2015a）で述べている。
＊2　他の可能性として、"～てみせる"があるが、これを補助動詞のカテゴリーに含めるかどうかについては、保留としておく。また、いわゆる"テ形"接続には、"～てほしい"のような形容詞（イ形容詞）の場合もあるが、これは当然ながら、補助動詞とは別のカテゴリーである。
＊3　この点については、中澤光平氏（東京大学大学院）より示唆を受けた。
＊4　基本形（終止形）が"ーく"の動詞（語幹の子音が"k"の動詞）は、「タ形」にした場合、ふつうは"ーいた"の形になるが、"行く"は"行った"になるため不規則であり、本来、"ーった"の形になるはずの基本形が"ーう"の動詞である"問う"は"問うた"になるため不規則である。他にも"乞う／請う"等。
＊5　「起点」の"から"と"を"の交替現象には、「着点」の共起だけでなく、「太郎が部（から／を）出た」に対する「煙が煙突（から／＊を）出た」のような、いわゆる「非対格性」も関与するが、詳細については、三宅（2011）を参照されたい。
＊6　ここでは便宜的に"てくる"のように"て"を伴った表記をしているが、これはあくまで便宜であり、前節で述べたように、"てくる"全体で１つの形式であるということではない。また、"てくる"についての詳細は、森山（1988）を参照。
＊7　後者の点は、"てしまう"、"てみる"、"ておく"等、補助動詞としての意味・文法機能が本動詞としての実質的な意味と関連付けしにくいものに関しては、あまり有効性が認められないかもしれない。しかしながら、金水（2004）のような試みもあるように、可能性は十分にあると思われる。
＊8　特定の形態に、意味を担わせている点で、それはもはや「構文的意味」ではないのであるが、英語との対照のため、便宜的にこの用語を使うことにする。

*9　単に、傾向を一般化しただけのものであるので、「仮説」という名称はそぐわない面もある。また、ここでの「形態的有標性」はあくまで、形態的に何等かの要素が付加されることを指すのであって、語順の変更など、一般に「有標」とみなされる現象でも形態的な要素の付加がないものは、有標とは見なされない。

*10　動詞の自他の違いを、日本語ではごく一部の例外（"開く"等）を除いて、形態の違いで表さなければならない（"開く"／"開ける"、"壊れる"／"壊す"等）のに対し、英語では、"open"、"break"等、同形で可能なものが多数あることも、同種のことかもしれない。さらにつきつめると、日本語ではそもそも「動詞」であることさえ特定の形態が要求されるが、英語は比較的自由であることも同種である可能性がある。例えば、英語では"handbag"という名詞をそのままの形態で、「〈特に女性政治家が〉…を激しく攻撃する」（『ジーニアス英和大辞典』大修館書店）という意味の動詞として用いることができるが、日本語では、意味はどうであれ、動詞として用いるためには、"ハンドバッグ"ではだめで、"ハンドバッグする"あるいはせめて"ハンドバッグる"というように動詞にするための形態を付加しなければならない。

*11　「構文的意味」を担うにもかかわらず、なぜ"てみる"は必須ではないのか、という点については、「主体性（subjectivity）」（Langacker（1990））の現れ方の日英語の相違に基づいて、別稿で論じる予定である。

*12　英語の二重目的語タイプと日本語の"〜に"タイプは、ともに対象物の移動がなければならないが、英語の"for"タイプと日本語の"〜のために"タイプはその含意がなくてもよい、という点で共通性がみられる。

*13　"[場所]に"であれば、「絵を壁に描く」「小屋を庭に建てる」のように生起可能であるが、この構文とは異質である。

14　文法性判断に程度差を認める立場であれば、""ではなく、"?"程度ではないかという判断もあり得る。ただし本章では、非文法性に対しては一律に"*"を付す。

*15　本動詞、補助動詞のいずれの場合でも、"やる（あげる）"による「移動」は、物理的な移動だけではなく、いわゆる「所有権」の移動でもかまわない。

*16　益岡（1992）が指摘している「冷蔵庫にビールが冷やしてある」のような例は、言語外の文脈情報（この場合は一般常識）を参照すると、"ビールを冷やす"ということは"（冷蔵庫に）ビールを入れる"あるいは"置く"ことを含意することから成立しているものと思われる。したがって（77）と同類（益岡（1987）のA1型）とみなされ、ここでの「存在型状態化構文」とは区別される。

*17　「先生のカバンをお持ちする」のように与格名詞句が生起しなければ、この意味でも問題はない。その場合は、いわゆる「所有者敬語」（敬意の対象が所有者）である。

*18　"する"の場合に限定しての話だが、"する"単独で「変化」を表しているのではなく、「結果述語」＋"する"という「型」ではじめて「変化」が表せるのであれば、"〜を[結果述語]する"は、日本語においても狭義の「結果構文」と言える可能性がある。ただし、"する"は多義であり、その一つの用法に「変化」があり、この用法の場合は「結果述語」を必須の要素として選

択する、という仮説も否定はできない。どちらが合理的な仮説かは、今後の研究に委ねたい。

参考文献

Hasegawa, Nobuko (1999) "The Syntax of Resultatives," In Masatake Muraki et al. (eds.) *Linguistics: In Search of the Human Mind*, 開拓社.
早瀬尚子 (2002)『英語構文のカテゴリー形成―認知言語学の視点から―』勁草書房.
早瀬尚子 (2012)「英語の懸垂分詞構文とその意味変化」『日英語の構文研究から探る理論言語学の可能性』開拓社.
影山太郎 (1993)『文法と語形成』ひつじ書房.
影山太郎 (1996)『動詞意味論』くろしお出版.
影山太郎 (2001)「結果構文」影山太郎 (編)『日英対照動詞の意味と構文』大修館書店.
神尾昭雄 (1990)『情報のなわ張り理論』大修館書店.
菊地康人 (1994)『敬語』角川書店.
金水敏 (2004)「文脈的結果状態に基づく日本語助動詞の意味記述」『日本語の分析と言語類型』くろしお出版.
Langacker, Ronald W. (1990) "Subjectification," *Cognitive Linguistics* 1.1, 5-38
中村 捷 (2003)『意味論―動的意味論―』開拓社.
Nakatani, Kentaro (2013) *Predicate Concatenation: A Study of the V-te V Predicate in Japanese* くろしお出版.
西村義樹 (1996)「対照研究への認知言語学的アプローチ」『認知科学』3-3
柴谷方良 (1993)「認知統語論と語用論」『英語青年』139-5
谷口一美 (2005)『事態概念の記号化に関する認知言語学的研究』ひつじ書房.
前田直子 (2009)『日本語の複文 条件文と原因・理由文の記述的研究』くろしお出版.
益岡隆志 (1984)「叙述性補足語と認識動詞構文」『日本語学』3-7
益岡隆志 (1987)『命題の文法―日本語文法序説―』くろしお出版.
益岡隆志 (1992)「日本語の補助動詞構文―構文の意味の研究に向けて―」『文化言語学 その提言と建設』三省堂.
益岡隆志・田窪行則 (1992)『基礎日本語―改訂版―』くろしお出版.
三原健一 (2000)「結果構文〈総括と展望〉」『日本語・日本文化研究』10
三原健一 (2003)「普遍文法と日本語―結果構文を題材として」北原保雄 (編)『朝倉日本語講座 5 文法 I』朝倉書店.
三宅知宏 (2005)「現代日本語の文法化―内容語と機能語の連続性をめぐって―」『日本語の研究』1-3
三宅知宏 (2010)「日本語の疑似条件文と終助詞」『第 11 回 日本語文法学会大会予稿集』日本語文法学会.
三宅知宏 (2011)『日本語研究のインターフェイス』くろしお出版.

三宅知宏（2015a）「日本語の『補助動詞』について」『鶴見日本文学』19. 鶴見大学.

三宅知宏（2015b）「日本語の『構文』と形態的有標性」『日本語学会 2015 年度春季大会予稿集』日本語学会

森山卓郎（1988）『日本語動詞述語文の研究』明治書院.

Washio, Ryuichi（1999）"Resultatives, Compositionality and Language Variation," *Journal of East Asian Linguistics* 6: 1.

第9章
終止形・連体形の合流について*

青木博史

1. はじめに

　現代語の終止形が、古代語の連体形にあたることは広く知られている。以下に掲げる（1a）は古代語の例、（1b）はその現代語訳であるが、文終止に用いられる形が「あり」から「ある」へと変わっていることが見てとれる。

(1) a.　武蔵の国と下つ総の国とのなかにいと大きなる河**あり**。
　　　　　　　　　　　　　　　　　　　　（伊勢物語・9段）
　　 b.　武蔵の国と下総の国との境にたいそう大きな河が**ある**。

　「ある」という形は、「大きな河がある場所」のようにも用いられるため、連体修飾の形をも兼ねている。つまり、現代語では終止形と連体形が同じ形ということになる。古代語では、連体形と終止形の区別（上の例でいえば「ある」と「あり」の区別）があったわけであるから、これはきわめて大きな歴史変化であるといえる。
　このように、終止形と連体形が合流する、といった点に注目すると、形態論的観点から説明を与えたくなるところである。こうした立場の先行研究としては、坪井（2001）、信太（2007）などが挙げられる。たとえば坪井論文では、「形態の示差性」という観点から、「終止形連体形合流は、動詞の「姿」そのもの、基本形の変容なのである」と述べられ、「動詞が、自らの所属する活用の型（四段系列・二段系列・一段系列）を、終止形連体形合流によって形態上に表示することになった」と説かれている。
　しかし、信太論文で「連体形終止同形化は動詞以外にも、形容詞、形容動詞、あるいは助動詞を含むすべての活用語に関わる現象であ

るから」、動詞のみを論じるのは不十分であると指摘されるように、動詞形態論のみでは説明できない点を多く残している。なぜこの時期に、何のために活用の型の区別が必要になったのかについても、説明する必要があるだろう。この点をふまえ、信太論文では他の品詞も視野に入れ、ラ変型活用語に注目し、連用形と終止形の「異形化」という観点で説明しようとしている。機能の違いに応じた形態の示差性を増すために、末尾のイ列音（「あり」）をウ列音（「ある」）に変えたというわけである。しかし、連用形単独の中止法は次第に用いられなくなって「テ」を付接するようになっており、終止形が連用形との「異形化」を図る必要性は感じられない。坪井論文同様、形容詞についての説明も困難であり、やはりこの現象は、形態論的観点のみからは、本質的な説明を与えることは難しいように思う*1。

　こうした観点は、古典語の終止形（あるいは基本形）が連体形にとって代わられた、という現象に対して説明しようとするものである。なぜ、ここに連体形が「採用」されたか、という観点である。しかし、このとき、連体形は「採用」される候補であることがいわば前提となっており、連体形が文終止に用いられることに対しては、何の説明もなされない。しかしながら、古代語において連体形が有する用法（準体用法、連体用法）をふまえると、まずは、なぜ、どのようにして、文終止において連体形が用いられるようになったのか、という点について考えるべきであろうと思う。すなわち、文終止における形の問題として、構文論的観点から考察すべきであるように思う。

2. 先行研究

　いわゆる伝統的な国語学の分野では、基本的にはこうした見方に基づいて記述されている。概説書の類でも、「鎌倉時代には、次第に従来の終止形に代わって連体形で文を終止することが多くなります」（沖森卓也編（1989）『日本語史』おうふう）、「文末には連体形を使うことが一般化した」（山口明穂他（1997）『日本語の歴史』東京大学出版会）のような記述が、一般的に行われている。

しかし、この現象がどのようにして起こったのかという「説明」のレベルになると、定説を見ないのが現状である。その中でかなり広く受け入れられてきたのが、次のような説明である。

(2) 渡辺実（1997）『日本語史要説』岩波書店
　　平安中期以降、余情終止の連体形終止法（いわゆる連体終止）が殊の他に好まれる事態となった。女流文学が平安中期に最盛期を迎え、その勢いは宮廷女房の世界を中心にますます強くなって次の時代へ及ぶ過程で、女性に顕著な婉曲表現好みが、余情終止法の愛用となって現れたのである。〈中略〉ところが愛用の度が過ぎて、いつでも誰でも連体終止で物を言う、ということになると、愛用の原因となった余情という表現特性が、だんだんその影を薄くして、遂には肝心の余情を感じさせないまでになってしまう。そうなると連体終止は、余情の終止法ではなくなって、正常の終止法になってしまったことになる。

実は、古代語において、連体形で文を終えることは皆無ではない。したがって、そのような古代語の連体形終止文と関連付けようというのは、自然な見方であるといえる*2。余情や感動を表す連体形終止文というのは、次に掲げるようなものである。

(3) a.　いかにある布勢の浦そもここだくに君が見せむと我を**留むる**　　　　　　　　　　　　　　　（万葉集・巻18・4036）
　　　〔どんなにすばらしい布勢の浦なのだろうか、こんなにもあなたが見せようと私をひき留める**とは**〕
　　b.　今日別れ明日はあふみと思へども夜やふけぬらむ袖の**露けき**　　　　　　　　　　　　　　　（古今和歌集・369）
　　　〔今日送別をしてもまた明日は会える身の上の近江介を送るのだとは思っても、夜が更けたからなのか、なんとなく袖が**しめっぽいことであるよ**〕

このような特殊な表現価値を持っていたものが、使用されるうちにその表現性が剥落していったというわけである。
　しかし、(2)の記述は、あまりに書きことば世界に依存しすぎた説明であろうと思う。「女流文学」で使用されることばが、こうした大きな言語変化を引き起こすとは思えない*3。この点は措くとしても、感動を表す用法は、(3)に示したように、基本的には和歌世界で用いられるものである*4。そのような限られた場における用法から変化が始まると考えるのは、やはり難しいように思う。
　これに対し、「日本語の論理化」などと説明されることもある。これも代表的な概説書の記述を、次に掲げておこう。

(4) 佐藤武義編（1995）『概説日本語の歴史』朝倉書店
　　連体形止めの表現には、詠嘆性を帯びることのほかに、「…すること」「…であること」として文の叙述を体言的にとりまとめ、叙述を事柄として対象化する働きがある。この表現法が一般化したのは、事態を論理的に捉えることへの要求の度合いが高まったことと、それを明確な形で相手に伝える必要性が増大したという事情などが関係すると考えられている。

　しかし、「叙述を事柄として対象化する」というのがどういうことなのか分かりにくいし、何より「事態を論理的に捉えることへの要求の度合いが高まった」「それを明確な形で相手に伝える必要性が増大した」といったことをどうやって証明するのか、という問題がある。説明の妥当性は、あまり感じられないように思う*5。
　古代語の連体形終止文には、(3)に示したような「感動」を表す用法の他に、次に示すような「解説」の用法が存する。こちらは、主として会話文において用いられる。

(5) a.　御子のたまはく、「命をすてゝかの玉の枝持ちて**きたる**、とて、かぐや姫に見せたてまつり給へ」と言へば、翁持ちて入りたり。
　　　　　　　　　　　　　　　　　　　　（竹取物語・蓬莱の玉の枝）

〔御子のおっしゃることには、「命を捨てるほどの苦労をして、あの玉の枝を持ってやってきた<u>のです</u>」と言って、かぐや姫にお見せ申し上げてください」と言うので、翁は持って奥に入った。〕

b.　「こころみの日かく尽くしつれば、紅葉の蔭やさうざうしくと思へど、見せたてまつらむの心にて、<u>用意させつる</u>」など聞こえたまふ。　　　　（源氏物語・紅葉賀）
　〔「試楽の日にこうして手を出し尽くしてしまったのでは、当日の紅葉の木蔭は物足りなくなるのではと心配ですが、あなたにお見せしようというつもりで、<u>準備をさせた</u><u>のです</u>」などと申し上げあそばす。〕

　こうした「解説」的表現に注目して説明を試みたものに、尾上（1982）がある。

(6)　連体形終止文による解説的表現というのは、通常の終止法をもって事態を述べ上げることをしないで、話し手聞き手の対面性のただ中に句的体言をほうり出すことによって、「こうなのですよ」という特別の口吻を伴うものであった。その意味では曲調表現である。ところが、対面性という現場に支えられてはじめてある種の伝達を担い得たはずの句的体言が自ら句的体言であることを忘れ、依存していた枠を離れて独り歩きをはじめると、それはもはや曲調ではなくなる。すでに句的体言ではなく述体句そのものとして了解されることになる。連体形終止法はこのようにして一般的な終止法として意識されるようになるのである。

　しかしながら、「句的体言」が現場性を離れ、「述体句」として了解されることになった、という説明は結果の側から眺めた説明であって、なぜ、どのようにしてそうした変化が起こったのか、という動的な観点から説明されたものではない。また、説明が抽象的であるため、分かりにくいという面もある。「依存していた枠を離れて独り歩きをはじめる」とはどういうことなのか、分かりやすく説

明する必要があるだろう。

　以上のように、先行研究を概観してみると、いまだ十分な説明が与えられるには至っていないことが分かる。古代より存する「連体形終止文」と何らかのかかわりがあることは予想されるものの、どのように関係するのかも明らかでない。そこで、本稿ではあらためて、以下のような問いを立てることとしたい。

　（7）　なぜ、どのようにして連体形が通常の終止用法を持つようになったのか

　連体形が持つ、連体用法（名詞修飾用法）や準体用法（名詞句形成用法）との関連の中で、どのようにして終止用法を持ち得たのか、という問いである。
　そのうえで、現代語では、古代語終止形が「リストラ」（金水敏（2011）「日本語史」『はじめて学ぶ日本語学』ミネルヴァ書房）されており、この問題についても考える必要がある。すなわち、2つ目の問いとして、以下のようなものが立てられる。

　（8）　なぜ、どのようにして連体形が終止形を駆逐したのか

　これまでは、こうした2つの問いに対して無自覚であったように思う。主として表現論的観点から連体形終止文の成立を説く立場においては、その後の展開については考慮されず、主として形態論的観点から終止形の衰退を説く立場においては、連体形による終止用法の成立には無頓着であった。これらを併せて考えることによってはじめて、この現象に対して説明を与えることになるであろうと思う。以上のように、本稿では、終止形・連体形の合流という現象について、文終止における構文の歴史変化という立場から、考察を加えたいと思う。

3. 準体句の文末用法の衰退

3.1 喚体文（擬喚述法）

さて、前節で見たような、和歌において「感動」を表す連体形終止文であるが、これは上代から用いられている。

(9) a.　夏草の露分け衣着けなくに我が衣手の乾る時も**なき**
　　　　　　　　　　　　　　　　　　　　（万葉集・巻10・1994）
　　　〔夏草の露分け衣を着たわけでもないのに、私の衣の袖の乾く間も**ないことだ**〕
　　b.　恨めしく君はもあるか宿の梅の散り過ぐるまで見しめ**ずありける**　　　　　　　　　　　　（万葉集・巻20・4496）
　　　〔あなたは恨めしい人ですね、お屋敷の梅が散ってしまうまで見せてくれないの**だもの**〕

この文の構造は、連体形によって形成された名詞句（＝準体句）が文末で用いられたものと考えられる。つまり、通常の述語文でなく、名詞形で終止する文を作っているわけである。山田孝雄はこれを「喚体」の文と呼び、体言を骨子とする特殊な文として、用言（述語）を中心とする「述体」の文と区別している。山田（1908）では、「喚体」に以下の2種が認められている。

(10) a.　感動喚体：麗しき花かな。人の音信も**せぬ**。
　　 b.　希望喚体：老いず死なずの薬もが。

感動を表す場合と希望を表す場合の2種であるが、文を名詞形で終えることでこうした特殊な意味が表されることになる。(9)として掲げた連体形終止文も、この喚体文に相当することになる（山田は「擬喚述法」と呼んでいる）。

こうした喚体文は上代では一定程度用いられたが、時代が下ると次第に用いられなくなる*6。以下の(11a)は感動、(11b)は希望を表したものであるが、喚体文ではなく、いわゆる述体文を用い

て述べられている。

(11) a. ものあはれなる気色さへ添はせ給へるは、あいなう心苦うもあるかな。　　　　　　　　　（源氏物語・賢木）
〔心にしみいるようなご様子までも備わっておいでになるのは、どうにもこうにもおいたわしいことです。〕
b. 人知れぬわが通ひ路の関守はよひよひごとにうちも寝ななむ　　　　　　　　　　　　　　（伊勢物語・5段）
〔こっそりと私が通う通い路に関すえて守る関守は、毎夜毎夜、ちと眠ってくれればよいのに〕

「感動」を表す連体形終止文が次第に用いられなくなるのは、こうした喚体文の衰退と軌を一にしていると捉えることができる。
　ここで重要なことは、喚体文によって表されていた表現が、他の異なる形式によって表されるようになっている、という点である。たとえば（9a）は、「乾くときもないことだ」のように、現代語では形式名詞「こと」を用いた名詞述語文で表すことができる。こうした形式名詞述語文は、古代語の段階からすでに用いられている。

(12) a. 梅の花いつは折らじと厭はねど咲きの盛りは惜しきものなり　　　　　　　　　　（万葉集・巻17・3904）
〔梅の花は折るまいとはばかる時があるわけでないが、花盛りに折らないのは心残りであることよ〕
b. 世人の心のうちもかたぶきぬべき事なり。
　　　　　　　　　　　　　　　　　　　　　　（源氏物語・竹河）
〔世間でも内心では首をかしげるにちがいないことだ。〕

このように、感動を表すための手段は別に持っているのであり、そうした中で、喚体による表現をやめて述体による表現へ移行していることが見てとれる。喚体（擬喚述法）による感動表現の多用によりその表現性が剥落した、と説かれるとき、こうした喚体文一般における推移、さらに感動表現という枠組みにおける変遷は考慮さ

れることがない。和歌世界においては、擬喚述法による感動表現は中世以降も用いられており、これらのことをふまえると、やはりこうした「感動・余情」用法が頻用されたことを説くだけでは不十分であるように思う。

3.2 「連体なり」文

一方、会話文で用いられた「解説」の用法であるが、以下のようなものであった。

(13) a.　雀の子をいぬきが逃がしつる。伏籠のうちに籠めたりつるものを。　　　　　　　　　　　　　（源氏物語・若紫）
　　　　〔雀の子をいぬきが逃がしてしまったの。伏籠の中にちゃんと入れておいたのに。〕
　　b.　仏を紛れなく念じつとめ侍らむとて、深くこもり侍るを、かかる仰言にて、まかり出で侍りにし。
　　　　　　　　　　　　　　　　　　　（源氏物語・手習）
　　　　〔仏を余念なく念じてお勤めをいたそうと存じまして、山深く籠っておりますが、こうした仰せ言をいただきましたので、山を下りてまいったのでございました。〕

「逃がしちゃったの！」「仰せによって山から出てきたのです」のように、現代語ではいわゆる「のだ」文を用いるところである。現代語訳に準体助詞「の」が現れていることからも分かるように、これも先の「感動」を表したものと同様、連体形によって形成された名詞句（＝準体句）が文末で用いられたものと見ることができる。

しかしながら、このタイプの連体形終止文も次第に用いられなくなり、代わって繋辞「なり」を付接させた構文が用いられるようになる。これは、次のようなものである。

(14) a.　はやても［龍の吹かする］なり。はや神に祈り給へ。
　　　　　　　　　　　　　　　　　　（竹取物語・六龍の頸の玉）
　　　　〔疾風も龍が吹かせているのです。はやく神様にお祈りなさって

第9章　終止形・連体形の合流について　279

くだされ。〕
　b.　［狐の<u>仕うまつる</u>］なり。この木のもとになん、時々あ
　　　やしきわざなむし侍る。　　　　　　　（源氏物語・手習）
　　　〔狐の<u>しわざな**のです**</u>。この木の根元で、ときどきあやしい悪戯
　　　をいたします。〕

　この構文は、「ＡハＢナリ」というコピュラ文から発達して出来
たものと考えられる。以下に掲げるような（15a）から（15b）へ
と拡張した、というわけである。

（15）a.　恋ふといふはえも名付けたり言ふすべのたづきもなき
　　　　　<u>は</u>［我が身］なりけり　　　　　（万葉集・巻18・4078）
　　　〔「恋ふ」とはまことにうまく言ったものだ、どう言えばいいのか
　　　何の手立てもないのは、この我が身なのでした〕
　b.　先立たぬ悔いの八千度悲しき<u>は</u>［流るる水の帰り**来ぬ**］
　　　<u>なり</u>　　　　　　　　　　　　　　　（古今和歌集・837）
　　　〔あのお方に先だって死ねない悔しさを思うと私は返す返す悲し
　　　いのですが、それは流れる水の帰らないように、人間もあの世に
　　　行ったら再びこの世には帰って来ないと思うからなのでしょう〕

　（14）あるいは（15b）における［　］内は、主格助詞「の」が
現れることから分かるように、名詞句としての準体句を形成してい
る*7。準体句を承ける「なり」は、活用語終止形に接続して推定
を表す「なり」と区別し、伝統的に「連体なり」と呼ばれている。
　そして、この「連体なり」文は、現代語の「のだ」文へとつな
がっていく。事情の「解説・説明」を行う際に、この構文は時代を
通じて用いられている*8。

（16）a.　熟睡ナラネバ［分明ニハ**ヲボヘヌ**］<u>也</u>。
　　　　　　　　　　　　　　　　　　　　（中華若木詩抄・巻上・5オ）
　　　〔ぐっすりと眠っていないのではっきりとは覚えていない**のだ**。〕
　b.　所謂田婢野娘の乳母子守等のたぐひが出放題の文句を

作るに仍て、[あのやうに**鄙くなる**]ぢやテ。
　　　　　　　　　　　　　　　　　　（浮世風呂・4編・上）
　　　〔田舎者の乳母子守などの類がでまかせの文句を作るので、あの
　　　　ようにいやしくなる**のだ**。〕

　繋辞が「なり→にてあり→じゃ・だ」と形を変え、準体句の句末に準体助詞「の」が補われることで、「のだ」という形式が出来上がることになる。
　このように、古代語で「解説・説明」を表した連体形終止文が、その後「連体なり」文（さらには「のだ」文）へ取って代わられるというわけであるから、両者の間に何らかの因果関係を考えたくなるところである。たとえば、久島（1989）では、以下のように述べられている。

(17) 連体形終止文の意味が弱化した原因としては、連体形終止文の持つ意味とほぼ等しいものをより強力に示す「(連体形)なり」の表現が勢力をもって来たことが考えられる。

　「連体なり」文の発達が連体形終止文を衰退させたということであるが、しかしながら逆に、連体形終止文が衰退した（「説明」の意味を表せなくなってきた）ため、「連体なり」文が発達した、と見ることもできそうである。3.1の「感動」の場合にあてはめてみても、喚体文が衰退したから述体文による述べ方が発達したのか、述体文の伸張が喚体文を弱化させたのか、という同様の問題が生じることとなり、現時点で両者の因果関係を明確に説くのは難しいように思う。
　以上のように、「感動・余情」を表す用法と「説明・解説」を表す用法とに分けて観察してきたが、結局のところ、これまでの説明の最大の問題点は、一方から一方を説明できないところにあるといえる。頻用により「感動」が薄れたとするという説明は「解説」用法にはあてはまらないし、「連体なり」の伸張により「解説」の用法を失ったとする説明を「感動」用法にあてはめることはできない。

両用法に共通するのは、準体句を文末に置くことで特別な用法をもちえた、この特別な用法が時代を下ると衰退した、という点である。そこで、次節では、これらを統一的に説明することを試みる。

4. 名詞句の脱範疇化

最初に結論を示しておくと、以前、青木（2010）で述べたように、文末に置かれた名詞句は、その置かれた位置のために述語句へと再分析されることになる。すなわち、連体形が終止用法を持つようになったのは、こうした名詞句から述語句への構造変化が、文末準体句において起こったためであると考えられる。

このような名詞句の脱範疇化（decategorization）は、接続部と述部において起こる。以下、簡単に概観しておく。

4.1 接続部の場合

まずは、接続部の場合について見ていく。最初に古典語の「が」の例を示しておこう。以下に掲げる例は、ともに「述語連体形＋ガ＋述語」という形であるが、(18a)は「名詞句＋格助詞」の例、(18b)は「述語句＋接続助詞」の例である。

(18) a. 見も知らぬ花の色**いみじき**が、咲きみだれたり。

（宇治拾遺物語・巻13-11）

〔見も知らぬ色美しい花が、咲き乱れている。〕

b. 女二人**ありける**が、姉は人の妻にてありける。

（宇治拾遺物語・巻3-15）

〔女が二人いたが、姉は人妻であった。〕

助詞「が」については石垣（1955）に詳しいが、助詞が述語と名詞句の関係を示すものから、述語と述語の関係を示すものへと変化していることが示されている。格助詞から接続助詞へと変化したというわけであるが、このとき、同時に「が」の前部の句の性格も変化している。すなわち、名詞句から述語句へという変化である。

(19)　　[名詞句 [述語連体形] ガ] [述語]
　　→　[述語句 [述語連体形] ガ] [述語]

「に」や「を」など、格助詞を起源とする接続助詞は他にもいくつか存するが、いずれも「が」同様、助詞の前部が名詞句（準体句）から述語句へと再分析（reanalysis）されることによって生じている。

このような構造変化は、助詞の前部が述語連体形のみで構成される、準体句であるから起こったと見る向きがあるかもしれない。助詞の前後が述語で挟まれる形になるため、そのような再分析が起こりやすいというわけである。しかし、こうした構造変化は、主名詞が表示された「述語連体形＋名詞」という名詞句に助詞が付接した場合も、しばしば起こる。以下に、そのような例として「ところ＋で」の場合を示しておく。

(20)a.　船に乗る**べき**ところにて、かの国人、馬のはなむけし、
　　　　　　　　　　　　　　　　　　（土佐日記・1月20日）
　　〔乗船するはずの場所で、あの国の人々が餞別をし、〕
　b.　然ればこの宝は国王に捧げうずるものぢやと**云うた**ところで、シャント大きに驚いて、
　　　　　　　　　　　　　　　　　（エソポのハブラス・p420）
　　〔そうであるからこの宝は国王に捧げるべきものだと言ったので、シャントはたいそう驚いて、〕

(20a)では、「船に乗るべき所＋にて」のように場所格を表していたものが、(20b)では、「…と言ったので驚いて」のように、原因・理由を表すものとして用いられている。この構造変化は、以下のように示すことができる。

(21)　　[名詞句 [述語連体形＋トコロ] ニテ] [述語]
　　→　[述語句 [述語連体形] トコロ　デ] [述語]

以上、(19) と (21) として示したように、述語連体形を用いて形成されていた名詞句が名詞性を失い、述語性を発揮していることが分かる。こうした構造変化が、日本語史上において、しばしば観察されるのである*9。

4.2 述部の場合

次に、述部の場合について見ていく。まずは、「述語連体形＋名詞」という名詞句に繋辞（コピュラ）がついた形を示しておこう。

(22) a. 春ニナレバイヅクモ花イヅクモ柳ナレバ錦ノ<u>ミダレタヤウ</u>也。　　　　　　　　　　（中華若木詩抄・巻上・35ウ）
〔春になるとどこも花や柳だらけなので、色とりどりの模様が乱れ交じったような様子である。〕
b. 今夜は大（だい）ぶ土手が**永（ながい）**やうだ。
　　　　　　　　　　　　　　　　　　（遊子方言・発端）
〔今夜はずいぶん土手が<u>長いようだ</u>（早く行きたいのにちっともはかどらない）。〕

(22a) は、助詞「の」が現れることからも分かるように、「錦の乱れた様」という名詞句に「なり」が付接した名詞述語文である。これが (22b) になると、「様子だ」という判断が「やうだ」という形式に焼き付けられ、助動詞として切り離されることになる。すなわち、「やう」の前部の述語連体形は、主節述語として再分析されるわけである。以上のような構造変化を、(23) として示しておく。

(23)　　[名詞句 ［述語連体形＋ヤウ］ナリ］。
　　➡　[述語句 ［述語連体形］ヨウ　ダ　］。

次に、述語連体形のみで形成される名詞句（＝準体句）にコピュラがついた形、すなわち、「連体なり」文を見てみよう。これは、前節でもいくらか述べたように、時代が下ると準体句の句末に

「の」が付接するようになり、「述語連体形＋の＋だ」の形を形成するようになる。

 (24) a. 江戸ッ子の金をおまへがたがむしり取て行<u>の</u>だ。
（浮世床・初編中）
   b. 学生が一生懸命勉強している。試験が／＊のある<u>のだ</u>。
（角田（1996）より）

しかしながら、現代語の「のだ」文は、角田（1996）や野田（1997）など、多くの指摘があるように、名詞述語文ではない。(24b) に示したように「ガノ交替」を起こさず、「のだ」は助動詞相当として機能している。したがってこのとき、「のだ」の前部の述語連体形は、主節述語として再分析されていることとなる。

 (25) ［ 名詞句 ［述語連体形］ナリ］。
   ⇒ ［ 名詞句 ［述語連体形＋ノ］ ダ］。
   ➡ ［ 述語句 ［述語連体形］ノ ダ］。

以上のように、繋辞を伴って文末（述部）の位置に置かれた連体形による名詞句は、構造変化を起こし、「述語句＋助動詞」へと再分析されることになる。現代語においても、こうした例はしばしば観察され、新屋（1989）では「文末名詞文」、角田（1996）では「体言締め文」（後に「人魚構文」）と呼ばれ、多くの事例が紹介されている*10。

 また、先の接続部の場合と併せて考えると、「述語連体形＋名詞＋助詞」の「名詞＋助詞」部分が接続助詞となることと、「述語連体形＋名詞＋繋辞」の「名詞＋繋辞」部分が助動詞となることは、まさに並行的な現象であるといえる。このとき、連体節として名詞句形成に与っていた述語連体形は、主節述語に再分析されるのである。

 そして、「連体節＋名詞」という形式ではない、述語連体形のみで形成される名詞句（準体句）も、接続部の位置では述語（接続

節）に再分析される（=（19））。とすると、述語連体形のみで形成される準体句がそのまま文末（述部）に置かれれば、やはり述語句（主節）に再分析されることになるものと考えられる。すなわち、文末に置かれた準体句は、以下に示すような構造変化を起こすことになると考えられる。

(26) 名詞句 ［述語連体形］。 ➡ 述語句 ［述語連体形］。

　連体形終止文が名詞性を失い、通常の述語文を形成するようになる過程は、このように説明することができる。こうした構造変化により、名詞句であるがために持ちえた「感動」や「解説」の用法を失うわけである。また、このような説明に基づくと、失われた擬喚述法としての感動用法は述体文が担うようになり、解説用法は「連体なり」文が担うようになった、という因果関係を見てとることができるだろう。

5. 述体文としての係り結び文

　前節では、連体形が終止用法を持つようになった過程について、名詞句の脱範疇化という観点から説明を行った。ただし、青木（2010）でも述べたように、こうした構造変化は共時態において観察されるもので、いつの時代においても起こりうるものであることに留意しなければならない*11。人魚構文は現代語において観察されるものであるし、接続部に用いられる「のを」「のが」など（＝注9）も同様である。

　しかしながら、こうした構造変化を経て、「ようだ」「のだ」などの形式が慣用によって固定化（語彙化・文法化）していくのは、歴史的な現象である。すなわち、新しい「構文」が時間的推移を経て定着する過程を説明するためには、構造変化によって成立した連体形による終止文が、どのようにして当時の人々に受け入れられ、定着していったかを示す必要があろう。

　まず、院政期以降に、連体形終止文を通常の述語文として認識せ

しめたものは何だったのか。本稿では、これは、係り結び文であったと考える。

係り結び文とは、周知のように、文中に「ぞ・なむ・や・か・こそ」といった助詞を用い、文末を連体形あるいは已然形で結ぶ文のことであるが、ここで問題となるのは、連体形結びの場合である。まずは、以下の例を参照されたい。

(27) a.　しづくもてよはひ延ぶてふ花なれば千代の秋にぞ影はしげら<u>ん</u>　　　　　　　　　　　　（後撰和歌集・433）
〔雫をもってしても齢が延びるという花ですから千代を経た年の秋にこそその蔭は大きくなっていることでしょう〕
　　 b.　命だに心にかなふものならばなに<u>か</u>わかれのかなしからまし　　　　　　　　　　　　　（古今和歌集・387）
〔命だけでも望みどおりにあなたのお帰りまで生きていられるならば、どうして別れがこれほどつらく思われましょうか〕

(27a) では、係助詞「ぞ」に対して「ん（む）」、(27b) では「か」に対して「まし」といった助動詞が、それぞれ文末に用いられている。いわゆる推量の助動詞で結ばれているのであるが、実は、こうしたムード形式は、準体句が文末で用いられた文、すなわち、前節で見た、感動を表す喚体文や、解説を表す「連体なり」文には現れない。「…だろうことよ！」とか、「…だろうのだ。」とかいった形にはならない、というわけである。このことを、(28) として図示しておこう。

(28) a.　喚体文（擬喚述法）
　　　　＊［──ノ──ム］。
　　　　（ム＝「む」「けむ」「まし」「じ」など）
　　 b.　「連体なり」文
　　　　＊［──ノ──ム］ナリ。
　　　　（ム＝「む」「らむ」「けむ」「まし」「じ」など）＊12

したがって、ここから導かれることは、係り結び文は、準体句を文末に置いたものではなく、ムードやテンスを備えた通常の述語形式によるもの、すなわち述体文であるということである。近藤（2000）でも、この点について、「〈連体止め〉は終止法と対立する、（それ自体が独立した）間投法というモダリティの一形態であるとみなされるが、〈係結〉は終止法のなかの下位分類であり、その中のひとつの形に過ぎないと見るべきである」と述べられている。

　このような述体文としての係り結び文であるが、野村（2005）によると、上代と中古の間で「変容」しているという。上代の係り結び文では、佐佐木（1992）・野村（1993）において指摘されるように、主格助詞「の／が」が現れる場合、必ず「――係助詞――ノ・ガ――連体形。」の語順になる。以下に、（29）として例文をいくつか掲げておく。

(29) a.　朝に行く雁の鳴く音は我がごとく物思へれ<u>か</u>も声<u>の</u>悲しき　　　　　　　　　　　　　　（万葉集・巻10・2137）
〔朝早く飛んで行く雁の鳴く声は私のように物思いをしているせいか、響きが悲しいことよ〕
　　b.　行く水の留めかねつとたはこと<u>か</u>人<u>の</u>言ひつるおよづれ<u>か</u>人<u>の</u>告げつる　　　　　　（万葉集・巻19・4214）
〔流れる水のように留めることもできませんでしたとふざけたことを人が言うのか、でたらめを人が告げたのか〕

　前にも触れたように、主格助詞は準体句内に現れる（主節には現れない）ものであるから、この場合の結びの連体形句は、準体句の性格を色濃く残したものということになる。ただしもちろん、文末に推量の助動詞が現れる係り結び文（＝述体文）も、万葉集には見られる。いくつか例を掲げておこう。

(30) a.　飛ぶ鳥の明日香の里を置きて去なば君があたりは見えず<u>か</u>もあら**む**　　　　　　　　　（万葉集・巻1・78）
〔明日香の故郷を後にして行ってしまったら、あなたのあたりは

見えないことであろうか〕

b. 今さらに妹に逢はめやと思へ<u>か</u>もここだ我が胸いぶせくある<u>らむ</u>　　　　　　　　（万葉集・巻4・611）
〔これからはあなたに逢えないと思うからでしょうか、こんなにも私の心が晴れないのは〕

　このような用例の存在に鑑みると、係り結び文は、喚体文を基にして成立したのではないかと考えられる＊13。たとえば、野村（1995）では、(29) のような「係りカ（疑問）──準体句」の前段階として、「か」を含む文と喚体文の2文の連続という解釈も可能な、「二文連置」の段階が想定されている。「間なく恋ふれにかあらむ草枕旅なる君が夢にし見ゆる（万621）」のような場合、「君が夢に見ゆる〔実際にあなたが夢に出てくることだ〕」という連体形喚体句と、それに対する注釈句である「恋ふれにかあらむ〔恋い続けているからであろうか〕」は、そこで切れる2つの文と見ることもでき、このような句と句の相関関係を基に「係り」と「結び」という認識が生まれた、と説明されている。

　野村説に従えば、係り結び文は、このような注釈的二文連置から「疑問的事態カ──実事的事態」を経て、「──カ──ム」型の呼応にまで及んで成立したということになり、このように見ることで、喚体文から述体文への変化をスムーズに理解することができる。いずれにしても、中古における係り結び文には、(28) のような助動詞の制限も、また (29) のような語順法則も見られない。

(31) a. 心ありて風の匂はす園の梅にまづうぐひすのとはず<u>や</u>あるべき　　　　　　　　（源氏物語・紅梅）
〔そうした気持ちがあって風が匂いを送る園の梅に、何はともあれ鶯の訪れてこないはずがありましょうか〕

b. 底清くすまぬ水にやどる月は曇りなきや<u>う</u>のいかでかあらむ　　　　　　　　（源氏物語・常夏）
〔底まで清らかに澄んでいない水に映っている月影は、曇りがないというわけにはいかないでしょう〕

第9章　終止形・連体形の合流について　　289

重要なことは、ここにおいて、連体形を文末で用いた述体文が確立していることになる、という点である。すなわち、係り結び文の成立は、連体形で終止する述体文の成立であったともいえるわけである。

6. 終止形終止の衰退

　中古において係り結び文は多用され、その結果、連体形による終止文は増加する。係り結び文の成立が喚体文を基にするものであったかどうかはともかく、当時の人々にとっての「係り結び」とは、文の焦点を「係助詞」で示し、その場合には連体形で結ぶ、というものであったと考えられる。そこには、喚体も述体もないわけである。

　しかも、「係り」の部分が必ずしも文焦点とはいえない例も、上代から数多く存する。(32a)として「か」、(32b)として「そ」の例を掲げておこう。

(32) a.　一重山隔れるものを月夜良み門に出で立ち妹か待つらむ　　　　　　　　　　　　（万葉集・巻4・765：近藤1990）
　　　〔山一つ隔たっているのに月夜が美しいといって家の門口に立って妻は私を待っているだろうか〕
　　b.　奈呉の海に潮のはや干ばあさりしに出でむと鶴は今そ鳴くなる　　　　　　（万葉集・巻18・4034：勝又2009）
　　　〔奈呉の海に潮が引いたらすぐに餌を捜しに出ようと鶴が今鳴いている〕

　いずれも、「妹」や「今」といった部分だけが焦点化されるわけでなく、「妹か待つらむ」「今そ鳴くなる」といった述語部分も含めた句全体を、疑問や強調が覆っているものと解釈される。こうした状況をふまえると、連体形を文終止に用いる（用いてもよい）形として認識することは、まったく自然なことであったように思う。

　さて、そもそも文終止には、終止形というそれ専用の形があった

のであるが、結果的に、新しく生まれた連体形が、元からある終止形を凌駕する形になっている。歴史変化によって、近似した機能を有する複数の形式が重なることになった時、古い形式が新しい形式に駆逐されるのは、一般的な現象であるといえる。文終止における連体形と終止形の競合関係に際しても、終止形は古い形式と認識されることになったものと考えられよう。そうした状況が、京極（1965）、出雲（1985）などで示される、以下のような文から見てとれる。

(33) a. 敵は**少なし**、味方は**多し**、勢にまぎれて矢にもあたらず、　　　　　　　　　　　　　　　　　（平家物語・巻9）
〔敵は少ないし、味方は多い、その大勢の中にまぎれて矢にも当たらない、〕

b. 四方はみな敵**なり**、御方は**無勢なり**、いかにしてのがるべしとは覚えねど、　　　　　　　　（平家物語・巻8）
〔四方はみな敵であるし、味方は無勢であるし、どのようにして逃げたらよいかは分からないが、〕

c. 人ノ小若党シテイルヲホイナウ思テ、大名ノ内ノ者ニナリタサハナリ**タシ**、ナレバ本ノシウガ只ハヲクマイホドニ、　　　　　　　　　　　　　（史記抄・周本紀第4）
〔ある人が小若党でいるのを不本意に思って、大名に仕える者になりたいのはなりたいが、そうすると元の仲間たちがただではおかないだろうから、〕

元からある終止形は「旧終止形」として、対句や前置き表現のような定型化した表現の中に、「不十分終止」用法として用いられているのである。文におけるこうした位置は、「旧い」形が用いられる場所であり、室町期においても、口語では衰退しているはずの係り結び文が用いられている。

(34) 俄に西の風はげしう吹いて頼まれた義教緒方が船たる船どもいづくの浦へ**か**吹き寄せ**つらう**、行方知らずになった。

第9章　終止形・連体形の合流について　291

(天草版平家物語・p.381)

〔急に西風が激しく吹いて頼みにしていた義教や緒方の船という船はどこの海岸へ吹き寄せられたのだろう、行方知れずになってしまった。〕

　ただ、これまでの研究で指摘されてきた「旧い」形は、鎌倉期以降のものであった。連体形による終止文が一般化したことにより、元からあった終止形が、「旧終止形」と認識されることになったというわけである。しかしながら、院政期の資料にも、これと同種の「不十分終止」用法の例は、いくつも見られる*14。

(35)a.　如此ク巻毎ニ巻返シ**ツ**、一部ヲ読畢ヌ。
　　　　　　　　　　　　　　　　　　　　　(今昔物語集・巻13-1)
　　　〔このように一巻ごとに巻き返しつつ、『法華経』一部を読み終わった。〕
　　b.　夜ニハ成ニ**タリ**、今夜ハ家ヘハ故ニ行不着ジ。
　　　　　　　　　　　　　　　　　　　　　(今昔物語集・巻29-5)
　　　〔夜にはなったし、ゆえあって今夜は家には帰り着くまい。〕
　　c.　これは、みな人のしろしめたる事なれば、ことも**ながし**、とどめ侍りなん。　　　(大鏡・巻1)
　　　〔これはどなたもご存知のことですから、それに話せば長くなることですし、やめておきましょう。〕

　ここから見てとれるのは、院政期においても、元からある終止形が「旧終止形」と意識されていた可能性が高いということである。逆に見れば、文献に現れる用例数は少ないながらも、この頃の人々には、連体形が「新しい」文終止の形として認識されていた、ということになる。
　考えてみれば、擬喚述法としての感動用法が見られなくなるのは中古期であったし、「連体なり」文が発達してきたのもやはり中古期であった。そして、述体文としての係り結び文が確立したのも中古期であったこともふまえると、中古後期から院政期にかけて、連体形が述体文の文終止に用いられる「新しい」形という認識が、

292

徐々に形成されていったものと考えられよう。

　以上のように、「中古：終止形、中世：連体形」といった先入観を排することにより、連体形終止文の成立・定着という構文変化の過程は、なめらかな歴史変化として描くことが可能となる。すなわち、文末準体句（＝喚体）の述体化は中古からすでに始まっており、そうした変化が確立したのが中世であったと見るわけである＊15。このように見ることにより、他の文法現象との関係も自然に説明されるように思う。

7. おわりに

　以上、述べてきたことをまとめると次のようになる。

　準体句の文末用法は、その体言的性格（名詞性）を保持できずに衰退している。これは、文末（述部）という位置に置かれたことの宿命であった。連体形による終止文の成立は、名詞句として文末に置かれた連体形句（＝準体句）が脱範疇化を起こし、述語句になったものと説明することができる。

　連体形句を述語句として認識せしめたのは、係り結び文であった。ムードやテンスを備えた述体文としての連体形終止文は、係り結び文においてはじめて実現された。

　中古における係り結び文の隆盛は、連体形による終止法（＝係助詞を伴わない、述体文としての連体形終止文）を確立させた。文末準体句の脱範疇化に伴い、感動文は名詞述語文や終助詞を伴った述体文に、説明文は繋辞を伴った「連体なり」文に引き継がれた。

　文終止において連体形と競合することになった元からある終止形は、旧い規範的な形式と認識された。中古を経て、中世鎌倉期に至るとこのような認識が一般化し、ここにおいて連体形による終止文が一般的なものとなった。

　本稿で扱った事象は、「構成する要素の総和に還元できない単位」としての「構文」ではない。したがって、現在言われているようないわゆる「構文化」には相当しない（本書第1章秋元論文参照）。

第9章　終止形・連体形の合流について　293

しかし、連体形が構成する「構文」、文を終止する「構文」の歴史変化を描いたものであり、日本語文法史を構築するうえできわめて重要な事象である。

　本書第8章の三宅論文でも触れられたように、日本語は構文を構成する「要素」に還元できる部分が大きいため、要素間の「意味の透明性」が英語などに比べると高い。そうした「文字通りの意味」を表すがゆえに、これまでの日本語史研究においても、要素を結びつける構造の分析に多くの力が注がれてきた。「構文」を「要素の意味の総和に還元できない単位」に限定し、「構文化」をそうした現象のみに限定してしまうと、日本語の構文史研究の多くは埋もれてしまう。「構文」そして「構文変化」の研究は、今後とも矮小化させることなく進めていかなければならないと思う。

＊　本稿の内容の一部については、和光大学言語学研究会（2012年10月20日、和光大学）、MLF2014（形態論・レキシコン研究会、2014年9月7日、大阪大学）、および日本語学会2015年度春季大会（2015年5月24日、関西学院大学）において口頭発表を行った。発表席上また発表後において数多くの貴重なご意見を賜ったことに対し、心よりおん礼申し上げる。

＊1　西山（2013）では、形態統語論的観点から説明が与えられるが、古代語動詞の終止形と連体形、現代語動詞の終止形と連体形、さらに古代語形容詞の終止形と連体形、現代語形容詞の終止形と連体形と、それぞれに規則を与えなければならなくなっており、煩雑である。古代語の連体形が終止用法を持つようになった、と説くほうが、記述の簡潔性の観点からも妥当であると思う。

＊2　山口明穂他（1997）『日本語の歴史』（東京大学出版会）では、「終止形の言い切ることで断言する機能よりも、連体形で余韻を残すことで表現を柔らかくするほうが日本語の表現には合うと考えられたからであろう」といった説明が行われている。その他、山口仲美（2003）『日本語の歴史』（岩波新書）では、「余韻のあるまろやかな表現」であって「詠嘆的な意味合い」を持つ連体形止めの「頻用」により、「連体形止めのもっていた表現効果が薄れ」、「終止形は連体形に吸収合併」されたと述べられている。

＊3　こうした批判が、一方で行われているのも事実である。1節で挙げた形態論的観点からの説明は、このような「余情頻用説」へのアンチテーゼとして生まれたものである。

＊4　この点については、これまでも多くの指摘がある。仁科（2009）など参照。

＊5　阪倉（1970）で示される「開いた表現」から「閉じた表現」へ、といった見方をふまえたものであろう。確かに、格関係を示す格助詞や、接続関係を示す接続助詞のような、いわゆる機能語が発達したことに対し、「論理化」といった見方を与えることは一理あるように思うが、この問題に対して同じ見方をあてはめることに説得力があるとは思えない。

＊6　上代語文献には、「体言を骨子とした」喚体文が多く現れる。しかし、上代語資料は基本的には万葉集という韻文であるため、いわば体言止め文としての喚体文が多用されているにすぎず、実際の話しことばでは用いられていなかったのではないかという批判もありえよう。しかし、体言接続専用の助詞が、「もが」「てしか」「かな」など複数存したことは事実であり、(11a)のような述体文における「かな」の使用が中古においてはじめて見られることなどをふまえると、このように捉えておいてよいものと考える。

＊7　北原（1981）参照。古代語における主格助詞は、従属節内でしか用いられない。

＊8　青木（2011）参照。「連体なり」文と「のだ」文を、歴史的に一つながりとする見方に否定的な意見もあるが、本稿では直接的なつながりを持つものと見ておく。

＊9　現代語の「のを」「のが」といった形式も、こうした一例である。レー(1988)、天野（2014）、青木（2014）など参照。
　　a.もとは雑貨をおもにあつかっていたのを、生糸製品一本で行こうという方針で、これも貿易再開をねらって準備中の生産者側と打ち合わせをすすめていた。　　　　　　　　　　　　　　　　（石川淳「処女懐胎」）
　　b.紺野は二、三日前倫の使いに区役所に行って書類を倫に渡す筈だったのが、倫が不在だったので須賀に手渡した。　　　　（円地文子「女坂」）

＊10　ここでは「模様だ」「予定だ」の例を挙げておく。
　　a.太郎が勉強している模様だ。
　　b.太郎は明日つくばに来る予定だ。
「ガノ交替」を起こさない（＊太郎の勉強している模様だ）、主述がねじれている（＊太郎は予定だ）など、通常の名詞文としての構造をなさず、「ようだ」「つもりだ」に相当する、一種の助動詞のようなはたらきをしている。

＊11　こうした現象は、日本語に限ったことではない。日本語と同じSOV言語である東南アジア諸語など、通言語的にも観察される。

＊12　「らむ」だけは、喚体文で用いられることがある。ただしこのときは、疑問推量で用いられており、単なる推量の意味を表してはいない。近藤（2000）など参照。

＊13　係り結びの成立説としては、大野（1993）の倒置説、阪倉（1993）の挿入説、野村（1995）の注釈説などが広く知られている。それぞれの主張については、高山善行他編（2010）『ガイドブック日本語文法史』（ひつじ書房）などを参照されたい。

＊14　上代および中古においても、終止形による「不十分終止」用法は見られる。佐伯（1953）のいう「はさみこみ」や、小田（2006）のいう「提示句」などである。
　　a.八月十五夜、隈なき月影、隙多かる板屋残りなく漏り来て、見ならひ給

はぬ住まひのさまもめづらしきに、暁近くなりにけるなるべし、隣の
　　　家々、あやしき賤の男の声々、目覚まして、　　　　（源氏物語・夕顔）
　　b. 此ノ牛、片山ニ一ノ石ノ穴有リ、其ノ穴ニ入ル。
　　　　　　　　　　　　　　　　　　　　　　　　　（今昔物語集・巻5-31）
こうした不十分終止用法が用いられる構文位置に、旧終止形が定着していったものと考えられる（出雲1985参照）。

＊15　文献資料に現れた用例のみに基づくと、院政期に初めて用いられた形式が、鎌倉期に至ると一般的なステイタスを確立するということになるが、新しい「連体形」はかなり早いスパンで旧い「終止形」を駆逐していることとなり、歴史変化のあり方としてやや無理があるように思う。

　中古において、通常の文献資料に見られる文終止の形は確かに「終止形」であるが、会話文においては、係り結び文を含めると「連体形」で終止することの方がむしろ多いという興味深い報告が、吉田（2001、2005）においてなされている。連体形によって文を終止することは話しことばの中ではある程度の頻度で行われており、終止形は書きことばなど規範的な場合に使うものという認識がすでに萌していたのかもしれない。だとすると、中古の文学作品に見られる「感動」「解説」を表す連体形終止文は、「書きことば」的な表現技法であったとも考えられよう。

参考文献

天野みどり（2014）「接続助詞的な「のが」の節の文」『日本語複文構文の研究』ひつじ書房.
青木博史（2010）「名詞の機能語化」『日本語学』29-11、明治書院.
青木博史（2011）「述部における名詞節の構造と変化」『日本語文法の歴史と変化』くろしお出版.
青木博史（2014）「接続助詞「のに」の成立をめぐって」『日本語文法史研究2』ひつじ書房.
伊坂淳一（1993）「仮名文における話線の断続と終止形・連体形の機能」『小松英雄博士退官記念日本語学論集』三省堂.
伊坂淳一（1995）「書記言語としての仮名文における連体形終止法の分布とその意義」『森野宗明教授退官記念論集　言語・文学・国語教育』三省堂.
石垣謙二（1955）『助詞の歴史的研究』岩波書店.
出雲朝子（1985）「「はさみこみ」について―文法史的考察―」『国語学』143、国語学会.
加藤聡子（1970）「中世における連体形終止」『成蹊国文』3、成蹊大学文学部.
勝又隆（2009）「語順から見た強調構文としての上代「―ソ―連体形」文について」『日本語の研究』5-3、日本語学会.
川端善明（1997）「空白のモダリティ―連体形終止の上代―」『大谷女子大国文』27.
北原保雄（1981）『日本語助動詞の研究』大修館書店.
小池清治（1967）「連体形終止法の表現効果―今昔物語集・源氏物語を中心に

―」『言語と文芸』54、東京教育大学国語国文学会.
小島聡子（1995）「動詞の終止形による終止―中古仮名文学作品を資料として
　　　―」『築島裕博士古稀記念国語学論集』汲古書院.
近藤泰弘（2000）『日本語記述文法の理論』ひつじ書房.
近藤要司（1990）「上代における助詞カ（モ）について」『四国女子大学紀要』
　　　10-1.
久島茂（1989）「連体形終止法の意味するもの―係り結びの意味構造とその崩
　　　壊―」『静大国文』34、静岡大学人文学部国文談話会.
京極興一（1965）「終止形による条件表現―「平家物語」を中心として―」『成
　　　蹊大学文学部紀要』1.
レー・バン・クー（1988）『「の」による文埋め込みの構造と表現の機能』くろ
　　　しお出版.
仁科明（2009）「「対象提示」と「解釈」―源氏物語の連体形終止文―」『源氏
　　　物語の言語表現　研究と資料―古代文学論叢第18輯―』武蔵野書院.
西山國雄（2013）「活用形の形態論、統語論、音韻論、通時」『活用論の前線』
　　　くろしお出版.
野田春美（1997）『「の（だ）」の機能』くろしお出版.
野村剛史（1993）「上代語のノとガについて（上）（下）」『国語国文』62-2・3、
　　　京都大学.
野村剛史（1995）「カによる係り結び試論」『国語国文』64-9、京都大学.
野村剛史（2002）「連体形による係り結びの展開」『シリーズ言語科学5　日本
　　　語学と言語教育』東京大学出版会.
野村剛史（2005）「中古係り結びの変容」『国語と国文学』82-11、東京大学.
小田勝（1989）「出現位置からみた係助詞「ぞ」」『国語学』159、国語学会.
小田勝（2006）『古代語構文の研究』おうふう.
小川栄一（1988）「連体形終止表現の本質―前提の提示―」『福井大学国語国文
　　　学』27.
尾上圭介（1982）「文の基本構成・史的展開」『講座日本語学2文法史』明治書
　　　院.
大木一夫（2004）「動詞の連体形」『国語学研究』43、東北大学文学部.
大野晋（1993）『係り結びの研究』岩波書店.
佐伯梅友（1953）「はさみこみ」『国語国文』22-1、京都大学.
阪倉篤義（1970）「「開いた表現」から「閉じた表現」へ―国語史のあり方試論
　　　―」『国語と国文学』47-10、東京大学.
阪倉篤義（1993）『日本語表現の流れ』岩波書店.
佐佐木隆（1992）「上代語における「―か―は―」の構文」『国語国文』61-5、
　　　京都大学.
信太知子（2007）「古代語終止形の機能―終止連体同形化と関連させて―」『神
　　　女大国文』18、神戸女子大学国文学会.
新屋映子（1989）「"文末名詞"について」『国語学』159、国語学会.
高山善行（2002）『日本語モダリティの史的研究』ひつじ書房.
土岐留美江（2005）「平安和文会話文における連体形終止文」『日本語の研究』
　　　1-4、日本語学会.

坪井美樹（2001、増訂版2007）『日本語活用体系の変遷』笠間書院.
角田太作（1996）「体言締め文」『日本語文法の諸問題』ひつじ書房.
山田孝雄（1908）『日本文法論』宝文館.
山内洋一郎（2003）『活用と活用形の通時的研究』清文堂.
吉田茂晃（2001）「文末用言の活用形について」『山辺道』45、天理大学.
吉田茂晃（2005）「"結び"の活用形について」『国語と国文学』82–11、東京大学.

第10章
「とも」から「ても」へ
吉田永弘

1. はじめに

　逆接仮定を表す形式は、中世後期から近世前期にかけて「とも」から「ても」へと交替する。虎明本狂言（1642）の頃には、「すでに「動詞終止形＋トモ」から「動詞連用形＋テモ」に移行していると言ってよい」（小林 1996: 235）という状態となっている。中世後期から近世前期にかけての「ても」の使用状況については、これまでに狂言資料を扱った小林（1996）の他、抄物資料を扱った湯澤（1929）、高見（1996）、朝鮮資料を扱った浜田（1970: 301）などによって多くの指摘がなされている。しかし、「ても」がいつ頃からどのようにして逆接仮定を表す形式となったのかについては、いまだ明らかにされているとは言えないようである。そこで本稿では、中古から中世までの「ても」に着目し、「とも」から「ても」へ交替が起きた過程とその要因を考察することを目的とする。

2. 中古の「ても」

「ても」の例は、はやく上代から見られる。

(1) 別れても〈別而裳〉またも逢ふべく思ほえば心乱れて我恋
　　ひめやも　　　　　　　　　　　　　（万葉集、巻9・1805）
　　（別れても再び逢えそうに思えるのなら、このように心が乱れるほど恋い慕うだろうか）

　この歌は、弟の死を悲しむ長歌の反歌として詠まれた歌なので、「別る」は確定した事態である。「こうして別れてしまったけれど

299

も」のように逆接確定を表した例と解せる一方で、事実を仮定的に述べたいわゆる修辞的仮定の例として、「たとえ別れたとしても」のように逆接仮定を表した例とも解せる。万葉集の「ても」には、逆接仮定を表したと解せる例はこの歌の他にはないようである。

　文法書や辞典類などで、逆接仮定を表した早い例として挙がっているのは、中古の例である（此島1971: 148、山口1996: 166、小田2010: 376, 2015: 473など）。

(2) （豊後介）「…。いづちもいづちもまかり失せなむに咎あるまじ。我らいみじき勢になり<u>ても</u>、若君（＝玉鬘）をさる者（＝監のような者）の中にはふらし奉りては、何心地かせまし」　　　（源氏・玉鬘、p.730、山口1996、日本国語大辞典）
（どこへなりと行方知れずになりましょうとてとやかく言われることはありますまい。たとえ私たちが豪勢な身の上になったとしても、姫君をああした連中の間に捨て去り申すようなことになったのでは、どんな気持でいられましょう。新編日本古典文学全集『源氏物語③』p.103）

(3) 尋ねさせたまひ<u>ても</u>、御心劣りせさせたまひぬべし。
　　　　　　　　　　　　　　　（源氏・若紫、p.160、此島1971）
（お尋ねになられましても、きっとご期待はずれにおぼしめされるにちがいありません。新編日本古典文学全集『源氏物語①』p.212）

(4) そのをのこを罪し<u>ても</u>、今はこの宮を取り返し、都に返し奉るべきにもあらず。　　　（更級日記、p.286、日本国語大辞典）
（（たとえ）その男を罪に定めても、今となっては、この宮をとりかえし、都にお返し申しあげることもできない。講談社学術文庫『更級日記（上）』p.40）

　それぞれの現代語訳は、逆接仮定の解釈がなされている注釈書から引用したが、これによって現代語の逆接仮定を表す「ても」に置き換えても自然な例があることがわかるだろう。ただし、『日本国語大辞典　第二版』（小学館）の「ても」の項の補注では、「接続助詞の用法は、中世、特に室町時代以降に発達するようになったが、

平安時代から成立していたとする見方もある」として、逆接仮定の例に、(2)(4)を挙げるものの、「もともと接続助詞「て」自体が幅広い意味を持ち、それに「も」による強意的・逆接的なニュアンスが添加されるため」、逆接仮定の例として認めるのか「判定は難しい」という慎重な姿勢を示している。

　逆接仮定を表した例が指摘される場合、同時に、次の(5)のような逆接確定を表す例の指摘もされている。

　(5)　夜の御殿に入らせ給ひても、まどろませ給ふことかたし。
　　　　　　　　　　　　　　　　　　　　（源氏・桐壺、p.18、小田2010）
　　（ご寝所にお入りになっても、うとうとなさることもできない）

　現代語の「ても」の用法については、前田(1995, 2009)や日本語記述文法研究会(2008: 147)などで研究が進んでいるが、それと対照すると、中古には上記の用法の他、並列の例(6)、「てもいい」に相当する例(7)、「て＋補助動詞」に「も」が介在した例(8)など、現代語と同様の用法が見られる。

　(6)　臥しても起きても、涙の干る世なく霧り塞がりて明かし暮らし給ふ。
　　　　　　　　　　　　　　　　　　　　　　（源氏・御法、p.1395）
　　（臥しても起きても、涙の乾く時もなく目も塞がって日々を過ごしていらっしゃる）
　(7)　少し物の心知る人はさぶらはれてもよくや、と思ひ給ふるを、
　　　　　　　　　　　　　　　　　　　　　　（源氏・澪標、p.512）
　　（少し物のわかる人がお仕えになってもよいのではないか、と存じますので）
　(8)　殊につくろひてもあらぬ御書きざまなれど、
　　　　　　　　　　　　　　　　　　　　　　（源氏・賢木、p.364）
　　（ことさら飾ってもいないお書きぶりだけれど）

　このような例を見ると、現代語の用法は古代語からそのまま引き継いでいるように見える。しかしその一方で、次のように、現代語

とは異なる点がある。

　①逆接仮定の「とも」、逆接確定の「ども（ど）」という専用の形式がある。
　②現代語の「ても」に置き換えられない例がある。
　③副詞「たとひ」と照応した例が見出しがたい。
　④不定語「いかに」と照応した例が見出しがたい。
　⑤反実仮想文（反事実文）中で用いた例が見出しがたい。

　まず①について。源氏物語では、「とも」361例、「ども（ど）」2632例（「ども」97例・「ど」2535例）見られる。それに対して、「ても」は238例あるが*1、先に見たように仮定にも確定にも用いられ、ある意味を担う専用形式とは言えない。
　次に②について。以下の例がそれにあたる。

（9）（光源氏→故葵上付ノ女房）昔を忘れざらむ人は、徒然を忍びても、幼き人を見捨てずものし給へ。　　　　（源氏・葵、p.313)
　　　(昔を忘れぬ人がいるなら、所在なさを我慢してでも、幼い君を見捨てずに仕えてください。日本古典文学全集『源氏物語（2）』p.54)

　引用した現代語訳に「我慢してでも」とあるように、この例は「たとえ～しても」という訳をあてはめることはできない。「も」が「でも」の意を表していると解釈することによって理解できる例である。
　次に③について。副詞「たとひ」は、現代語の「たとえ」に相当し、後件の事態が成立する際に最も成立しにくそうな事態を前件に示す語で、現代語では「ても」と照応するが、中古の資料には「ても」と照応した例が見出せない。次のように、「とも」と照応した例は見られる。

（10）（僧都）「……。かかる老い法師の身には、たとひ憂へ侍りとも、何の悔いか侍らむ。　　　　（源氏・薄雲、p.620)

(このような老法師の身には、たとえつらいことがございましても、どのような後悔がございましょうか)

(11) 彼ノ国ハ此ノ国ヨリハ下劣ノ国也。譬ヒ后ニ為ムト云フ<u>トモ</u>、何デカ其ノ国ヘ遣ラム。　　　　　（今昔物語集、2・28）
(あの国はこの国より劣った国だ。たとえ后にしようといっても、どうしてそのような国へ后を送れるだろうか)

次に④について。不定語の「いかに」は、現代語の「どんなに・どのように」に相当し、修飾する述語の事態の程度や内容があらゆる場合にあてはまることを表す語である。現代語の「どんなに」は「ても」と照応するが、中古の「いかに」は「ても」と照応した例が見出せない。次のように、「とも」と照応した例は見られる。

(12) (父ガ生キテイタラ)<u>いかに</u>あはれに心細く<u>とも</u>、あひ見奉ること絶えてやまましやは。　　　　　（源氏・椎本、p.1572）
(どんなにしみじみとして心細くても、お会い申し上げることがまったくなくなることはないでしょうに)

(13) <u>何ニ</u>被仰ルト云フ<u>トモ</u>、更ニ可為キ事ニ非ズ。
　　　　　　　　　　　　　　　　　　　　（今昔物語集、14・39）
(あなたがどんなにおっしゃったとしても、決して私がしてよいことではありません)

最後に⑤について。事実に反する事態での仮定を表した反実仮想文中で「ても」を用いた例は見出せない。それに対して、「とも」を用いた例は、多くはないが、次のように見られる。

(14) わが背子し遂げむと言はば人言は繁くあり<u>とも</u>（繁有登毛）
　　出でて逢はましを　　　　　　　　　　（万葉集、巻4・539）
(あなたが思いを遂げようと言うのなら、人の噂がうるさくても、出てお逢いするだろうに)

以上の点から、中古の「ても」は、「とも」相当の逆接仮定節を

構成する形式とは言えないのではないかと疑われるのである。

そこで、「ても」に上の③〜⑤の用法が現れることを「ても」が逆接仮定節を構成する形式になったことの目安として着目する。以下、3節で「たとひ」との照応、4節で「いかに」との照応を観察し、5節で反実仮想文での使用例を検討して、「ても」が③〜⑤の用法で使われるようになる時期を探っていく*2。

3.　副詞「たとひ」の構文

副詞「たとひ」は中古から見られるが、和文資料で用いられることは稀で、おもに漢文訓読資料や漢文調の資料で用いられている。漢文訓読資料の「たとひ」については、春日（1942: 195）、久山（1959）、築島（1963: 535）、大坪（1981: 316）など、これまでに多くの調査・研究があるが、「仮令」「縦」「設」「若使」などの訓として「たとひ」を当てることや、逆接仮定条件節のほかに順接仮定条件節で用いた例があることが指摘されている。和文資料で用いる場合には、(10)のように漢文訓読資料に多く見られる語を使用する僧の発話文に現れるなど、偏りのある使い方がされている。中世後期には、文体的な偏りもなくなり、一般的な語となるようである。

さて、漢文を訓読する場合ではなく、日本語の文章を書く場合に用いる「たとひ」は、中古から近世まで一貫して逆接仮定の意を表す形式と照応している。次の表1は、「たとひ」と照応した逆接仮定の意を表す形式のうち、「とも」「ども」「ても」の3形式と照応した例をまとめたものである*3。

表1 「たとひ」の照応形式

成立	資料名	とも	ども	ても
10C	古今和歌集	1		
	三宝絵	9	4	
11C	源氏物語	3		
	栄花物語	1		
	雲州往来	6		
12C	今昔物語集	57	5	
	法華百座聞書抄	1		
	宝物集	2	2	
	高倉院升遐記	1		
	水鏡	4		
13C	建礼門院右京大夫集	2		
	無名草子	1		
	方丈記	1		
	発心集	19	4	
	海道記	4		
	古事談	2		
	古今著聞集	6		
	十訓抄	6		
	歎異抄	3		
14C	徒然草	2	2	
	延慶本平家物語	46	3	
	覚一本平家物語	52	1	
	神皇正統記	2		
	増鏡	2		
15C	世阿弥能本	1		
	応永二十七年本論語抄	6	2	
	史記桃源抄	8		
16C	中華若木詩抄	6		1
	天草版平家物語	23	1	
	エソポのハブラス	8		1
	ばうちずもの授けやう	6		
	ぎやどぺかどる	54	3	
	どちりなきりしたん	11	1	
	おらしよの翻訳	1		
17C	懺悔録			2
	室町物語	23		
	舞の本	32		
	醒睡笑	3		
	虎明本狂言	11		2
	狂言六義	11		
	捷解新語・原刊本	3		
	雑兵物語			1
	世間胸算用	2		
18C	捷解新語・改修本	3		1
	近松世話浄瑠璃	10		7
	雨月物語	3		
	東海道中膝栗毛	1		2
	浮世風呂	1		1

　まず、10世紀から18世紀まで、「とも」と照応していることが目を引く*4。

　次に、逆接の確定条件を表す接続助詞「ども」と照応した例が16世紀頃まで散見する。

(15) 然レバ、譬ヒ、人有テ、何ナル事ヲ令聞ム〔キカシ〕ト云ヘドモ、実否ヲ聞テ後、可信〔シンズベ〕キ也。　　　　（今昔物語集、17・40）
　　（だから、たとえ誰かがどのようなことを聞かせたとしても、実否を確かめてから信じなければならないのだ）

　「ども」と照応した例について、築島（1963:538）が「意味は

逆接仮定と考へてよいのではないか」と述べているように、(15)も事態が確定したことを表した例ではない。現代語訳で示したように、一般論として成り立つ事態を想定している逆接の一般条件を表した例と解される（原1969）。なお、一般条件を逆接確定条件を表す「ども」で表しているのは、順接確定条件を表す「已然形＋ば」が一般条件を表すことと同様に、古代語では一般論を常に成り立っているという既実現の事態として捉えていたことによるものと思われる（吉田2014）。

そして、「ても」と照応する例は、中世後期から見られるようになる。これまでにも、湯澤（1929）、高見（1996）、小林（1996: 227）、浜田（1970: 301）、山口（1996）で「たとひ」と照応した例が挙げられている。

(16) 縦在テモ青雲ニ、亦シソコナウ事モアル。
　　　　　　　　　　（杜詩続翠抄、19・15ウ、高見1996）
　　（たとえ高位についていても、またしそこなうこともあるものだ。）

(17) 白頭ニナリテハ、タトヒ吾家ニ園花ヲ持テモ、万事面白モナケレバ、行テ見ルコトモナイゾ。　（中華若木詩抄、上49ウ）
　　（年を取っては、たとえ自分の家に妓女を置いていても、何事も面白くもないので、行って見ることもないものだ）

(18) たとひ害をなしたうても、今この体では叶はねば、お出でを待ち存ずる。　　　　（エソポのハブラス、502-14）
　　（たとえ危害を加えたくても、今この状態ではどうすることもできませんので、お出でを待っております）

(19) たとい飢えても、再びそう致すまいと思い定めあれ。
　　　　　　　　　　　　（コリャード懺悔録、p.87、山口1996）
　　（たとえ餓えても、再びそうしないようにしようと決心しなさい）

4．不定語との照応

「いかに」が「ても」と照応した例も、「たとひ」が「ても」と照応した例が現れた頃と同様に、中世後期から見られるようになる。

(20) イカニ錢ヲ出テモ、刀鋸ノ余人テハ、曲モナイソ。イカニ悔テ自新セウトスルトモ、カナウマイソ。

(史記抄、高見 1996)

(どんなに金銭を出しても、刑罰を受けた身ではどうしようもないものだ。どんなに後悔して改めようとしても、どうにもならないだろう)

(21) 我らが一門は、いかに烈しい冬というても、飢渇に責めらるる苦しみもなし。　　　　（エソポのハブラス、458-11）

(我等の一門は、どんなに厳しい冬といっても、飢えとのどの渇きに責められるという苦しみもない)

(22) いかに上手じやと申ても、私が膏薬にはなりまらすまひ。

(虎明本狂言・膏薬煉)

(どんなに名人だと申しましても、私の膏薬には達しないでしょう)

(23) いかに五戒を保つても、人の心を破りなば、仏と更になり難し。　　　　　　　　　　　　　　（舞の本・大職冠）

(どんなに五戒を保っても、人の心を傷つけたら、決して仏となることはできない)

(20)は「いかに―ても」が「いかに―とも」と対になって使われている。「ても」が「とも」相当の形式となっていることを示す例だと思われる。

5. 反実仮想文中での使用

中古には反実仮想文中で「ても」を用いた例は見当たらない。問題となる例は次の例くらいである。

(24) 昔ならましかば、馬にはひ乗りてもものしなまし、

(蜻蛉日記・天禄3年閏2月、p.290)

(昔だったら、馬にはい乗ってでもやって来ただろうに)

この例は、反実仮想を表す「ましかば―まし」の構文中に、「ても」が現れている点で、先掲の「とも」の(14)と同じ位置に出

現しているが、「馬にはひ乗りて」という状態で「ものす」ことを表した例で、逆接仮定を表した例ではない。新編日本古典文学全集本と講談社学術文庫本はいずれも「馬に乗ってでも来たろうに」と現代語訳している。

　ただし、中世後期以降でも、反実仮想文中に用いた例はほとんど見当たらない。虎明本狂言には、次のような例がある。

(25)（次郎冠者）それそれ、身共一人ならば、是までき<u>ても</u>、やくにたつまひが、両人きてよいよ（太郎冠者）さうおもふて二人上せられたものじや。　　　　　（虎明本狂言・目近籠骨）
（〈次郎冠者〉そうそう、私一人だったら、ここまで来ても、役に立たないだろうが、二人で来てよかった。〈太郎冠者〉主人はそう思ってこの二人を都へおやりになったのだ）

　「とも」が反実仮想文中で使われた (14) は「とも」の前後で主体が変わった例であるが、「ても」にそのような例は見出せない。
　現時点では、反実仮想文中で「ても」が用いられるようになったと指摘するほどの用例が集まらず、さらなる調査と考察が必要である。

6. 「ても」の一語化

6.1　一語化以前

　5節で見た反実仮想文中の「ても」の例は、明確な変化を示した例とは言えないので今は脇に置き、3節で見た「たとひ」と照応した例と4節で見た「いかに」と照応した例がともに中世後期から現れることに注目する。この変化をどのように考えればよいのだろうか。山口 (1996: 167) では次のように述べている。

(26) 中世以降の「ても」形式も、逆接の仮定・確定の両者に用いられる点で、古代語のそれを継承してはいるが、近代語ではこの「ても」形式が特に強調を要しない場合の逆接仮

定的な条件形式として次第に標準化し、やがて強調を要する場合でも、「ても」形式を不定詞や実現可能性の低さを示す副詞と共起させることが多くなっていったようである。

　「ても」が逆接仮定を表す形式の中で標準的になったことを述べる中での記述なので、「ても」の変化については簡単にしか触れられていないが、「ても」はもともと逆接仮定を表し得て、強調を要しない場合から強調を要する（＝「たとひ」や「いかに」と照応する）場合に拡張して用いるようになったという捉え方を示している。しかし、もともと逆接仮定を表していた「ても」が拡張したと考えると、逆接仮定節に2種認める必要が出てくるが、強調ができない逆接仮定節とはどのような性質を持ったものなのか、他の条件節も強調できるか否かで2種に分かれるものなのか、明らかではない。あるいは、出現しなかった成分が出現するようになるという節の拡張として捉えたとしても、どのようにして節の性質の変化が起きたのか、拡張の仕方を説明するのは難しいように思われる。

　本稿では、古代語の「ても」が「とも」相当とは言えないことを見てきたように、古代語の「ても」が「たとひ」「いかに」を承けることができなかったのは、逆接仮定節を構成していなかったためだと考える。すなわち、古代語の「ても」は一語の接続助詞ではなく、接続助詞「て」＋係助詞「も」と分析される助詞の連続だと考える。その際、「も」の表す添加の意味によって、現代語の逆接仮定の「ても」で訳せる箇所にも使われたのだろう。それと同時に、意志や命令表現とともに用いる場合には「ても」とは訳せない「してでも」と訳して意味が通る箇所にも使われたのだろう。そして、「ても」が「たとひ」「いかに」と照応するようになったのは、助詞の連続（「て」＋「も」）から、逆接仮定を表す接続助詞（「ても」）に変化したことを示したものと捉えることになる。したがって、「ても」の接続助詞化の時期は中世後期と見ることになる。

　それでは、なぜ「ても」は助詞の連続から一語の助詞へと変化したのだろうか。他の接続助詞化を果たした形式とは異なり、「ても」節内部の変化では説明できないように思われる。例えば、「が」

「を」「に」の場合は、「準体句+格助詞」として用いていたところから、準体句（名詞句）を述語句と読み替えることによって接続助詞と解釈されるようになったり（山口1996: 175）、中世に原因・理由を表す形式となる「ほどに」「によって」は、それぞれ名詞「程」、動詞「寄る」の形式化を経て接続助詞と解釈されるようになったりしたと捉えられるが（吉田2000, 2007）、「連用形+ても」の場合、そのような契機が見出しがたいのである。

そこで、接続助詞化を果たした後の状況を確認すると、小林（1996: 33）が次のように述べているのが注目される。

(27)「テモ」は、逆接の仮定条件とともに逆接恒常条件をも表すものとなっているわけである。これは「テモ」が、仮定条件としての「トモ」と共通の表現内容を持つとともに、「ドモ」の表現内容の一部である恒常条件の性格を併せ持つところから、順接条件の「バ」に対応する形で発達するに至ったものと言えるであろう。

ここには2つの重要な指摘がある。1つは、「ても」は「とも」と交替しただけではなく、「ども」の一部の用法（恒常条件＝一般条件）も引き継いでいるという点である。もう1つは、順接確定条件を表す「已然形+ば」の変化と並行的に捉えるという点である*5。しかしながら、「ても」の変化について、これ以上のことを述べていない。以下、この指摘を踏まえて、接続助詞化の過程と要因を考察する。

6.2　条件表現体系の変化　「とも」「ども」の衰退

「ても」が接続助詞化する外的な要因としては、中世後期から近世前期にかけて条件表現体系の変化があることが挙げられる。なかでも、逆接仮定を表す専用形式であった「とも」と逆接の一般条件を表す「ども」が衰退することが「ても」の接続助詞化の背景にある重要な変化だと考えられる。

まず、「とも」から見ていくと、次の2点の変化が挙げられる。

①「なりとも・たりとも・ずとも」の例に偏る。
②「う＋とも」が出現する。

　①は、「終止形＋とも」の生産性がなくなっていくことを示しているものと思われる。覚一本平家物語（1371）、天草版平家物語（1592）、虎明本狂言（1642）の3資料の「とも」の使用状況を示したのが、次の表2である。

表2　「とも」の使用状況

	使用総数	なりとも	たりとも	ずとも	3形式の合計（割合）
覚一本平家物語	149	18	10	13	41（27.5％）
天草版平家物語	97	21	8	9	38（39.2％）
虎明本狂言	364	197	30	31	258（70.9％）

　時代が降るにつれて、「なりとも・たりとも・ずとも」の割合が増えていることが読み取れる。これは、「未然形＋ば」が「ならば・たらば」に偏って「未然形＋ば」の生産性がなくなっていくことと並行的な現象であると思われる。小林（1996：135）の示す「未然形＋ば」の使用状況を表3に挙げる＊6。

表3　「未然形＋ば」の使用状況（小林1996：135による）

	使用総数	ならば	たらば	2形式の合計（割合）
覚一本平家物語	475	51	20	71（14.9％）
天草版平家物語	313	91	20	111（35.5％）
虎明本狂言	1588	334	294	628（39.5％）

　これを見ると、「とも」のほうが「未然形＋ば」よりも固定化が進んでいるようである＊7。
　②は、古代語では「む（ん）」と「とも」は接続しなかったが、(28)のように「う＋とも」の例が現れるようになる＊8。この形式が現れるのは、「とも」が単独で仮定を表す形式だと捉えにくくなっているためだと思われる。この現象に並行して、「未然形＋ば」も(29)のように「う＋ば」の例が現れる。

(28) 性ハ明ルカロウトモ、暗カロウトモ、行ハ強カロウトモ、弱カロウトモ、只我レニ離ル筋ヲ勤メバ、万徳ノ筋ヲ修スル人也。　　　　　　　　　　　　　　　（驢鞍橋・中89）

（性格は明るかろうと暗かろうと、行いは強かろうと弱かろうと、ただ自分に離れる道を励むなら、万徳の道を修める人である）

(29) そつとも渋うはござらぬ。買はせられうば買はせられひ。
　　　　　　　　　　　　　　　　　　　　（虎明本狂言・あはせ柿）

((この柿は) 少しも渋くはありません。お買いになるならお買いください)

　このように、「とも」は「未然形＋ば」と同様に、用法が固定化したり新しい用法を見せたりして、仮定を表す生産的な形式ではないことを示す変化が観察されるのである。この衰退した領域を、「ても」が担うのである。

　次に、「ども」について見ていく。「ども」は、逆接確定条件と一般条件を表すが、確定条件は「が」の勢力が強くなるものの根強く使われ続け（小林1996: 242）、その一方で一般条件が衰退していく。小林（1996: 251）では、一般条件について、天草版平家物語とエソポのハブラスで「ども」が優勢だったが、虎明本狂言では「ても」が優勢になることを示している*9。

　また、表1の「ども」が一般条件を表す用法であることを先に見たが、「ども」が「たとひ」と照応しなくなる時期と、「ても」が現れる時期が重なるところから、一般条件を表す際に「ども」から「ても」への交替があったことが推測される。実際に、(16)(17)(19) のように、一般条件を表した例が用いられている。

　このような「ども」が一般条件を表さなくなるという変化も、確定条件と一般条件を同じ形式で表していたのが同じ形式で表すことがなくなるという点で、順接の場合と並行的である。順接の場合は「已然形＋ば」が確定条件と一般条件を表していたが、確定条件を「ほどに・によって」などの他の形式が担い、一般条件が拡張して仮定条件を表すようになっている。従来の「仮定」と「一般・確定」とで表す形式を分けていた時代から、「仮定・一般」と「確定」

とで表す形式を分ける時代へと順接・逆接を通じて移行しているのである。なお、一般条件と仮定条件を同じ形式が担うようになるのは、確定的な事態と捉えていた一般論を仮定的な事態と捉えるようになったことを示すものだと思われる（吉田2014）。

　以上のように、仮定条件を表す「とも」と一般条件を表す「ども」が衰退していき、この領域に「ても」が進出していく。「ても」が仮定条件と一般条件を担うようになるという変化は、順接と並行的な条件表現体系の変化の中に位置づけることができる。

6.3　「ても」の変化

　上で見た条件表現体系の変化が背景にあるとしても、どのように「ても」が逆接の仮定条件と一般条件を表す形式になったのだろうか。次に、「ても」が接続助詞化する内的な要因を考察していく。「ても」が逆接の仮定条件と一般条件の2つの形式を表すところから、小林（1996）は（27）に挙げたように「已然形＋ば」との共通性を見てとった。しかし、「已然形＋ば」がそもそも条件節を構成する形式だったのに対して、「ても」は条件節を構成するとは考えにくく、仮に条件節を構成したとしても、2節で見たように仮定的にも確定的にも用いられており、そこからどのように仮定条件と一般条件を表す形式になったのか説明が必要である。

　先に中世前期までの「ても」を「て＋も」と分析したが、ここで改めて「ても」が一語化する以前の用法を、覚一本平家物語（1371）を採り上げて観察する。覚一本平家物語の「ても」は63例見られるが（「にとっても」の2例を除く）、「ても」の係る用言との距離に着目して分類すると、①「ても＋用言」のように直後に用言のある例が23例、②「ても＋名詞（副詞）＋用言」のように「ても」と用言の間に他の成分が介在した例が26例ある。また、①②ともに「並列」を表した例が見られたので、③として別立てした（7組14例）。それぞれ例を挙げる。

　①「ても＋用言」（23例）
　（30）手にだに取っても見給はず。　　　　　　　　（巻6、p.332）

　　　　（手に取って御覧になることさえなさらない）
(31)思ひ出で︎て︎も︎悲しかり︎け︎り︎。　　　　　　　　（巻3、p.160）
　　　　（思い出しても悲しかった）
(32)立ち帰っ︎て︎も︎取らま︎ほ︎し︎うおぼしめす。　　（巻4、p.216）
　　　　（引き返してでも〈忘れた笛を〉取ってきたくお思いになる）

②「ても＋名詞（副詞）＋用言」（26例）
(33)命生き︎て︎も︎何かはせん。　　　　　　　　　　（巻9、p.162）
　　　　（生きていても何の甲斐もないだろう）
(34)（義経ガ鎌倉ヘ）下っ︎て︎も︎、定めて過分のふるまひせんず︎ら︎
　　ん︎。　　　　　　　　　　　　　　　　　　　（巻11、p.316）
　　　　（鎌倉へ下って来ても、きっと分に過ぎた行動をするのだろう）
(35)太政入道は、か様に人々あまた警（いまし）めおい︎て︎も︎、なほ心ゆか
　　ずや思はれけん、　　　　　　　　　　　　　（巻2、p.93）
　　　　（太政入道は、このように人々を大勢捕らえても、それでもやはり気が
　　　　晴れないと思われたのではないだろうか）

③並列（7組14例）
(36)明け︎て︎も︎暮れ︎て︎も︎、都の事のみ思ひゐたれば、（巻3、p.163）
　　　　（明けても暮れても、都のことを思い続けているばかりなので）
(37)雲を分け︎て︎も︎のぼり、山を隔て︎て︎も︎入りなばや。
　　　　　　　　　　　　　　　　　　　　　　　　（巻3、p.194）
　　　　（雲をかき分けてでも山に登り、山を越えてでも奥深く入りたいものだ
　　　　なあ）

　①の例では（30）のように打消表現と共起する例が多い。②の「ても」と「用言」の間に成分が介在する場合も、（33）のように「ても」の表す句についての評価を表した反語の例が14例と多く、それらは打消表現と共起する例に準じた例である。このように、直後の用言に係る例（とそれに準じた例）が目につくことが注目される。
　また、「ても」の表す事態は、既実現の事態の場合には（35）の

ように「ても」節内で決まると見られる例があるものの、未実現の事態の場合は、(32)の「まほし」、(34)の「んずらん」、(37)の「ばや」のように、後句の表す事態によって決まっている。既実現の事態の場合でも、後句の確定した事態((30)の「ず」、(31)の「けり」、(36)の「たり」)や(33)のような評価を表す事態によって決まる例があることを踏まえると、「ても」自体には未実現・既実現を決める機能はないものと考えられる。

さらに、逆接の仮定条件を表しているとも解せる(34)は、前件の「下る」の主体と後件の「ふるまひす」の主体が同じである。逆接仮定を表す例として挙げられた中世前期以前の「ても」の例には、主体が変わった例は見られないようである*10。

以上の点から、「ても」は、条件節を構成していたのではなく、後句との連接性が高い修飾節を構成していたのだと考えられる。そのため、後句の述語の性質によって「ても」の表す事態が既実現にも未実現にも解釈されると捉えることができる。

さて、ここで、中世後期以降の「ても」が表すことになる仮定条件と一般条件の差異を考えると、事態が個別的であるか一般的であるかという違いだけではなく、仮定条件は、確定条件とともに前件のあり方だけで仮定・確定の事態であることが決まるのに対して、一般条件は、前件と後件との結びつきの一般性・恒常性を問題にしている点で異なっている(仁科2006)。これを踏まえて、「ても」節の事態が後句の述語によって未実現・既実現が決まる点に着目すると、「ても」の接続助詞化は、一般条件から成立したのではないかと推測されるのである。

「ても」の例を見ると、はやく中古から一般条件に相当する例があることが注目される。

(38)仏の御しるべは、暗きに入り<u>ても</u>、さらに違ふまじかなるものを。　　　　　　　　　　　　(源氏・若紫、p.163)
　　(仏様のお導きは、暗い所に入っても、決して誤るはずはないそうですのに)

(39)京のことも思ひたえぬばかりおぼえ侍りしよりなむ、冬の

夜の雪降れる夜は、思ひ知られて、火桶などをいだき<u>ても</u>、必ず出でゐてなむ見られ侍る。　　　　　（更級日記、p.337）
（都のことも忘れてしまうくらいに感動したあの日以来、冬の夜の雪が降っている夜は、情趣がわかった感じがして、例えば火桶を抱えていても、必ず縁に出て座り、外を眺めずにはいられなくなりました）

(40) 我等は鳥ひとつ立て<u>ても</u>、朝夕か様の所をこそはせありけ。
　　　　　　　　　　　　　　　（覚一本平家物語、巻9、p.166）
（我等は鳥を1羽追い立てる場合でも、朝夕このような所を走り回っている）

　(38) は一般論、(39)(40) は恒常的な事態を述べた例であるが、一般的・恒常的に成り立つ事態について、それが成り立つ1つの状況を「ても」によって示した例だと思われる。その1つの状況を述語が成り立つ条件として読み替えると、「ても」を前件とする逆接の一般条件の形式となる。このように「ても」には、「ども」の衰退した領域を担う素地があったのである。「ども」の衰退によって一般条件に読み替えられた「ても」は、「已然形＋ば」が一般条件用法を拡張させて仮定条件用法を獲得したように、逆接の仮定条件を表すようになったのではないだろうか＊11。

　「ても」が一般条件を表した例は、仮定条件を表した例と同じ時期に現れるが、むしろ用例としては仮定条件よりも多く認められるように思う。次に例を挙げる（前掲の「たとひ」「いかに」と照応した例も参照）。

(41) 主人に志を深うする者は、少しの利によって、多くの恩を忘れぬものぢゃ。されども、二心のある者は、少しの利をもっ<u>ても</u>、あまたの恩を忘るる。（エソポのハブラス、485-14）
（主人に対して思いが深い者は、少しの利益によって、多くの恩を忘れないものだ。しかし、二心を抱く者は、少しの利益であっても、数多くの恩を忘れるものだ）

(42) わごりよは律儀な人じゃ。皆人は悪ふでき<u>ても</u>、良ひと云て売るに、きどくな事をいふ人じゃ。（虎明本狂言・河原太郎）

(あなたは律儀な人だ。総じて人は酒が悪くできても、良いと言って売るのに、感心なことを言う人だ)

このように、修飾節を構成した「ても」が接続節に拡張するのは、前句の述語が拡張したと捉えるのではなく、前句と後句の関係から接続節に読み替えられたと捉えることによって、「ても」が仮定条件と一般条件に関わる形式となったことが説明されるのである＊12。

7. おわりに

本稿で述べたことを簡単にまとめると、以下のようになる。

1. 中世前期以前の「ても」は、「たとひ」「いかに」と照応しないなど、現代語の「ても」と異なる点があり、逆接仮定条件節を構成する形式とは認められず、「て＋も」という助詞の連続で修飾節を構成していたと考えられる。
2. 中世後期に「ても」が「たとひ」「いかに」と照応した例が現れ、修飾節から条件節へ変化したと考えられる。
3. 変化の背景には、「とも」「ども」の衰退をはじめとする順接と逆接とで並行的な条件表現体系の崩壊があり、「仮定」と「一般・確定」とで表す形式を分けていた時代から、「仮定・一般」と「確定」とで表す形式を分ける時代へと変化したことが挙げられる。
4. 「ても」は、後句との連接性の高い修飾節から、前件と後件の一般的・恒常的な結びつきを表す一般条件を表す接続節へと読み替えられて接続助詞になったと推測される。

本稿では、「ても」が中世後期に接続助詞化を果たしたことを見てきたが、17世紀初頭にキリシタン宣教師のロドリゲスによって書かれた文法書の『日本大文典』(1604–8)には、許容法・譲歩法の未来に「Narŏtaritomo（習うたりとも）」とともに「Narŏtemo（習うても）」（土井忠生訳 p.148）の例を挙げているものの、「も」の項に「Te（て）を語尾とする分詞の後に置かれたものは反戻の助辞となる」（土井忠生訳 p.486）とあって、複合助辞として逆接

の意を認めているだけである。『日葡辞書』でも「とも」は立項しているが「ても」は立項していないので、一語として扱っていない。一語の助詞として認識されるのにはしばらくかかったようである。

*1 いずれの数値も『源氏物語語彙用例総索引 付属語篇』（勉誠社）による。ただし、「ても」については、固定的に使われた「につけても」207例、「にそへても」12例、「にても」177例、「とても」39例を除いた。なお、「ども」と「ど」の用例数の差は和文資料では主に「ど」を使用するという文体差の反映である（築島 1963: 708）。
*2 「たとひ」「いかに」と照応する形式は動詞が中心で、形容詞・助動詞と照応する例は稀なので、以下、照応する語の品詞を分けずに考察する。
*3 ここでは「とも・ども・ても」の3形式と照応した例に限ってまとめた。それ以外の形式と照応した例については別稿に譲る。また、中世になると「たとひ」とともに、現代語と同じ「たとへ」の例が現れるが、区別せずに一括した。
*4 現代でも、「とも」は「形容詞＋とも」「う＋とも」の形式で使われ続けている。例えば、「CD-ROM版 新潮文庫の100冊」で「たとえ」と照応した752例中、「形容詞＋とも」は12例、「う＋とも」は43例見られた。注2に述べたように、本稿では、「たとひ」と照応する語の品詞を区別していないが、近世の「とも」「ても」の使用実態を調査する場合には、「とも」「ても」に前接する語の品詞を分けて考察する必要があるだろう。
*5 仁科（2006）、矢島（2014）でも、逆接の条件表現の変化を順接の条件表現の変化と並行的に捉える視点を有している。
*6 小林（1996）の調査した覚一本平家物語は、龍谷大学本を底本とした日本古典文学大系（岩波書店）を使用している点で、高野本を底本とした新日本古典文学大系（岩波書店）で調査した本稿とは異なるが、対照する上で問題は生じないので、小林（1996）の調査結果をそのまま利用した。
*7 近世中期になると、タラ（バ）・ナラ（バ）の使用率が増加することが矢島（2013: 65）に示されている。近世中期の資料では、単独のバ 386 例に対して、タラ（バ）290例、ナラ（バ）450例とあり（2形式の割合は65.7％）、虎明本狂言の割合よりさらに増加していることがわかる。
*8 ただし、早い例として覚一本平家物語に「うとも」の例がある。
　　・さかろをたてうとも、かへさま櫓をたてうとも、殿原の舟には百ちやう千ぢやうもたて給へ。（巻11、p.261）
　この点からも、順接より逆接の変化のほうが先行していることがうかがわれる。
*9 天草版平家物語では「ども」16例、「ても」9例、エソポのハブラスでは「ども」16例、「ても」4例だったものが、虎明本狂言「ども」12例、「ても」

42例という数値が示されている。ただし、それ以降の状況については明らかではない。

*10 「ても」の前句と後句で主体が変わる例が現れるのは中世後期以降のようである。

　　・あの男ほどな者は、藪の中を蹴ても、五人も十人も、あれよりましな者もあらうずれども、（虎明本狂言・因幡堂）

*11 小林（1996:236）では、虎明本狂言の「ても」の例を挙げ、「恒常的・一般的認識を背景とした仮定条件として表されたもの」と述べている。

*12 一方で、確定に用いられた例や補助動詞とともに用いられた例などは一語化せずに、現代でも「て＋も」という助詞の連続と捉えられるものと思われる。

参考文献

浜田敦（1970）『朝鮮資料による日本語研究』岩波書店.
原栄一（1969）「今昔物語集における副詞の呼応」『金沢大学教養部論集』6、45-70.
久山善正（1959）「「タトヒ」（仮使・仮令）についての一考察」『訓点語と訓点資料』11、41-58、訓点語学会.
春日政治（1942）『西大寺本金光明最勝王経古点の国語学的研究』1969 勉誠社刊による.
小林賢次（1996）『日本語条件表現史の研究』ひつじ書房.
此島正年（1971）『国語助詞の研究　助詞史素描』桜楓社.
前田直子（1995）「ケレドモ・ガとノニとテモ―逆接を表す形式―」『日本語類義表現の文法（下）』くろしお出版.
前田直子（2009）『日本語の複文』くろしお出版.
日本語記述文法研究会（2008）『現代日本語文法⑥　第11部複文』くろしお出版.
仁科明（2006）「「恒常」と「一般」―日本語条件表現における―」『国際関係・比較文化研究』4-2、59-71.
小田勝（2010）『古典文法詳説』おうふう.
小田勝（2015）『実例詳解古典文法総覧』和泉書院.
大坪併治（1981）『平安時代における訓点語の文法』風間書房.
高見三郎（1996）「抄物の逆接「テモ」」『国語国文』65-5、559-571.
築島裕（1963）『平安時代の漢文訓読語につきての研究』東京大学出版会.
矢島正浩（2013）『上方・大阪語における条件表現の史的展開』笠間書院.
矢島正浩（2014）「【テーマ解説】条件表現」『日本語文法史研究』2、233-244、ひつじ書房.
山口尭二（1996）『日本語接続法史論』和泉書院.
吉田永弘（2000）「ホドニ小史―原因理由を表す用法の成立」『国語学』51-3、74-87.
吉田永弘（2007）「中世日本語の因果性接続助詞の消長―ニヨッテの接続助詞

化を中心に―」『日本語の構造変化と文法化』181–203、ひつじ書房.
吉田永弘（2014）「古代語と現代語のあいだ―転換期の中世語文法―」『日本語学』33–1、72–84、明治書院.
湯澤幸吉郎（1929）『室町時代言語の研究』1970 風間書房刊による.

使用テキスト

万葉集・古今和歌集・覚一本平家物語・高倉院升遐記・室町物語集・舞の本……新日本古典文学大系（岩波書店）、蜻蛉日記・更級日記……新編日本古典文学全集（小学館）、今昔物語集・古今著聞集・神皇正統記・世間胸算用・東海道中膝栗毛・浮世風呂……日本古典文学大系（岩波書店）、応永二十七年本論語抄……抄物大系（勉誠社）、杜詩続翠抄……続抄物資料集成（清文堂出版）、近松世話浄瑠璃……『近松全集』（岩波書店）、『源氏物語大成　校異篇』（中央公論社）、『栄花物語　本文と索引』『法華百座聞書抄総索引』『方丈記総索引』『雑兵物語研究と総索引』『雨月物語　本文及び総索引』（以上、武蔵野書院）、『三宝絵詞自立語索引』『水鏡　本文及び総索引』『建礼門院右京大夫集　校本及び総索引』『無名草子総索引』『古事談語彙索引』『十訓抄　本文と索引』『醒睡笑　静嘉堂文庫蔵』『ばうちずもの授けやう　おらしよの飜訳』（以上、笠間書院）、『発心集　本文・自立語索引』『エソポのハブラス　本文と総索引』『キリシタン版ぎやどぺかどる　本文・索引』『大蔵虎明能狂言集　翻刻　注解』（以上、清文堂出版）、『延慶本平家物語』『狂言六義全注』『天草版平家物語語彙用例総索引』（以上、勉誠出版）、『海道記総索引』『増鏡総索引』（以上、明治書院）、『雲州往来　享禄本　研究と総索引』（和泉書院）、『宮内庁書陵部蔵本宝物集総索引』（汲古書院）、『コリャード懺悔録』（岩波文庫）、『中華若木詩抄』（勉誠社文庫）、『徒然草総索引』（至文堂）、『世阿弥自筆能本集』（岩波書店）、『歎異抄　本文と索引』（新典社）、『史記桃源抄の研究』（日本学術振興会）、『どちりなきりしたん総索引』（風間書房）、『ロドリゲス　日本大文典』（三省堂）、『邦訳日葡辞書』（岩波書店）、『驢鞍橋』（万治三年刊本）、『四本和文対照　捷解新語』（専修大学出版局）

事項索引

A
associatif（連想的）4
assuming 節 99
attributive 96
attrition（消耗）4
away 構文 46, 47, 64, 66–69, 71

B
bleaching（漂白化）4, 10
'blend' 37

C
CALD 108
CG 119, 138
CG アプローチ 116
cline（連続変異）24
coalescence（合体）5, 7
COCA 80, 81, 84, 85, 100, 104, 150, 154–157, 159, 160, 163, 164, 166, 168, 169, 173–175
COHA 154, 156, 173
cohesion（結束）4
communicative obligatoriness 6
compositionality（合成性）12, 14
condensation（凝結）5, 7
core modal セット 33

D
de-categorialization（脱範疇化）9
deontic 5
descriptive 96
directional 34
divergence（分岐化）8
double IS 151

E
epistemic 5
erosion（浸食）4

F
fixation（固定度）5, 7
FlOB Corpus 37
fuzzy grammar（ファジー文法）24, 29

G
GE 15
GR 15
gradience（段階性）24, 37
gradient 25

I
if only 祈願文 107–109, 111–116, 121–129, 131–138, 141
if only 条件文 108, 125–129, 132–134, 138, 139
IFI 135, 137, 138
if-only 語順 138
if 節 76, 77, 85, 109, 112, 114, 115, 128, 133
if 節祈願文 128, 136
insubordination 75
integrity（統合）4

intersective constructional gradience 29
intersective gradience 28

L

language internal obligatoriness 6
layering（重層化） 8
LModE（期） 125, 129, 135, 137, 140, 141
LODCE[6] 108, 129, 134

M

manner 34
microconstruction（ミクロ構文） 13, 14

N

NEG 121, 140
NEG-dropping 120
NEG 脱落 120, 133, 140, 141
non-discreteness（非連続性） 24

O

OALD[8] 108
obligatorification（義務化） 4, 7
one's way 構文 1, 33-36, 41-43, 71
out of the blue（のコンテクスト） 112, 116, 121, 139

P

paradigmatic variability（範列的多様性） 4
paradigmatic（範列的） 4
paradigmaticity（範列性） 4
paradigmatization 7
PDE 133, 138, 140, 141
persistence（保持化） 9
PM = pragmatic marker 167
productivity（生産性） 12, 14
Project Gutenberg 141

providing 節 99
pseudoclefts（疑似分裂文） 29
psycholinguistic proclivity（心理言語学的傾向） 11

R

RC 119, 121, 132, 140
reduplicative copula 151
renewal（再新化） 10

S

SBCSAE 155
schema（スキーマ） 13
schematicity（スキーマ性） 12, 14
serial relationship（連続的関係） 24, 25
snowclone 18, 19, 37
SN 構文 151, 153, 155-159, 162, 165, 167-174
specialization 8
squish 24
structural scope（構造上のスコープ） 5
subschema（下位スキーマ） 13
subsective constructional gradience 29
subsective gradience 28
supposing 節 80, 82, 84, 94, 99
supposing 節構文 77-83, 85, 87-89, 91-95, 97, 98, 102-104
supposing 節補文 96
supposing 中断節 80, 98
supposing 補文 98
syntagmatic bondedness（統合的拘束性） 5
syntagmatic variability（統合的多様性） 5
syntagmatic（統合的） 4

T

time/trouble-away 構文 71
trouble-away 構文 70
two-"be" 151

U

univerbation（一語化） 5

V

'V + O' イディオム 21
variability（多様性） 4

W

weight（重量） 4
what if 構文 104, 136

あ

曖昧性（ambiguity） 32, 111
アイルランド語法 175
アイロニー 96
アスペクト動詞 64
アメリカ英語 11, 154, 158, 172, 173
アメリカ口語英語 114

い

言いさし文 75
「いかに」 302, 303, 306-309, 316-318
「已然形＋ば」 310, 312, 313, 316
依存部 175
一意的に復元可能 111
一方向性（unidirectionality） 7, 10
一方向性仮説 98, 103, 104
一方向的変化 102, 103
一般条件 306, 310, 312, 313, 315-317
一般名詞 151
イディオム 17, 19, 21, 24, 37, 41-44, 62, 109, 140, 183-186, 260, 264
イディオム化（idiomatization/idiomaticization） 1, 19-22, 36, 118, 233
イディオム切片（idiom chunk） 118
イディオム的表現 138
移動動詞 66

意味解釈 71
意味機能 77, 97, 103
意味構造 133
意味的・語用論的拡大（semantic-pragmatic expansion） 15, 156
意味的イディオム 37
意味の解読性 186
意味変化 6, 37, 100-103, 109, 118-120
意味役割 42, 45, 48
依頼 77

う

迂言形 10, 11
迂言構文 11
迂言的（セット） 33
迂言表現 11
運動動詞 34
運搬名詞 152

え

エコー使用 96, 103
エコー命題 96
婉曲的 94

お

オーストラリア英語 173
オープン・スロット（open slot） 130
音韻的消耗 4
音韻的融合 16

か

貝殻名詞 151-156, 160, 170, 174
貝殻名詞構文 151
階層性 158
階層体 13
外適応（exaptation） 141
概念化主体 78
概念化者 78, 79
概念的仮定想定 79

事項索引 323

概念の外枠（conceptual shells） 152
開放性（open-endedness） 156
〈乖離〉（的な機能） 81, 94, 97, 98, 102, -104
会話的含意 30
係り結び 287-290, 292, 293, 295, 296
垣根表現（hedge） 164
格 42
拡大（expansion） 14
化石化（fossilization） 118, 119
仮想世界 85
形と意味のミスマッチ 161
活動動詞 72
仮定 94, 97
仮定法 11, 89, 98
仮定法迂言構文 11
仮定法過去 109, 112, 133
仮定法過去完了 112
カテゴリー 20, 35
カナダ英語 173
可変（variable） 152
慣習化（conventionalization） 12, 13, 30, 31, 76, 100, 116, 127, 128, 140
間主観化 175
間主観性 77, 102-104
感情的意味 132
感情表現 11
〈感情表出〉（機能） 77, 88-90, 92, 94, 97, 98, 103, 104
間接的コンテキスト（indirect context） 33
間接発話行為 77
感染（contagion） 119
喚体 277, 278, 281, 287, 289, 290, 293, 295
願望（wish） 108
慣用化 101
完了達成動詞 32
関連性理論（relevance theory） 96
緩和詞（downtoner） 32

き

祈願文 108, 113, 132, 133, 136, 139
聞き漏らし（mishearing） 155
帰結節 110, 112, 127, 130-133
疑似意味化 119, 131
疑似意味的（quasi-semantic） 118
記述的（descriptive） 114
起動相的 91
機能・構文 171
機能拡張 172
機能語 203, 204, 207, 237-239, 242-245, 295
機能語化 205, 206, 208, 209, 213, 216, 219, 223, 224, 226-229, 231, 232, 238-242
機能変化 134, 174
規範主義 104
義務化（obligatorification） 7, 35, 136, 137
疑問文 84, 85, 87, 97
逆接確定 300-302, 305, 306, 312
逆接仮定 299-304, 306, 308-310, 313, 315-317
吸収 140
競合 137
共時的（synchronic） 6
共時的グレーディエンス（gradience） 12
共時的バリエーション 6, 23
凝縮（condensation） 137
強制（coercion） 32, 34, 35
強調詞 10

く

句イディオム 37
具体的な意味 35
屈折 12
屈折語尾 11
句動詞 24
グレーディエンス グレーディエンス（gradience） 6, 22-25, 27, 28, 32, 37

け

経験者　41, 64, 72
形式と意味のマッピング　45
形式と意味のミスマッチ　43, 76
傾斜（gradient）　16
形態・音韻的減少　14
形態的有標性　246, 247, 250, 251, 255, 261, 268
形態統語的・意味的再分析　13
形態統語論　7
形態論範疇　11
形容詞　23, 28, 43, 72
ゲシュタルト（gestalt）　117, 140
ゲシュタルト化（gestaltization）　109, 118–121, 129–132, 139, 140
結果構文　41, 43, 44, 70, 71
言語変化　141, 151, 157
懸垂分詞　81, 82, 100, 101
懸垂分詞構文　77–87, 97, 98, 100, 102–104
懸垂分詞節　81, 101, 103
現代アメリカ英語　156
現代英語（PDE）　10, 32, 108, 139, 151
限定的時間表現　58, 60, 63, 68, 69
限定副詞　109, 113, 114, 128, 133, 134, 136, 137

こ

語彙意味論　41, 42
語彙化　17, 20, 22, 36
語彙項目　8, 9, 16, 120, 141
語彙的アプローチ　72
語彙的イディオム　37
語彙的意味　9, 156
語彙的塊（lexical bundles）　149
語彙的機能　9
語彙的構文化　17, 18
語彙的複合動詞　206, 210, 220
語彙的文法化　19
後期近代英語期　123
後期中英語　172

口語　108, 122, 135, 139, 148, 150
項構造　41, 42, 45, 69
合成性（compositionality）　17, 19, 20, 35, 109, 117–119, 129, 130
合成性の減少　15, 16
合成性の消失　22
構成要素　117, 119
構造意味論的アプローチ　7
構造化　166
構造的・意味的曖昧性　30
構文（construction）　11, 12, 19, 24, 34,–36, 41–45, 48–50, 55, 64, 69, 70, 71, 76, 80, 97, 98, 103, 107–109, 112–116, 128, 134, 138, 140, 155, 156, 158, 159, 165, 174, 175, 181–183, 193, 198, 237, 238, 246, 249, 250, 255, 257–261, 266, 267, 276, 286, 294
構文化（constructionalization）　1, 11–13, 16, 19, 33, 34, 36, 37, 98, 100, 101, 109, 116–118, 120, 121, 126, 127, 138–140, 198, 233, 294
構文化現象　101, 102
構文スキーマ　237, 238, 250, 257–259, 266, 267
構文体（construct）　12–14
構文体間のミスマッチ　13
構文的'gradience'　29
構文的アプローチ　72
構文的イディオム　183, 185, 186, 198, 199
構文の意味（constructional meaning）　34, 50, 52, 55, 63, 68, 93, 112, 118–120, 130–132, 140, 155, 246–251, 261, 262, 266, 268
構文的拡張　159, 160
構文（的）知識　82, 87, 97, 98
構文（的）変化　12, 13, 19, 37, 103
構文ネットワーク　12
構文（の）拡張　147, 170–172
構文のセット　33
構文フレーム　117–121, 129–131, 134, 140
構文文法　41, 42, 109, 116

構文メトニミー　97
構文連鎖　153, 167, 168, 171
後方指示的（pointing backwards）　163
後方照応（cataphoric）　153
古英語　9, 10
語形成　17
語形成スキーマ　18
後構文化　14, 16, 31, 32
語順　122, 124, 126, 135
固定化（fixation）　16, 22, 76, 137, 154, 159, 160, 167
固定度　141
コピュラ　150
後文法的構文化　16
語用論　14, 32, 181, 183, 186, 187, 198, 199
語用論的曖昧性　33
語用論的含意　86
語用論的機能　6, 101
語用論的強化（pragmatic strengthening）　6, 87
語用論的コンテキスト　32
語用論的推論（の強化）　10, 22, 31
語用論標識（pragmatic marker）　151, 158, 160, 163, 168-171, 173, 174
コロケーション　14, 120, 127, 129, 138, 147, 181, 183, 185, 186, 199
コロケーションの拡大　14
混交　118, 140
混成（構造）　29
コンテキスト　15, 30-32, 34, 36, 109-111, 116, 133, 139, 152, 156
コンテキスト自由（context-free）　112

さ

再解釈　128, 161, 168, 175
再帰代名詞　35
再新化　10
再分析　22, 76, 132, 139, 147, 167-171, 175, 282-286
再利用　135
刷新（innovation）　12, 172
刷新的（innovative）　169

し

使役移動構文　41, 43, 71
ジェロンディフ　101
時間的接続詞　15
時間表現　44-48, 50, 56-58, 60, 63, 68-70, 72
指示性　21
時制　21
持続化　32
〈質問〉（機能）　81-83, 87-89, 93-95, 97, 98, 102-104
自動詞　41, 42, 44-48, 64, 68, 69, 72
自動詞的構文　34
弱体化（l'affaiblissment）　3
従位接続詞　28
修飾要素　158-161, 167, 171, 172, 174
重層化　203, 205-207, 214, 219, 223, 232
従属節　75-77, 82, 107, 109, 115, 140, 161, 168, 169, 175
従属節の主節化　75
自由な省略　139
主観化（subjectification / subjectivization）　7, 36, 37, 101, 128, 175
主観性　78, 80, 102-104
主観性理論　98
主観的（subjective）　127
主語指示物　44, 48, 51-55, 58, 61-64, 66-68, 72
主節　75, 76, 78, 79, 81-85, 104, 112, 121, 140, 157, 163, 167, 169-171, 174, 175
主節化　169
主節機能　169, 171
主節構造　76, 139
主節の省略　116, 139
主体　92, 93
主題　41, 42, 45, 48, 64
主体性（subjectivity）　78, 268

述体 275, 277, 278, 281, 286, 288-290, 292, 293
受動態 26
受動態構文 29
主要部 175
順接確定 310
順接仮定 304
準体句 277, 279-282, 284, 285, 287, 288, 293, 310
条件構文 85
条件節倒置（conditional inversion）122, 125, 141
条件文 127
状態動詞 15, 49, 50, 54, 68
焦点定型句（focus formula）165
情報・話題導入（機能）165, 166, 171
情報構造 16, 164, 165
情報集約機能 165
情報連鎖 153
省略 109, 110, 116, 119-121, 131, 132, 139, 140
省略形 107
省略構造 132
初期近代英語 172
初期近代英語期 89
序数名詞 152
助動詞化 33
所有構文 29
自律性 2, 3, 117
信号伝達名詞 152
親和性 102

す

遂行節 85, 86, 97
遂行文 116
垂直的（縦軸の）派生 26
スイッチコンテキスト（switch context）30-32
水平的（横軸の）派生 26
推論プロセス 97
スキーマ 14, 16-18, 32-35
スキーマ化 130, 133, 165
スキーマ性 15-17, 35
スキーマ的意味 130, 132
スタンス・マーカー（stance marker）165, 174

せ

制御不可能（性）91, 92
制限副詞 137
生産性 15, 17, 185, 311
生産性の増大 16
節横断的（cross-clausal）機能 153
接辞 8
接続詞 but 164
接続詞 if 88
接続詞的表現 98
接続助詞 305, 309, 310, 313, 315, 317
接頭辞 17
セットフレーズ化 135
節の断片（clausal fragments）149
接尾辞 17
前構文化 14, 16, 31
漸進性（gradualness）1, 14, 16, 17, 22, 31, 36, 37
漸進的 19
漸進的拡大 32
全体的意味（holistic meaning）118
前置詞（句）9, 10, 12, 56, 57, 161
前方指示的（pointing forwards）163
前方照応（的）（anaphoric）153, 162
前方照応型 165
前方照応名詞 152

そ

相 21
想定事態 92, 93
相的意味 34
挿入構文 174
挿入節／語用論標識 175
挿入節／挿入句（parenthetical）163, 164, 173
挿入節／挿入句機能 174

事項索引 327

属格構文　29

た

第一次文法化（primary grammaticalization）　16, 36
大辞林　141
対人関係　76, 77, 81, 87, 97, 98, 100-103, 164, 167, 172
対人関係表現　97
対人機能　77
第二次文法化（secondary grammaticalization）　16, 36
大母音推移　12
多岐化　10
多義性　147
脱カテゴリー化（decategorialization）　172
脱従属化（insubordination）　107, 108, 116, 121, 122, 124, 126, 127, 133, 138-141
脱従属化構文　108, 116
達成動詞　72
脱範疇化　9, 10, 22, 35, 36, 244, 282, 286, 293
脱文法化（degrammaticalization）　7
「たとひ」　302, 304, 306, 308, 309, 312, 316-318
他動詞　10, 41, 42, 46, 47
他動詞＋one's way　34
他動詞構文　29, 34
他動詞節　4
段階（gradation）　17
段階性　1, 23, 24, 36, 238, 242
単文構造　132
談話　160, 167, 172, 186, 187, 199
談話・語用論的　7
談話機能　151, 153, 163, 175
談話基盤性　151, 165, 175
談話構造　147, 160, 165, 167, 171, 173
談話上　149, 153
談話の周辺部　175
談話表現　147

談話標識　5, 15, 102, 163, 175

ち

チャンク（chunk）　118, 140, 159, 167
チャンク化（chunking）　159, 167, 170
チャンク形成（chunking）　117, 129
中英語（期）　10, 34, 89
抽象化　16, 35
抽象的意味　35
抽象名詞　148
中心及び周辺　23
中断節　75, 77, 80, 83, 98
躊躇（hesitation）　155
直説法　89, 90, 98

つ

通時的（diachronic）　6
通時的漸進性（diachronic gradualness）　6, 12

て

〈提案〉（機能）　81, 92-94, 97-99, 102
定冠詞　21
定形節　75, 168
定型表現（formulaic expressions）　159
ディスコース　111, 116
程度名詞　181, 200
適格　43, 46, 49-54, 60, 63, 68, 72
適格性条件　45, 71
適格文　44, 45, 50, 63
手続き的（意味／機能）　6, 15, 16, 18, 23, 34, 35
手続き的な方向　17
デフォルト用法　83
転移（transfer）　119
転換（conversion）　135

と

等位・従位構文　29

等位接続詞　28
同音異義語　23
統語構造　49, 161
統語的イディオム　37
統語的拡大（syntactic expansion）　15
統語的混合及び融合　29
統語的自由度　163
統語的縮小　160
統語的スコープの拡大　15
統語的複合動詞　206, 210, 220
統語論カテゴリー　77
動作主　41, 93
動作動詞　49
動詞　9, 15, 19, 23, 25-28, 34, 42, 56-58, 60, 61, 63-66, 68, 69, 72
動詞派生前置詞　10
動詞補文　29
投射・先行機能（projecting, anticipatory）　165
同族目的語構文　41, 43, 71
倒置　125
トークン　12
特殊化（specialization）　10, 33, 137, 141
独立語　8
独立節　107, 109, 112, 133, 140
独立的コンテキスト（isolating context）　30-32
どもり（stuttering）　155
頓絶法（aposiopesis）　132

な

内容的　18
内容的な方向　17

に

二重コピュラ（化）　153, 164, 165, 173, 175
二重コピュラ構文（化）　151-160, 162-165, 167-172, 174
二重使用　150
認識的モダリティ　88

ね

ネットワーク　19, 126

の

能動態　26
「のだ」　279-281, 285, 295

は

廃品利用　141
破格　29
場所格交替構文　57, 72
場所表現　56
橋渡し的コンテキスト（bridging context）　30, 31
派生接辞　17
パッケージ化　167
発語内　114
発語内の力（illocutionary force）　109, 114, 134
発話　78, 80, 94, 96, 98
発話頭（left periphery、LP）　175
発話意図　97
発話行為　77, 81, 82, 85, 92, 93, 104, 138
発話行為構文（Speech Act Construction）　76, 77, 81
発話行為的　101
発話主体　80
発話末　175
発話内容　96
発話のエコー使用（echoic use）　96
発話命題　96
話し言葉　158
話し手の心的モダリティ　89
パラダイム化（paradigmatization）　137
パラメーター　4-8, 26, 28
バリエーション　186, 189, 193, 198, 199, 205, 208, 209, 224, 227-229, 232
反事実的・仮想世界　77
反実仮想　302, 303, 307, 308
反復使用（repetition）　159

汎用名詞 152
範列化 7
範列的多様性（義務化） 15
範列的な競合関係 11

ひ

非意図的動詞 61
非合成性（non-compositionality） 35, 42
非対格動詞 64, 67-69, 72
否定強調詞 11
非定型節 75
否定辞 9, 119, 121, 140
否定辞脱落 120
否定の意味（NEG） 119
非典型的コンテキスト（untypical context） 30, 31, 33
被動作主 41, 45, 48, 64
皮肉的効果 96
非能格動詞 64, 66, 68, 69, 72
評言節 163, 174
漂白化（bleaching） 10, 18, 20, 22, 35, 204, 205, 213, 214, 226, 228, 232, 244
頻度 184-187, 191, 198, 223, 224, 229-232

ふ

不一致（mismatch） 16
フェイス侵害 129
復元可能性 110
復元可能性の制約（RC） 116, 119, 139
複合前置詞 9, 22
複合動詞（composite predicate） 37, 72
複合名詞 135
副詞（不変化詞）away 44
副詞化・談話機能表現化 100
副詞（句） 46, 48, 56, 113, 161
複数形名詞 170
複文構造 133
複文構文 76
不十分終止 291, 292, 295, 296
付属形式 3

付属語 3
不適格 42-44, 46, 47, 49, 58, 59, 61, 66, 72
不適格性 47, 67
不適格文 44, 45, 57, 60
不変（constant） 152
不変化詞連結動詞 27
分詞 98
分詞構文 78-80, 100
分詞節 75, 80, 100
分析性（analyzability） 19
分析性の消失 22
分析的体系 12
文副詞 161, 167
文法化 1, 2, 4-9, 11, 14-17, 20, 22-24, 30, 35, 36, 77, 133, 134, 136, 137, 139, 141, 151, 156, 172, 203-209, 214-216, 219, 223, 226, 227, 229-233, 237, 242-246, 254, 266, 286
文法化拡大説（grammaticalization expansion (GE)） 14, 149, 172
文法化減少説（grammaticalization reduction (GR)） 14, 149
文法形態素 135
文法的意味 30, 35
文法的機能 9
文法的構文化（grammatical constructionalization） 14-16, 18, 34, 35, 138
文法的ステータス 16
文法的要素 2, 3
文法標識 134
文法変化 29
文脈情報 237, 256, 257, 259, 266, 268
分類的継承ネットワーク 11

へ

併合 29

ほ

法（mood） 5

法助動詞　11, 19
補語と付加詞　29
保持化　32, 36, 203, 205-207, 214-216, 219, 223, 226, 232
ホストクラス　35
ホストクラスの拡大（host-class expansion）　15, 16, 172
母体構文　109, 121, 122, 124, 125, 127, 139
補文　165
補文化辞 that　156, 157, 168, 169, 174
補文標識（complementizer）　107, 139
ポライトネス（politeness）　129, 141
ホリスティックな構文的意味　140

ま

摩耗（attrition）　16, 137

み

ミクロ構文　13, 14, 16, 17, 19
ミクロ的刷新性　12
ミクロ的ステップ　12
ミクロ的変化　23
ミスマッチ　48, 69
「未然形＋ば」　311, 312
未来時制　15

む

無生物主語　48

め

名詞　9, 23, 28, 151
名詞句　42, 44-48, 56, 151, 167
名詞性　175, 184, 190, 200, 284, 286, 293
名詞性喪失　172
命題　96, 131
命令的仮定法　11
メタ・メッセージ　100

メタ的　97, 100, 101, 104
メタ（的）表示　97, 103
メタ表示　103
メタファー　140
メタレベル　97
メトニミー　82
メトニミー的含意　82
メトニミー的推論　87

も

目録　11
文字通りの意味　183, 184, 186, 197-199, 294
モダリティ　92
モダリティ解釈　149
モダリティ要素　161
模範型　32

ゆ

融合（Coalescence）　29, 137
融合的構文（hybrid construction）　36
誘発推論コンテキスト　32

よ

代動詞 did　96
より良い適合性　23

ら

螺旋状的　3

り

臨界的コンテキスト（critical context）　30, 31, 33

る

類義語　137
類型学的構造　24

事項索引　331

類型的　101
類型論的　98, 100
類似化　32
類似関係ネットワーク　32
類推　2, 20
類推的形式　2
ルーティン化　132

れ

連続性　203, 207, 215, 237, 238, 242,
　244-246
連続的関係　26, 27
連体形終止　273-277, 281, 286, 293, 296
「連体なり」　280, 281, 284, 286, 287,
　292, 293, 295

わ

話者のモダリティ　89

人名索引

A

Aarts, Bas 23, 28, 29
Aijmer, Karin 162, 163, 165, 173
Aktas, Rahime N. 152–154
Anderson, Stephen 57
Austen, Jane 124
Austin, John L. 76

B

Bergs, Alexander 19
Biber, Douglas 149, 158
Bolinger, Dwight 24, 37, 151, 174
Bréal, Michel 119, 120
Breban, Tine 5
Brinton, Laurel J. 16, 20, 118, 172
Brown, Penelope 141, 201
Burzio, Luigi 42
Bybee, Joan 22, 37, 108, 117, 118, 129, 130, 138, 140, 156, 159, 169, 205

C

Casenhiser, Devin 182, 183
Chafe, Wallace 20, 21, 118, 184
Coppock, Elizabeth 151
Cortes, Viviana 152–154
Cristofaro, Sonia 115
Crystal, David 185, 186
Culicover, Peter W. 183
Curzan, Anne 151, 152, 165

D

Davies, Mark 173
De Smet 32
Dehé, Nichole 158, 163
Diewald, Gabriele 6, 19, 30–32

E

Evans, Nicholas 75–77, 107, 116, 139, 169, 175

F

Fillmore, Charles J. 182, 184, 187
Flowerdew, John 153
Forest, Richard 153
Francis, Gill 152

G

Gisborne, Nikolas 35
Goldberg, Adele E. 42, 43, 71, 108, 115, 119, 175, 182, 183
Gray, Bethany 153
Grevisse, Maurice 113, 124
Grosz, Patrick G. 113, 115, 127, 133, 138, 141

H

Haley, Michael C. 151
Halliday, M. A. K. 24
Hasegawa, Nobuko 261
Hayase, Naoko 78, 101

Heine, Bernd 6, 11, 30–32
Higashiizumi, Yuko 169
Himmelmann, Nikolaus P. 14, 15, 149, 156, 172, 233
Hopper, Paul J. 1, 4–7, 9, 10, 32, 36, 101, 119, 141, 165, 175, 205, 214
Horobin, Simon 154
Hunston, Susan 152

I

Israel, Michael 33
Ivanič, Roz 152, 166

J

Jackendoff, Ray 44, 45, 47–50, 52–55, 57, 60, 63, 68, 70–72, 183

K

Kuno, Susumu 42, 71

L

Lakoff, George 24, 37
Lakoff, Robin T. 139
Lass, Roger 141
Lehmann, Christian 1, 3, 4, 6, 7, 14, 15, 36, 137
Levin, Beth 42, 70
Levinson, Stephen C. 141, 201
Lin, Ming-Chia 153

M

Macfarland, Talke 42
Mair, Christian 173
Massam, Diane 151
Meillet, Antoine 1, 2, 10, 36
Mondorf, Britta 35

N

Narrog, Heiko 11
Norde, Muriel 7
Nordström, Jackie 115
Nunberg, Geoffrey 184
Nyrop, Kristoffer 124

O

Onodera, Noriko 175
Otsuka, Hitomi 173

P

Pagliuca, William 205
Panther, Klaus-Uwe 76, 77
Parkes, Malcolm B. 154
Patten, Amanda 35
Perlmutter, David 64
Pullum, Geoffrey K. 37

Q

Quirk, Randolph 11, 24–27, 110, 134, 140

R

Rappaport Hovav, M 42, 70
Ross, John R. 24

S

Saussure, Ferdinand de 4
Schmid, Hans-Jörg 151–155, 158, 167, 174
Schneider, Stefan 163, 173
Searle, John R. 76, 115, 134
Sellick, Anthony 148
Shapiro, M. 151
Shibasaki, Reijirou 153, 158, 162, 171–173, 175

Smirnova, Elena 6
Spears, Richard A. 120
Sperber, Dan 96
Sweetser, Eve 85

T

Takami, Ken-ichi 42, 71
Taylor, John 37, 42
Thompson, Sandra A. 165, 174
Thornburg, Linda 76, 77
Trask, Robert L. 119, 141
Traugott, Elizabeth C. 1, 4–7, 9–11, 13–16, 19, 20, 22, 23, 30–33, 36, 37, 98, 101, 102, 104, 117–119, 126, 138, 140, 141, 149, 172, 174
Trousdale, Graeme 1, 11, 13–16, 19, 22, 23, 31–33, 36, 37, 98, 117, 126, 138, 140, 149
Tuggy, David 151, 155, 158, 164, 165

V

Vendler, Zeno 72
Visconti, Jaqueline 89

W

Weinreich, Uriel 21
Wilson, Deidre 96

あ

青木博史 206, 208, 210, 214, 233, 282, 286, 295
アガサ・クリスティ（Agatha Christie） 162
秋葉利治 148
秋元実治 117, 141, 151, 173, 175, 181, 182, 185, 203, 205, 214, 233
秋本守英 200
天野みどり 295

い

石垣謙二 282
出雲朝子 291

う

内田聖二 147

お

大塚瞳 173
大坪併治 304
大西泰斗 147
大野晋 295
大堀壽夫 75, 77, 139
大室剛志 149, 160–163, 169, 174
沖森卓也 272
小田勝 295, 300
織田哲司 174
小野尚之 71
尾上圭介 275
小野寺典子 175

か

影山太郎 220, 261
春日政治 304
神尾昭雄 247, 248

き

菊地康人 259
北原保雄 295
京極興一 291
金水敏 267, 276

く

久島茂 281
国広哲弥 181
久野暲 42, 71, 72, 181

こ

小池生夫 185
小林賢次 299, 306, 310-313, 318, 319
此島正年 300
近藤泰弘 288, 295

さ

佐伯梅友 295
阪倉篤義 295
佐佐木隆 288
佐藤信夫 132
佐藤誠司 147
佐藤武義 274
澤田治美 182

し

ジェフリー・N・リーチ 173
志賀里美 233
信太知子 271, 272
柴﨑礼士郎 148, 151, 160-162, 165, 173, 175
白川博之 75
新屋映子 285

す

杉村泰 210, 215, 232
鈴木寛次 148, 149, 156

せ

瀬戸賢一 147, 149

た

高橋潔 147
高見健一 42, 71, 72, 181
高見三郎 299, 306
高山善行 295
滝沢直宏 147

谷口一美 261

ち

陳劼懌 206

つ

塚本倫久 147
築島裕 304, 305, 318
角田太作 285
坪井美樹 271

と

投野由起夫 147, 149
トラウゴット・E.C. 204

な

中野弘三 127
中村捷 261

に

仁科明 294, 315, 318
西村義樹 261
西山國雄 294
仁田義雄 201

ね

根岸雅史 147
根間弘海 148

の

野田春美 285
野村剛史 288, 289, 295

は

畠山雄二 181

浜田敦　299, 306
早瀬尚子　78, 100, 101
原栄一　306

───

ひ

久山善正　304
姫野昌子　210, 220, 222, 233

───

ふ

藤井健三　175

───

ほ

ホッパー・P. J.　204
堀正弘　147

───

ま

前田満　76, 117, 182, 185
前田直子　249, 301
マクベイ・P　304
益岡隆志　181, 182, 186, 245, 258, 263, 264, 268
松木正恵　194

───

み

三木千絵　148, 149, 156
三原健一　261
三宅知宏　203, 204, 207, 208, 243, 244, 246-248, 252, 267

───

も

森秀夫　148
森田良行　194, 210, 213, 216-218, 222
森山卓郎　267

───

や

矢島正浩　318

───

山川太　217
山口堯二　300, 306, 308, 310
山口明穂　200, 272, 294
山口仲美　294
山田孝雄　277
山梨正明　140

───

ゆ

湯澤幸吉郎　299, 306
吉田茂晃　296
吉田永弘　306, 310, 313
由本陽子　217

───

り

リベラー・N.　148

───

れ

レー・バン・クー　295

───

わ

渡邊淳也　100, 101
渡辺実　273

執筆者一覧
アルファベット順

秋元美晴（あきもと みはる）

恵泉女学園大学教授

「日本語教育におけるオノマトペの位置づけ」（『日本語学』26巻7号、明治書院、2007）、『日本語教育能力検定試験に合格するための語彙12』（アルク、2010）、「コロケーションから見た形容詞の装定用法と述定用法―程度名詞との関連で―」（『日本語語彙へのアプローチ』おうふう、2015）

秋元実治（あきもと みのじ）

青山学院大学名誉教授

『文法化と構文化』（共著、ひつじ書房、2013）、『増補　文法化とイディオム化』（ひつじ書房、2014）、"On the functional change of *desire* in relation to *hope* and *wish*" (*Developments in English: Expanding Electronic Evidence*, ed. by Irma Taavitssainen et al. Cambridge University Press, 2015)

青木博史（あおき ひろふみ）

九州大学准教授

『語形成から見た日本語文法史』（ひつじ書房、2010）、『ガイドブック日本語文法史』（共編著、ひつじ書房、2010）、『日本語文法の歴史と変化』（編著、くろしお出版、2011）

早瀬尚子（はやせ なおこ）

大阪大学准教授

『「内」と「外」の言語学』（共編著、開拓社、2009）、"The Cognitive Motivation for the Use of Dangling Participles in English," (*Motivations in Grammar and Lexicon,* ed.by Radden, Günter and Klaus-Ewe Panther, John Benjamins, 2011)、"The Motivation for

Using English Suspended Dangling Participles: A Usage-Based Development of (Inter)subjectivity," (*Usage-Based Approaches to Language Change*, ed. by Evie Coussé and Ferdinand von Mengen, John Benjamins, 2014)

前田満（まえだ みつる）
　愛知学院大学准教授
　『語用論』（共著、英潮社、2007）、『意味論』（共著、朝倉書店、2012）、『文法化と構文化』（共著、ひつじ書房、2013）

三宅知宏（みやけ ともひろ）
　鶴見大学教授
　『日本語と他言語』（神奈川新聞社、2007）、「"一字漢語スル"型動詞をめぐって」（『漢語の言語学』くろしお出版、2009）、『日本語研究のインターフェイス』（くろしお出版、2011）

志賀里美（しが さとみ）
　学習院大学大学院博士後期課程
　「コーパスを用いた日本語母語話者の複合動詞の使用実態調査―日本語教育への応用に向けて」（『日語日文學』47、大韓日語日文學會、2010）、「複合動詞の教育についての提案―日本語母語話者の複合動詞の使用実態調査に基づいて」（『恵泉アカデミア』15、恵泉女学園大学 社会・人文学会、2010）、「複合動詞「〜切る」における文法化の過程についての一試案」（『人文科学論集』23、学習院大学大学院人文科学研究科、2014）

柴﨑礼士郎（しばさき れいじろう）
: 明治大学准教授
: "On the grammaticalization of *the thing is* and related issues in the history of American English" (*Studies in the History of the English Language VI: Evidence and Method in Histories of English*, ed. by Michael Adams et al., De Gruyter Mouton, 2014)、「「...事實也。」から「。事実...」へ―談話機能の発達に伴う統語位置の変化」（『第8回コーパス日本語学ワークショップ予稿集』国立国語研究所、2015）、"Sequentiality and the emergence of new constructions" (*Explorations in English Historical Syntax*, ed. by Hubert Cuyckens et al, John Benjamins, in press)、

高見健一（たかみ けんいち）
: 学習院大学教授
: *Functional Constraints in Grammar*（共著、John Benjamins, 2004）、『受身と使役』（開拓社、2011）、『日本語構文の意味と機能を探る』（共著、くろしお出版、2014）

吉田永弘（よしだ ながひろ）
: 国学院大学教授
: 「古代語と現代語のあいだ―転換期の中世語文法」（『日本語学』33巻1号、明治書院、2014）、「いわゆる「公尊敬」について」（『日本語文法史研究』2、ひつじ書房、2014）、「『源平盛衰記』語法研究の視点」（『文化現象としての源平盛衰記』笠間書院、2015）

ひつじ研究叢書〈言語編〉第 132 巻
日英語の文法化と構文化
Grammaticalization and Constructionalization
in Japanese and English
Edited by Minoji Akimoto, Hirofumi Aoki and Mitsuru Maeda

発行	2015 年 11 月 30 日　初版 1 刷
定価	7200 円＋税
編者	Ⓒ 秋元実治・青木博史・前田満
発行者	松本功
ブックデザイン	白井敬尚形成事務所
印刷所	三美印刷株式会社
製本所	株式会社 シナノ
発行所	株式会社 ひつじ書房
	〒112-0011　東京都文京区千石 2-1-2　大和ビル 2 階
	Tel: 03-5319-4916　Fax: 03-5319-4917
	郵便振替 00120-8-142852
	toiawase@hituzi.co.jp　http://www.hituzi.co.jp/

ISBN 978-4-89476-773-7

造本には充分注意しておりますが、落丁・乱丁などがございましたら、
小社かお買上げ書店にておとりかえいたします。
ご意見、ご感想など、小社までお寄せ下されば幸いです。

刊行のご案内

〈ひつじ研究叢書（言語編）　第28巻〉
増補　文法化とイディオム化
秋元実治 著　定価5,000円+税

〈ひつじ研究叢書（言語編）　第55巻〉
日本語の構造変化と文法化
青木博史 編　定価6,800円+税

〈ひつじ研究叢書（言語編）　第90巻〉
語形成から見た日本語文法史
青木博史 著　定価8,200円+税

〈ひつじ研究叢書（言語編）　第104巻〉
文法化と構文化
秋元実治・前田満 編　定価9,200円+税